Zu diesem Buch

Exzentriker haben eines gemeinsam: das verrückte Vergnügen daran, anders zu sein. Der Neuropsychologe David Weeks hat über tausend Menschen interviewt und mit dem Wisenschaftsjournalisten Jamie James diese ungewöhnlichen Persönlichkeiten mit ebensoviel Sympathie wie Humor porträtiert. Schillernde Figuren aus Geschichte und Gegenwart werden beschrieben, Berühmtheiten und Unbekannte, Künstler, Erfinder, Wissenschaftler. In ihrem amüsanten Bericht voller Anekdoten präsentieren die Autoren ihre Beobachtungen. Es entsteht ein komplexes Bild von der Persönlichkeit des Exzentrikers, der ein bißchen neugieriger, kreativer, idealistischer ist als andere, ein bißchen mehr Einzelgänger und ein bißchen weniger kompromißbereit, der einen besseren Sinn für Humor und einen schlechteren für Orthographie hat. Auch wenn die Exzentriker oft mit handfesten Auswirkungen eines anderslautenden Vorurteils konfrontiert werden, ist Exzentrizität keineswegs eine Begleiterscheinung psychischer Krankheiten. Exzentriker leiden nicht darunter, anders zu sein. Sie sind es freiwillig und mit Überzeugung, und sie sind darüber glücklich. Ja, oft sind sie sogar glücklicher als die «normalen» Menschen. Sie empfinden weniger Streß, sind seltener krank und leben länger. Ein informatives und überaus vergnügliches Buch über Menschen, denen es auf faszinierende Weise gelingt, die festgefahrenen Vorstellungen vom «Normalen» ins Wanken zu bringen.

Die Autoren

David Weeks schreibt neben seinen wissenschaftlichen Publikationen u. a. für die *London Times.*

Jamie James ist Wissenschaftsjournalist und lebt in New York. Er ist der Mitbegründer von *Discover* und schreibt für so renommierte Organe wie *Life, New Scientist, Walk, New York Times* und *London Times.*

David Weeks
Jamie James

EXZENTRIKER

Über das Vergnügen, anders zu sein

Deutsch von
Frauke Riese

rororo

Rowohlt

Die Originalausgabe erschien 1995
unter dem Titel «Eccentrics» im Verlag
Weidenfeld & Nicolson, London

Veröffentlicht im
Rowohlt Taschenbuch Verlag GmbH,
Reinbek bei Hamburg, Juni 1998

Umschlaggestaltung Barbara Hanke
Gesamtherstellung Clausen & Bosse, Leck
Printed in Germany
ISBN 3 499 60549 X

INHALT

Einleitung
Ein Eldorado der Sonderlinge 9

1 Die Untersuchung 25
2 Exzentriker aus vier Jahrhunderten 47
3 Exzentrizität und Kreativität: Die Künstler 71
4 Die Wissenschaftler 101
5 Versunkene Kontinente und goldene Zeitalter 125
6 Exzentrizität und psychische Erkrankung 149
7 Exzentrische Kindheit 171
8 Die exzentrische Persönlichkeit 191
9 Die psycholinguistische Analyse 213
10 Exzentrische Frauen 229
11 Sexuelle Exzentrizität 247
12 Exzentrizität und Gesundheit 267

Danksagung 277
Literatur 278
Bildquellen 283
Register 284

Für unsere Eltern

EINLEITUNG
EIN ELDORADO DER SONDERLINGE

Daß heute so wenige wagen, exzentrisch zu sein, bezeichnet die Hauptgefahr unserer Zeit.

John Stuart Mill, *Die Freiheit*

Gemeinhin wird angenommen, daß es in den USA nie eine Monarchie gegeben hat. Das ist ein Irrtum. Von 1859 bis 1880 war Joshua Abraham Norton, ein englischer Jude, Kaiser der Vereinigten Staaten. Seine Thronbesteigung wurde durch ein am 17. September 1859 im *San Francisco Bulletin* veröffentlichtes Edikt proklamiert:

Auf die ausdrückliche Bitte und den Wunsch einer großen Mehrheit der Bürger der Vereinigten Staaten hin erkläre und proklamiere ich, Joshua A. Norton, mich selbst zum Kaiser besagter Vereinigter Staaten. Kraft dieser mir dadurch zuteil gewordenen Autorität ordne ich an und befehle, daß sich die Repräsentanten der einzelnen Bundesstaaten der Union am ersten Tag des kommenden Februar in der hiesigen Musical Hall zu versammeln haben, um dortselbst entsprechende Änderungen im bestehenden Recht der Union vorzunehmen, die die Verderbtheiten, unter denen das Land zu leiden hat, abstellen und dadurch Vertrauen in das Dasein schaffen sollen, sowohl hier zu Hause als auch im Ausland, sowohl in bezug auf unsere Stabilität als auch Integrität.
[gezeichnet]
Norton I.
Kaiser der Vereinigten Staaten
und Protektor von Mexiko.

Norton, der 1815 in London geboren und in Südafrika aufgewachsen war, erwarb (siehe Abbildung 1) durch Grundstücksspekulationen während des kalifornischen Goldrausches ein kleines Vermögen. Bei dem Versuch, den Reismarkt in San Francisco aufzukaufen, verspielte er 1853 eine Viertelmillion Dollar: Er kaufte die gesamten Reserven auf und hortete sie, um so den Preis künstlich in die Höhe zu treiben. Aber als er seinen Gewinn einstreichen wollte, liefen einige Reisschiffe in die Bucht von San Francisco ein und überschwemmten den Markt mit ihren Ladungen. Der Preis fiel, und Norton ging bankrott. Bald war er gezwungen, in einer Knochenmühle zu schuften und in einem schäbigen Zimmer zur Untermiete zu wohnen.

Die meisten Menschen wären nach einem solchen Schicksalsschlag verzagt, nicht so der beherzte Norton. Er fand zu seiner wahren Berufung: der Regentschaft über ein Kaiserreich. Zuerst vertraute er nur seinen Freunden an, daß er in Wirklichkeit Norton I., der Kaiser von Kalifornien, sei. 1856, in demselben Jahr, in dem er Bankrott anmelden mußte, erließ er auch seine erste kaiserliche Verlautbarung, in der er die sympathisierenden Kaufleute San Franciscos mit einer monatlichen Steuer von 50 Cents belegte, um dem eben aus der Taufe gehobenen Kaiserreich auf die Beine zu helfen. Schon 1859 kam er zu dem Schluß, daß Kalifornien ihm nicht ausreiche, und annektierte die gesamten Vereinigten Staaten.

Schnell wurde er zur Berühmtheit. Er hob die Verfassung auf, löste die Partei der Republikaner und die der Demokraten auf, weil «ihre Existenz nur Zwietracht säe». Auch druckte er seine eigene Währung, die Banknoten im Wert von 25 und 50 Cents wurden in den meisten Geschäften und Restaurants von San Francisco bereitwillig akzeptiert. Allerdings fühlte er sich als Kaiser zu Größerem berufen und versuchte, bei den Banken Kredite in Höhe von etlichen Millionen Dollar aufzunehmen. Dort fand man aber taktvolle Wege, sich den kaiserlichen Forderungen zu entziehen.

Norton nahm seine Pflichten ernst. Mehr als zwanzig Jahre lang patrouillierte er durch die Straßen und kontrollierte, ob die Bürgersteige in Ordnung waren und die Straßenbahnen ihre Fahrpläne einhielten. Nie verpaßte er eine Senatssitzung des Bundesstaates, wo für ihn eigens ein Sitzplatz reserviert war. Jede Woche nahm er am Gottesdienst einer anderen Kirche teil, um in seinem Reich einen Konfessionsstreit zu vermeiden. Im großen und ganzen war der Kaiser ein mildtätiger Despot, wurde seine Autorität jedoch herausgefordert, griff er hart durch: Als Maximilian, der Erzherzog von Österreich, 1863 den Thron von Mexiko, das sein Protektorat war, bestieg, verurteilte Norton den «Usurpator» zum Tod.

Stets trug der Kaiser eine blaue Uniform mit goldenen Epauletten, die er von Armeeoffizieren erhalten hatte, ein Schwert, einen hohen, mit Federn geschmückten Biberhut und eine Rosette. Als seine Uniform 1869 allmählich fadenscheinig wurde, erließ er ein weiteres Edikt:

Hiermit mache ich euch darauf aufmerksam, daß Wir, Norton I., Kaiser Dei gratia *der Vereinigten Staaten und Protektor von Mexiko, ernsthafte Beschwerden seitens unserer Anhänger vernommen haben, daß unsere kaiserliche Garderobe eine nationale Schande ist. Selbst die Sympathie Seiner Majestät, des Königs der Schmerzen, ging so weit, uns einen Anzug anzubieten, den wir die Güte haben zu akzeptieren. Wir warnen deshalb diejenigen, deren Aufgabe es ist, sich um diese Angelegenheiten zu kummern, daß ihr Skalp in Gefahr ist, falls man unseren besagten Bedarf nicht deckt.*

Die auf ihre Skalps bedachten leitenden Beamten der Stadtverwaltung bewilligten ihm das Geld für eine neue Uniform. Woraufhin der Kaiser, von dieser Treuegeste bewegt, sie allesamt adelte. Der fragliche König der Schmerzen war ein anderer Fürst der Straße, ein Vertreter für patentierte Arzneimittel, der sich in rote Unterwäsche und eine schwere Samtrobe kleidete und einen mit Straußenfedern geschmückten Zylinder trug. Er fuhr in einer von sechs weißen Pferden gezogenen schwarzen Kutsche – übertrieben viele Pferdestärken für die überfüllten Straßen der Stadt.

Schon damals als Hauptstadt des Grotesken und Wunderlichen berühmt, wurde San Francisco in den Jahren nach dem Goldrausch zu einem Eldorado der Sonderlinge. Ein weiterer Untertan Kaiser Nortons war Oofty Goofty, der Wilde Mann von Borneo, der, in Felle gewickelt, durch die Straßen ging und seltsame Tierlaute ausstieß. Seinen Lebensunterhalt bestritt er, indem er sich von Passanten für 10 Cents treten, für 25 Cents prügeln und für 50 Cents mit einem Baseballschläger schlagen ließ. Als der Boxchampion John L. Sullivan den Gegenwert für seinen halben Dollar einforderte, landete Oofty Goofty mit gebrochenem Rückgrat im Krankenhaus.

Außerdem gab es noch den Phrenologen Onkel Freddie Coombs, der eine unheimliche Ähnlichkeit mit George Washington hatte. Er verstieg sich dazu, Kniebundhosen, eine gepuderte Perücke und einen Dreispitz zu tragen und in dieser Aufmachung mit einem Banner durch die Stadt zu gehen, auf dem er sich selbst zu «Washington II.» proklamierte. Die Montgomery Street war das Revier des Großen Unbekannten, eines untadelig gekleideten, etwas theatralisch auftretenden Herrn, der, seinen Spazierstock mit Goldknauf in der Hand, dort jeden Nachmittag entlangbummelte, dabei in geheimnisvoller Weise seinen Blick abwandte und mit niemandem sprach. Nachdem dieses Rätsel viele Jahre die Gemüter bewegt hatte, wurde in der Pacific Hall ein öffentlicher Empfang gegeben, bei dem jedermann, der interessiert genug war, 25 Cents zu bezahlen, erfahren konnte, daß es sich bei dem Großen Unbekannten um einen im Ruhestand lebenden deutschen Schneider namens William Frohm handelte.

Zu ihren Lebzeiten wurden Kaiser Norton, der König der Schmerzen, Oofty Goofty, Onkel Freddie Coombs und der Große Unbekannte als harmlose Exzentriker angesehen, die für die Allgemeinheit eine Quelle des Vergnügens und sogar eine Art Gewinn darstellten. Heutzutage würde man ihnen eine ganze Reihe genau definierter psychischer Krankheiten anhängen und sie energisch mit diversen Tests und ärztlichen Behandlungen traktieren, Diagnosen stellen, sie ruhigstellen, stabilisieren und zwingen, «normal» zu sein, ob sie es wollen oder nicht.

Nichts deutet aber darauf hin, daß diese Männer unglücklich waren oder ihr Leben in irgendeiner Weise besser gewesen wäre, hätten sie ihre Absonderlichkeiten aufgegeben. Wäre Kaiser Norton «geheilt» worden, hätte ihn womöglich das übliche und langweilige Dasein eines Angestellten oder Vertreters erwartet – was für ein Abstieg für einen Mann, der ehemals ein Zepter getragen hatte. Um wieviel ärmer wäre sein Leben und auch das der Gesellschaft gewesen, in der er lebte. Als Norton 1880 starb, brachte der *San Francisco Chronicle* die Schlagzeile: «Le Roi Est Mort.» Menschenmassen besuchten sein Sterbezimmer, um ihrem geliebten Monarchen die letzte Ehre zu erweisen, Polizisten sorgten für Ordnung. Sämtliche Flaggen der Stadt wehten auf Halbmast. Dreißigtausend Trauernde nahmen an dem aufwendigen Begräbnis teil und noch viel mehr säumten die Straßen San Franciscos, als sich der Leichenzug zum Masonic-Friedhof bewegte.

Kaiser Norton und sein Hof stellen die Anmaßung in Frage, die der modernen Psychologie zugrunde liegt – nämlich aus der Tatsache, daß wir heute über die Psyche mehr wissen als früher, abzuleiten, daß wir heute auch alles besser machen. Vieles spricht dafür, daß die Kalifornier des 19. Jahrhunderts, auch wenn sie nichts über Synapsen der Gehirnzellen oder Neurotransmitter, Größenwahn oder Borderline-Syndrome wußten, vom humanitären Standpunkt aus betrachtet, sehr viel richtiger handelten als wir heute.

Warum kann man das sagen? Genauer, was heißt es zunächst einmal, wenn man Kaiser Norton und die anderen als Exzentriker bezeichnet? Laut Lexikon ist ein Exzentriker eine Person, die von der herkömmlichen oder bestehenden Norm abweicht, die anders ist als die anderen – einem ausgebildeten Psychologen wird eine solche Definition wohl kaum genügen. Eine derartige Beschreibung könnte ebensogut auf einen Kriminellen oder eine Person mit einem Geburtsfehler zutreffen.

Was kann die Wissenschaft zu diesem Thema beisteuern? Als ich vor zehn Jahren anfing, mich mit diesen Fragen zu beschäftigen, habe ich mich auf der Suche nach einer Antwort darangemacht, die abschreckende weite Ödnis zu durchforsten, die man wissenschaftliche Literatur nennt. Man sollte meinen, daß die klinische Psychologie, die jede nur denkbare Abweichung vom normalen Verhalten genauestens erfaßt hat, auch über ein solides und abgesichtetes Erkennungsbild des Exzentrikers verfügt, um dieses Syndrom sorgfältig von anderen, gefährlichen Formen geistiger Verwirrung zu unterscheiden. Doch findet sich in der neueren wissenschaftlichen Literatur über Exzentrizität so gut wie gar nichts. Da Exzentriker in der Regel gesünder sind als die meisten anderen Menschen, suchen sie auch seltener einen Arzt auf, und die Ärzteschaft ist gemeinhin an denen, die nicht von selbst kommen, nicht besonders interessiert.

In der Experimentalpsychologie gilt es als offenes Geheimnis, daß wir eine ganze Menge darüber wissen, wie sich mittellose Studienanfänger unter genau umrissenen und manchmal absichtlich irreführenden Versuchsbedingungen verhalten. Auch kennen die Psychiater alle möglichen Varianten im Verhalten derjenigen Menschen, die einen Nervenzusammenbruch hatten. Wissenschaftlich gesehen liegt der wunde Punkt darin, daß diese beiden Gruppen sich nur selten überschneiden, und so die theoretischen Kenntnisse aus der Experimentalpsychologie den Psychiatern, die mit den wirklichen Patienten zu tun haben, nicht viel nützen. Mit den gesunden Erwachsenen, die nicht Patienten werden, der breiten Masse der Bevölkerung also, beschäftigt sich fast *niemand.*

In drei der vier Standardlehrbücher der Psychiatrie wird Exzentrizität überhaupt nicht erwähnt. Das vierte beschreibt sie vage als eine Form der «vorwiegend inadäquaten oder passiven Psychopathie» und fügt hinzu, daß «die Symptome der Exzentrizität gewöhnlich schwer von Anzeichen der Schizophrenie zu unterscheiden sind». Diese summarischen Aussagen kommen unbekümmert daher, die Tatsache wird nicht erwähnt, daß sie sich auf keinerlei Datenbasis in Form von Untersuchungen an Patienten oder Versuchspersonen stützen, sondern auf klinische Beobachtungen, die bestenfalls zufällig sind.

Ich gewann mithin den Eindruck, daß es praktisch keine wissenschaftlichen Kenntnisse über Exzentriker gibt. Die Natur – und auch der Wissenschaftler – verabscheut ein Vakuum: Da es keine Studie über Exzentrizität gab, beschloß ich, selbst eine in Angriff zu nehmen. Mir kam der Gedanke, daß es für die Psychologie von großem Nutzen sein könnte, ein grundlegendes Verständnis der Denkprozesse von Menschen zu gewinnen, die sich selbst für exzentrisch halten oder von anderen dafür gehalten werden, und sei es auch nur, um ihr Verhalten von bestimmten Formen psychischer Krankheit unterscheiden zu helfen. Eine derartige Untersuchung wäre auch ein idealer Weg, etwas über unlogische Denkprozesse zu erfahren, und könnte uns helfen, das Geheimnis der Schizophrenie besser zu verstehen. In Anbetracht der Tatsache, daß Exzentrischsein oft mit Genialität gepaart ist und mit der Fähigkeit zu aufsehenerregenden originellen Durchbrüchen in Kunst und Wissenschaft, ergab sich ein naheligendes und vielversprechendes Thema für eine psychologische Untersuchung. Denn die Annalen der Exzentrizität verzeichnen nicht nur die Namen von Kaiser Norton und Oofty Goofty, sondern auch die von William Blake, Alexander Graham Bell, Emily Dickinson, Charlie Chaplin und

Ludwig Wittgenstein, ganz zu schweigen von Albert Einstein und Howard Hughes. Könnten wir nur den kleinsten Schimmer dessen erhaschen, was all jene Leute zu dem machte, was sie waren, würde dies uns anderen helfen, kreativer und origineller zu sein: Wir könnten mehr wir selbst sein.

Die Untersuchung begann 1984 in Edinburgh, wo ich am Royal Edinburgh Hospital die Klinische Psychologie leitete, und zog bald die Aufmerksamkeit der Medien in ganz Großbritannien auf sich, wodurch sich unsere Stichprobe erheblich erweiterte. Als immer mehr Exzentriker von den Dingen erfuhren, die unser Forschungsteam betrieben, suchten sie uns auf. Es dauerte nicht lange, bis wir auch eine Untersuchung in den USA initiieren konnten. Schließlich umfaßte unser Sample mehr als tausend Exzentriker, die meisten waren Amerikaner. Alle wurden von mir und meinen Forschungsassistenten im Laufe der letzten zehn Jahre interviewt. Unsere Entdeckungen bilden die Grundlage dieses Buches.

Die Eigenschaften, die einen Exzentriker charakterisieren, und diejenigen, die ihm fehlen, sollten möglichst nicht nur als fixe positive (und negative) Werte, sondern innerhalb eines Spektrums betrachtet werden. Wenn wir zum Beispiel in Umrissen skizzieren, was Exzentrizität ausmacht, könnten wir von der naheliegenden Prämisse ausgehen, daß es etwas nicht Normales ist. Das menschliche Verhalten reicht von absoluter Konformität am normalen Ende des Spektrums bis zu völlig bizarrer Nonkonformität am entgegengesetzten Ende. Ein Mann, der zum Beispiel stets rosa Socken anzieht, egal ob er nun Bermudashorts oder einen Anzug trägt, legt ein Verhalten an den Tag, das dem exzentrischen Ende des Kontinuums zuneigt. Zeigt er aber keine weiteren exzentrischen Merkmale, könnten wir entscheiden, daß er nicht als wirklicher Exzentriker zu klassifizieren ist.

Der springende Punkt ist, wieviel Abweichung von der Norm es bedarf, um als wirklicher Exzentriker zu gelten. Bis wir qualitativ festgelegt haben, was Exzentrizität ist, ist es unmöglich, die Sache quantitativ anzugehen. Denn Exzentrizität ist eine Eigenschaft, die bis zu einem gewissen Grad jedem zu eigen ist: Absolut gleichmäßige Konformität wäre, falls es sie überhaupt gibt, selbst wieder eine Form der Exzentrizität. Wir können also nicht mit objektiven, verifizierbaren Kontrollmaßstäben operieren, einer Verhaltensnorm, nach der sich Absonderlichkeit definieren läßt. Die Frage, was unter Normalität verstanden wird, ist eine der subjektivsten Streitfragen überhaupt. Wir haben alle schon einmal die Erfahrung mit einem Bekannten gemacht, der uns erzählt, gerade jemanden mit einer überaus seltsamen Angewohnheit getroffen zu haben – und stellen dann fest, daß genau das beschrieben wird, was wir selbst dauernd tun oder gerne tun würden.

Auch soziale Faktoren spielen eine Rolle. Selbst im Global Village der Gegenwart wird das, was in New York oder London normal ist, einem Tahitianer oder Nigerianer ziemlich seltsam vorkommen und umgekehrt. Es ist noch nicht einmal nötig, das Netz so weit zu spannen. Was einem Bewohner in Los Angeles als akzeptables Verhalten gilt, könnte einem in Glasgow lebenden Schotten durchaus sonderbar erscheinen, auch wenn beide Personen dieselbe Vorstellung davon haben, was exzentrisch ist und was nicht. Nur weil ein Surfer selbst keinen Kilt trägt, heißt das noch nicht, daß er dieses Kleidungsstück bei einem Schotten für exzentrisch hält – oder bei einem Mitglied der High-Society im kalifornischen Orange County.

Einzelne Gesellschaften tolerieren ein überaus weit gefächertes Spektrum der Abweichungen von der Norm. In Japan wird ein höherer Grad an Konformität erwartet als in den USA oder in Großbritannien. In einer vorindustriellen Gesellschaft wie zum Beispiel bei den Aleuten oder den Indianern im südamerikanischen Regenwald folgt praktisch noch jeder Aspekt des menschlichen Verhaltens einem bestimmten Muster. Dasselbe Gefälle ist auch innerhalb unserer Gesellschaft festzustellen: Städte wie New York oder San Francisco gelten als Mekka der Nonkonformisten, weil dort derartiges Verhalten eher toleriert wird als etwa in den US-amerikanischen Kleinstädten. In Großbritannien ist dieses Gefälle wohl eher klassenbedingt: Dame Edith Sitwell war es möglich, bizarres Verhalten an den Tag zu legen – und ein höchst exzentrisches Buch zu schreiben, *Englische Exzentriker* –, weil ihre soziale Stellung ihr dies erlaubte, bei einer Pfarrerstochter auf dem Lande wäre dasselbe Verhalten selbstmörderisch gewesen.

Da ich wohl der erste bin, der sich wissenschaftlich mit diesem Thema befaßt, werde ich mit Sicherheit nicht der letzte sein. Wenn man sich in der Wissenschaft mit dieser Situation beschäftigt, hat die Sache stets einen Haken: Da man ohne grundlegende Leitprinzipien im dunkeln tappt, sind alle vorgefaßten Annahmen verdächtig und müssen, zumindest am Anfang, mit äußerster Skepsis behandelt werden. Alle Kriterien, die man aufstellt, sind willkürlich und deshalb unwissenschaftlich. Man kann nicht behaupten, daß jedermann weiß, was Exzentrizität ist, wenn man sie nicht definieren kann: Das mag zwar stimmen, aber es ist kein gangbarer Weg, eine klinische Definition aufzustellen. Was der eine Exzentrizität nennt, ist für den anderen eine akzeptable Abweichung.

Und was ist, wenn die Person, die die Definition erarbeitet, selbst exzentrisch ist, wie es bei Dame Edith Sitwell der Fall war? Selbst auf dem notorisch schwammigen Gebiet der theoretischen Psychologie verlangt die Wissenschaft ein gewisses Maß an Objektivität. Will jemand Schizophrenie oder Gedächtnisverlust untersuchen, so kann er sich auf vorhandene Studien mit objektiven Vergleichsdaten stützen, die als Diskussionsbasis bereits Kriterien und Standards entwickelten. Zwar kann eine neue Untersuchung alle angehäuften Erkenntnisse umwerfen, doch ist ein gewisses Maß an Objektivität schon durch einen begrenzten wissenschaftlichen Austausch gewährleistet. Ich hingegen hatte gar nichts, worauf ich mich berufen konnte. So gestaltete ich meine Studie über das Exzentrischsein notwendigerweise eher als eine Art Massenbeobachtung denn als eine wissenschaftliche Erhebung im strengen Sinne, eher deskriptiv als analytisch.

Zu Beginn stellten wir fest, daß man sich zur Beantwortung des Problems: Was ist Exzentrizität? am besten fragte, was sie denn nicht sei. Daß zwischen Genialität und Wahnsinn nur eine feine Linie verläuft, ist eine Binsenweisheit. Ein weitverbreitetes Mißverständnis über die Exzentrizität ist, daß es sich um eine milde Form des Wahnsinns handelt – anders ausgedrückt, daß exzentrisches Verhalten ein Symptom für eine psychische Krankheit ist. Diese Simplifizierung bringt uns allerdings wieder zu Kaiser Norton und seinen skurrilen Gefährten zurück: Krankheit impliziert Leiden und das Bedürfnis nach Heilung, aber schon eine flüchtige Beobachtung der meisten Exzentriker läßt diesen Schluß ins Wanken geraten.

Damit wir nicht den Irrtum begehen, vor dem uns die Verfasser des Psychiatrie-Lehrbuchs gewarnt haben, muß besondere Sorgfalt darauf verwandt werden, Exzentrizität von Neurosen zu unterscheiden. Nun ist auch das Verhalten von Neurotikern absonderlich, doch besteht zwischen beiden ein enormer qualitativer Unterschied. Neurotiker sind wiederholt dysphorisch: Sie leiden wegen ihrer Andersartigkeit unter Panikattacken, Phobien und Angstzuständen und wollen deshalb geheilt werden. Eine Neurose wird dem darunter Leidenden oft von außen beigebracht, sie ist eine ungewollte Schwierigkeit im Leben.

Zum Exzentriker wird man hingegen zumindest teilweise aus freien Stücken, für das Individuum ist es etwas Positives und Erfreuliches. Einfach ausgedrückt: Neurotiker fühlen sich elend, weil sie meinen, daß sie nicht genauso gut sind wie die anderen, während Exzentriker wissen, daß sie anders sind und sich darin sonnen. Ein Exzentriker fühlt sich im Recht und hegt wahrscheinlich, weit entfernt davon, sich selbst ändern zu wollen, eher den Wunsch, seine Mitmenschen zu seiner Denkweise zu bekehren. Ein Philosoph würde es vielleicht so formulieren: Joshua Nortons Überzeugung, Kaiser der Vereinigten Staaten zu sein, war nicht falsch, es gelang ihm nur nicht, die Amerikaner zu überzeugen, daß sie seine Untertanen waren.

Noch wichtiger ist die Trennung zwischen Exzentrizität und Psychose, obwohl sie dem laienhaften Betrachter manchmal unscharf erscheinen mag. Ein gemeinsames Merkmal der Exzentriker ist, geistige Vorstellungen oft intensiver zu erleben als normale Menschen. Einige extreme Exzentriker haben auch Visionen, was ein nicht untypisches Symptom für Schizophrenie ist. Der entscheidende Unterschied liegt darin, daß der Schizophrene die Visionen und die Stimmen, die er hört, nicht kontrollieren kann: Sie drängen sich ihm mit Gewalt auf und rufen ein beängstigendes Gefühl der Machtlosigkeit hervor. Der Exzentriker empfindet hingegen seine Visionen wahrscheinlich als Quelle der Freude und hat sie mehr unter Kontrolle. Der psychotische Zustand unterbricht gravierend Denkprozesse und unterwirft die gesamte Person einer erheblichen Störung, wohingegen das Gehirn des Exzentrikers in der Regel ohne Störung arbeitet – nur auf eine eigentümliche und noch unbekannte (aber nichtsdestotrotz ermittelbare) Art und Weise.

Exzentrizität kann auch bestimmten Persönlichkeitsstörungen ähnlich sein, was zwei Beispiele illustrieren. Erstens: Patienten mit einer hysterischen Persönlichkeitsstörung benehmen sich manchmal auffallend und ziehen auf extravagante Weise die Aufmerksamkeit der Öffentlichkeit auf sich. Zweitens: Eine schizoide Persönlichkeit bleibt lieber für sich, zeigt eine extreme Aversion gegen Gruppen, eine Tendenz, die gewöhnlich zu einer bemerkenswerten Konzentration auf seltsame, zwanghafte Hobbys führt. Anzeichen dieser beiden Störungen können auch im Verhalten einiger Exzentriker ausgemacht werden. Obwohl viele Exzentriker als auffallende, sich in der

Öffentlichkeit produzierende Persönlichkeiten bekannt sind, wofür Kaiser Norton ein gutes Beispiel ist, und wieder andere zwanghaften Hobbys nachgehen, muß auch hier eine grundlegende Unterscheidung gemacht werden: Wer unter einer Persönlichkeitsstörung leidet, ist funktionell gestört, sein Verhalten ist alternativlos. Dagegen bedeutet es für den Exzentriker eine aus freien Stücken gewählte positive Erfahrung. Wenn zum Beispiel eine schizoide Person und ein Exzentriker obsessive Schmetterlingssammler wären, würde der Schizoide alles daransetzen, um den Sammelzwang zu befriedigen und sich vor allen möglichen Behinderungen seines Sammelns fürchten. Der Exzentriker hingegen empfände das Sammeln als eine Quelle der reinen Freude, als eine Beschäftigung, der er aus freien Stücken Zeit und Energie widmet. Der eine ist reaktiv und setzt sich und andere unter Streß, der andere ist kreativ und froh.

Wir sollten darauf hinweisen, daß, auch wenn Exzentrizität selbst ganz und gar keine psychische Krankheit darstellt, die Exzentriker allerdings keine besondere Immunität gegen seelische Erkrankungen genießen. Genauso wie in jeder größeren Personengruppe, egal wie sie ausgewählt wurde, litten auch einige der von uns untersuchten Personen an psychiatrischen Krankheiten. Mit Hilfe der durchgeführten diagnostischen Standardtests fanden wir allerdings heraus, daß sich Exzentriker im allgemeinen einer besseren psychischen Gesundheit erfreuen als die restliche Bevölkerung. Originelles Denken scheint uns besser zu bekommen als stumpfsinnige Konformität.

Wir lieben Exzentriker und stehen ihnen doch mit durchaus gemischten Gefühlen gegenüber. Das bizarre Verhalten von jemandem wie Howard Hughes, dem (beinahe) reichsten Mann der Welt, der seine letzten Lebenstage als mystischer Einsiedler verbrachte, regt unsere kollektive Einbildungskraft an. Sie faszinieren uns, gleichzeitig können wir uns von ihnen aber auch abgestoßen und bedroht fühlen. Exzentriker haben sich der Zwänge des normalen Lebens entledigt, um das tun zu können, was ihnen gefällt – und jeder, dem das nicht gefällt, kann ihnen gestohlen bleiben. Dieses Maß an Freiheit beunruhigt uns andere irgendwie. Warum sollen wir uns weiter striegeln, wie es sich gehört, und uns betragen, wie es den gesellschaftlichen Konventionen entspricht, während sie, die diese Konventionen mißachten, sich amüsieren und sich dazu in vielen Fällen noch der allerbesten Gesundheit und eines großen persönlichen und beruflichen Erfolgs erfreuen?

Dieser Zwiespalt spiegelt die Ambivalenz wider, mit der eine Gesellschaft jedem begegnet, der anders ist. Die meisten von uns haben mit Menschen, die einer anderen Religion oder Rasse angehören, mit Homosexuellen, mit Kleinwüchsigen oder Dicken ihren Frieden geschlossen, aber es ist ein unsicherer Friede, ob wir es nun zugeben oder nicht. Tief in uns verlangt etwas danach, uns zu vergewissern, ob wir «in Ordnung» sind, und diejenigen, die so grundlegend anders sind, bedrohen diese innere konservative Anlage. Exzentriker beunruhigen uns um so mehr, als sie so schwer einzuordnen sind und oft unerkannt bleiben, denn nicht alle tun ihr Anderssein durch wunderliche Kleidung und Angewohnheiten kund.

Und gerade dieses Unberechenbare an der Exzentrizität hat es uns angetan. Wir lieben die Vorstellung, in unserem Leben auf Exotisches und Seltsames zu stoßen, insgeheim vielleicht fürchtend, es in uns selbst zu entdecken. Ein eindrucksvoller Beweis für die Ambivalenz gegenüber Exzentrikern ergab sich drei Jahre nachdem ich mit meiner Untersuchung begonnen hatte. Eine Talkshow eines Newcastler Lokalsenders lud mich mit einigen Probanden ein. Mich begleiteten: Screaming Lord Sutch, ein adliger Tunichtgut, verhinderter Rockstar und ständiger Parlamentskandidat der Monster Raving Loony Party, deren Gründer und Vorsitzender er ist; John Slater, der barfuß und im Pyjama einmal über die britische Insel spazierte und der seinen Hund Tiny, einen 250 Pfund schweren Schäferhund, zum leitenden Direktor seiner Vermittlungsagentur für Fremdenführer machte; der 81jährige Stanley Unwin, dessen Obsession darin besteht, in einer selbst kreierten Sprache zu reden. Ihr Sinn ergibt sich, indem Unwin Wortverdrehungen, Wortspiele und eigene Wortschöpfungen zu einem absurden, verschnörkelten *stream of consciousness* verbindet, den nur ein Meister der Grammatik die Aussicht hat zu entwirren; ein geborener Londoner, der sich jetzt Häuptling Shiloh nennt und stets das volle Ornat der Cherokee-Indianer trägt; sowie Ann Atkin, eine elfengleiche Frau, deren Haus in Devon von 7500 Gartenzwergen bevölkert ist (siehe Abbildung 2). Sie brachte selbstgestrickte Zipfelmützen mit ins Studio und verteilte sie an die anderen Gäste der Show.

Vor unserem Auftritt ging es in der Sendung um schulische Disziplin, ein Thema, das von drei graugewandeten Schuldirektoren gewichtig diskutiert wurde. Sie verkörperten geradezu idealtypisch eine gesetzte Gruppe von Hütern des konform denkenden Establishments. Als die drei in der Garderobe mit den Exzentrikern zusammentrafen, waren sie fasziniert und abgestoßen zugleich, vielleicht sogar ein bißchen erschrocken. Als Ann Atkin die Zipfelmützen verteilte, mieden sie sie, als ob sie eine ansteckende Krankheit hätte. Trotzdem konnten sie ihre Augen nicht von diesen seltsamen Individualisten lassen, die sich offenbar köstlich amüsierten. Damals dachte ich, wie schade es doch sei, daß diese verknöcherten Dummköpfe nicht aus sich herausgehen und sich an einer so interessanten und völlig harmlosen Gruppe von Leuten erfreuen konnten. Ich vermute, daß sie es schon wollten, die Furcht vor dem Unbekannten sie aber in ihrem Teil des Raumes zurückhielt.

Unser Buch unternimmt nun den Versuch, diese Kluft zu überbrücken. Die Psychologie nimmt sich selbst, ihr Image und ihre Methoden viel zu ernst. Dem Reiz der Vermutung, dem Staunen über die Spekulation, die so fundamental für jegliche

Art wirklicher Wissenschaft ist, hat sie so ziemlich den Rücken gekehrt. Die Evolution der Menschheit bedarf der Exzentriker. Auch wenn die Psychologen in einer Zeit zunehmender Standardisierung und Homogenität auf absonderliche Ideen und eigenartige Menschen argwöhnisch reagieren mögen, sollten sie aufgeschlossen sein für den rebellischen Spaß derjenigen, die von der Norm abweichen.

Thoreau schrieb in *Walden*: «Wenn einer nicht mit dem anderen Schritt hält, rührt das vielleicht daher, daß er auf einen anderen Trommler hört. Jeder richte seine Schritte nach der Musik, die er vernimmt, mag sie noch so gemessen und leise klingen.» Wir wollen Thoreaus Rat folgen und sehen, wohin er uns führt.

KAPITEL 1
DIE UNTERSUCHUNG

Subjektivität ist das charakteristische Merkmal der Perspektiven und Biographien, das darin besteht, daß sie die Ansicht der Welt von einem gewissen Orte aus geben. ... Die Elemente, die eine Perspektive bilden, sind zunächst durch ihre Gleichzeitigkeit verbunden, diejenigen, die eine Biographie bilden, dadurch, daß zwischen ihnen direkte Zeitbeziehungen bestehen. Dazu kommen Beziehungen, die aus den Gesetzen der Perspektive abzuleiten sind. Bei alledem befinden wir uns offenbar nicht in dem Gebiet der Psychologie, wie man es gewöhnlich versteht; allerdings befinden wir uns auch kaum auf dem Gebiet der Physik.

Bertrand Russell, *Die Analyse des Geistes*

Nachdem ich mich entschlossen hatte, eine systematische Studie über Exzentrizität in Angriff zu nehmen, bestand die erste Aufgabe darin, Exzentriker zu finden. Exzentriker nehmen sich selbst ernst, und es bestand die Gefahr, daß sie an einer Untersuchung, von der sie befürchten könnten, mit psychisch Kranken in Verbindung gebracht oder lächerlich gemacht zu werden, nicht teilnehmen wollten. Der ökonomische Anreiz – den potentiellen Untersuchungspersonen für ihre Teilnahme Geld anzubieten – hätte sich als ineffizient erweisen können, da Exzentriker zum Idealismus neigen und nur selten durch Habgier motiviert werden. Überdies konnten die herkömmlichen Erhebungsmethoden nicht angewandt werden, da Exzentriker selten und geographisch weit gestreut sind.

Da wir uns also nicht auf die üblichen Methoden, Untersuchungspersonen zu rekrutieren, stützen konnten, entschied ich mich zu annoncieren. Ich war zuversichtlich, auf diese Weise eine genügend große Stichprobe auftun zu können, nur stellte sich dabei das Problem der Selbsteinschätzung: Der Freiwillige würde, zumindest anfangs, selbst entscheiden, ob er exzentrisch war. In diese Methode schien aber eine logische Absicherung bereits eingebaut zu sein: Denn war nicht jede Person, die auf eine Anzeige antwortete, in der Exzentriker gesucht werden, irgendwie exzentrisch? Was sich aus Notwendigkeit, um nicht zu sagen aus schierer Verzweiflung entwickelte, war eine neue Erhebungsmethode, die ich Multimedia-Stichprobenerhebung nannte.

Wir begannen, indem wir in der Gegend von Edinburgh eine taktvoll formulierte Anzeige auf Karteikarten vervielfältigten und an verschiedenen Stellen aushängten: vor Pubs, Weinlokalen, Wäschereien, Bibliotheken, Supermärkten, Universitäten und so weiter. Wir gaben uns große Mühe, unsere Aushänge so repräsentativ zu plazieren, daß sie von einem möglichst breiten Durchschnitt der Bevölkerung wahrgenommen werden konnten. Der Text lautete ganz einfach: «Exzentrisch? Wenn Sie meinen, daß Sie es sind, melden Sie sich bei Dr. David Weeks am Royal Edinburgh Hospital», dazu war meine Telefonnummer angegeben.

Bald erspähte ein Journalist eine der Karten, die wir im University Staff Club angebracht hatten, denn ich interessierte mich besonders für den Exzentrikertyp des zerstreuten Professors. Das führte zu einem Artikel in der Lokalzeitung, was wiederum einen längeren Artikel in *The Scotsman* nach sich zog, Schottlands angesehenster Tageszeitung. In beiden Artikeln erschien die Anzeige im Wortlaut und meine Telefonnummer.

Die meisten Wissenschaftler lieben, ob sie es nun zugeben oder nicht, Publicity. Aber in diesem Fall kam zu der üblichen, fast kindischen Faszination, die ich empfand, als ich meinen Namen und mein Bild in der Zeitung sah, noch ein ernster Zweck hinzu. Jedesmal wenn wieder ein Artikel über die Untersuchung erschienen war, erhielten wir eine Flut von Anrufen von Exzentrikern, die sich für unser Vorhaben interessierten. Nachdem wir einmal festgestellt hatten, wie effektiv diese Methode war, beschlossen wir zu versuchen, unser Massenmedienerhebungsverfahren gezielt anzugehen. Um einen größeren Radius und dadurch einen repräsentativen Querschnitt von Probanden zu erreichen, mußten wir zu den Massenblättern vordringen. Wir sandten Pressemitteilungen an alle überregionalen Zeitungen Großbritanniens, aber binnen kurzem hatten viele Reporter die Story schon selbst entdeckt. Genau wie wir erwartet hatten, begleitete die Berichterstattung in den Boulevardblättern ein gerüttelt Maß an dummer Satire, aber das störte uns nicht weiter, solange nur mein Name und meine Telefonnummer richtig wiedergegeben waren, und das war meistens der Fall.

Radio- und Fernsehinterviews folgten, die die Repräsentativität des Samples weiter absicherten. Wir erreichten durch Sendungen in allen vier Programmen der BBC sowie in einigen Lokalsendern einen breiten Personenkreis. Berichte über unser Projekt wurden zwischen Popmusik, nach den Nachrichten, in Talkshows und Gesundheitssendungen und zu allen Tageszeiten gesendet, vom Fruhstucksfernsehen und -radio bis zu den Late-Night-Shows mit telefonischer Beteiligung von Zuschauern (oder -hörern).

Auch die amerikanische Presse griff die Story auf, was half, die Untersuchung zu einem transatlantischen Unternehmen auszuweiten. In der *New York Times*, dem *Wall Street Journal*, der *Los Angeles Times*, dem *San Francisco Chronicle* und der *International Herald Tribune* erschienen gleichzeitig Artikel, so daß unser Vorhaben im gesamten englischsprachigen Raum bekannt wurde. Der Inhalt unseres Briefkastens im Krankenhaus wurde immer phantastischer und exotischer.

Ein wissenschaftliches Forschungsvorhaben gleich welcher Fachrichtung kann am Anfang aus welchen Gründen auch immer keine der potentiellen Untersuchungspersonen ausschließen. Wir stellten fest, daß wir, da wir über keine Auswahlkriterien als Grundlage verfügten, eine möglichst aufnahmebereite und unvoreingenommene Haltung einnehmen mußten. Kein Stein durfte unaufgedeckt, kein Hinweis unverfolgt bleiben, denn je repräsentativer der Probandenkreis war, desto zuverlässiger und stichhaltiger würden die Untersuchungsergebnisse ausfallen. Wenn man nach den Auflagenstärken der Zeitungen und Zeitschriften und den Einschaltquoten der Rundfunk- und Fernsehanstalten geht, betrug die Zahl der Leser, Zuhörer und Zuschauer, die unser Aufruf erreichte, in den USA an die 110 Millionen und in Großbritannien 30 Millionen Menschen. Abgesehen von der nationalen Volkszählung war dies vermutlich die umfangreichste Bevölkerungsgruppe, die von einem Psychologenteam jemals einer Stichprobe unterzogen wurde.

Diese Zahlen schließen wirklich jede Person mit ein, die jemals etwas über mein Forschungsprojekt gelesen oder gehört hatte, also auch die als oberflächlich zu charakterisierenden Verbindungen. Aber wie flüchtig diese Beziehung auch war, es bedurfte ihrer, um mit Hunderten von braven, potentiellen Untersuchungspersonen in Verbindung zu treten, und sie trug uns eine überraschend geringe Zahl an Kauzen ein. Die meisten Telefonanrufe oder Briefe begannen mit Formulierungen wie: «In der heutigen Zeitung habe ich einen Artikel über Ihr Projekt gelesen, und ich dachte, Sie würden sich vielleicht für meine umfassende Forschung über die Syntax der Katzensprache interessieren» oder was immer deren Steckenpferd nun gerade war. Wir kamen schnell dahinter, daß Exzentriker zwar selten danach trachten, die Aufmerksamkeit auf sich zu ziehen, viele von ihnen aber, entgegen der landläufigen Meinung, begierig darauf sind, ihre Ideen mit anderen zu teilen.

Dann kam der mühsame Arbeitsschritt, die wahren Exzentriker herauszufiltern, die die Basis der Studie bilden sollten.

Einige von denen, die sich meldeten, enttarnten sich gleich selbst als Witzbolde und Spaßvögel. Zehn Prozent der Reaktionen erwiesen sich als derart harmlose Fälle, daß sie von Nicht-Exzentrikern kaum mehr zu unterscheiden waren. Einige der Antwortenden waren schlicht einsame Menschen, die sich mit jemandem unterhalten wollten.

Nachdem wir im Umgang mit Exzentrikern etwas Erfahrung gesammelt hatten, stellten wir allmählich fest, daß ein von ihnen selbst bestimmtes Sample eine Einschränkung mit sich brachte. Obwohl die meisten Exzentriker aus sich herausgehen und willens sind, über sich selbst zu berichten, trifft dies nicht für alle zu. Offenbar gab es proportional ebenso viele schüchterne Exzentriker wie schüchterne Nicht-Exzentriker, Menschen mit einer ganz normalen Scheu, sich in den Vordergrund zu spielen. Einige ärgerten sich darüber, als Exzentriker abgestempelt zu werden, andere wiederum fürchteten sich durch eine Verbindung mit dem Projekt vor beruflichen Nachteilen. Um auch diesen Personenkreis mit einzubeziehen, und sei es auch nur anonym, vertrauten wir auf das älteste, seit Menschengedenken bekannte Nachrichtensystem: die Mund-zu-Mund-Propaganda. Soziologen bezeichnen diese Methode manchmal als Schneeballverfahren. Es eignet sich besonders, um Personen zu erreichen, die gesellschaftlich Außenseiter sind.

Einige Antworten erhielten wir durch Freunde oder Familienmitglieder von Exzentrikern, sie begannen mit den Worten: «Mein Onkel ist zu schüchtern, um sich selbst zu melden, aber er ist wirklich exzentrisch.» Meistens konnten wir auch die zurückhaltenden Exzentriker durch vorsichtige, beschwichtigende Annäherung für die Studie gewinnen. Manche Exzentriker sind außerdem untereinander befreundet, so daß etliche Probanden auch auf diesem Wege zu uns fanden. Diese Empfehlungen über Dritte verlieh der Identifizierung des einzelnen als Exzentriker noch einen zusätzlichen Reiz.

Nachdem wir offensichtlich Mißgriffe und Täuschungsfälle der Ausgangsstichprobe eliminiert hatten, blieben uns 789 potentielle Exzentriker, 309 Männer und 480 Frauen. Schließlich erhöhte sich die Zahl auf mehr als tausend. Die Untersuchungspersonen kamen aus allen Gesellschaftsschichten und schlossen den stellvertretenden Vorstandsvorsitzenden eines großen Industrieunternehmens, einen Oberrichter, einen Puppenspieler, einen Chiropraktiker und einen arbeitslosen Dichter ein. Es gehörten etliche *Self-made*-Millionäre dazu, in Höhlen lebende Einsiedler, Hausfrauen und Zauberinnen, Universitätsprofessoren und Fabrikarbeiter, Computerspezialisten, etablierte Künstler und Schriftsteller. Sie waren zwischen 16 und 92 Jahre, im Durchschnitt 45 Jahre alt. Vornehmlich entstammten die Probanden der Mittelschicht, hatten eine etwas höhere Bildung als die Allgemeinbevölkerung, ihre Ausbildung hatte im Durchschnitt vierzehn Jahre gedauert.

Nach Anwendung der üblichen statistischen Hochrechnungsverfahren auf die Größenordnung unserer Studien kamen wir zu dem Ergebnis, daß schätzungsweise ein klassischer, hauptamtlicher Exzentriker auf 10 000 Personen kommt. Aufgrund der unorthodoxen Erhebungsverfahren und der Schwammigkeit unserer Ausgangsdefinition lag die Fehlerquote bei plus/minus 50 Prozent. Mit anderen Worten, eine wirklich exzentrische Persönlichkeit konnte derart selten sein, daß sie nur einmal unter 15 000 oder im Verhältnis noch wahrscheinlicher einmal unter 5000 vorkam.

Jetzt begann die eigentliche Arbeit. Wir führten mit jeder Untersuchungsperson Gespräche unter vier Augen, die mindestens neunzig Minuten und oft erheblich länger dauerten, denn Exzentriker neigen zu enormer Gesprächigkeit. Sofern es möglich war, gestalteten wir die Interviews zwanglos, in der Wohnung der Probanden, damit sie entspannter, vertrauensvoller waren, unter geringerem Streß standen und ihre Antworten so spontan wie möglich kommen konnten.

Wir begannen mit Fragen, die darauf abzielten festzustellen, ob irgendwelche augenfälligen Symptome psychischer Störungen vorlagen, um uns ein schnelles Bild von der Persönlichkeit zu verschaffen und Hintergrundinformationen zu sammeln. Mit sehr spezifischen Fragen testeten wir Hypothesen, jedoch waren die meisten Fragen wegen des sondierenden Charakters der Studie ziemlich allgemein gehalten. Die Fragen waren offen formuliert, das heißt, es gab weder «richtige» Antworten, noch konnten sie mit ja oder nein beantwortet werden. Die Intention dabei war, möglichst ausführliche, anschauliche Antworten zu erhalten, die über unsere Gesprächspartner so viel wie möglich erkennen ließen. Wir waren ausdrücklich darauf aus, nicht nur eine Vorstellung von den Ansichten und Überzeugungen unserer Probanden zu gewinnen, sondern auch von der *Art* ihres Denkens und ihrer Vorstellungen. Viele fühlten sich bemüßigt, sich zu erklären, ihrer ungewöhnlichen Lebensweise Sinn zu geben. Eine Probandin formulierte: «Ich kann nur für mich selbst sprechen.» Ehrgeizigerweise nahmen wir uns vor, das gesamte Spektrum der begründeten oder unbegründeten Vorstellungen herauszubekommen, die von ihnen allen vertreten wurden.

Um so viele Daten wie möglich zu sammeln, ließen wir die Untersuchungspersonen auch standardisierte Persönlichkeitsfragebögen, Intelligenztests und Tests ausfüllen, die Psychiater zur Diagnose von Schizophrenie und anderen psychischen Krankheiten anwenden. Zu Beginn waren wir uns noch nicht ganz klar darüber, wozu wir all diese Informationen eigentlich brauchten, als aber die Datengrundlage wuchs, verhalf uns dieses Vorgehen zu einem deskriptiven umfassenden psychologischen Porträt der Probanden. Alle Interviews wurden auf Tonband aufgezeichnet, damit wir auch das Sprachverhalten der Probanden analysieren konnten, und auch hieraus gewannen wir wertvolle Einsichten.

Die Studie entwickelte sich zu einem Gruppenbild von Menschen, die so unterschiedlich waren wie die Gesamtgesellschaft, jedoch viele gemeinsame Merkmale zeigten. Es entstand ein Profil mit fünfzehn Charakteristika, die von offensichtlichen bis trivialen reichten und auf fast alle Exzentriker zutrafen. Wir stellten fest, daß Exzentriker mit den folgenden Eigenschaften beschrieben werden können, hier mehr oder weniger in abnehmbarer Häufigkeitsfolge aufgeführt:

- unangepaßt;
- kreativ;
- stark durch Neugier motiviert;
- idealistisch: mit dem Anspruch, die Welt zu verbessern und die Menschen in ihr glücklicher zu machen;
- betreibt beglückt ein oder mehrere (in der Regel fünf oder sechs) Steckenpferde;
- ist sich von klein auf des Andersseins bewußt;
- intelligent;
- eigensinnig und freimütig; überzeugt, selbst richtig zu liegen und daß der Rest der Welt aus dem Tritt geraten ist;
- ohne Konkurrenzstreben, ohne Verlangen nach Anerkennung oder Bestätigung durch die Gesellschaft;
- ungewöhnliche Eßgewohnheiten und Lebensführung;
- nicht sonderlich interessiert an den Ansichten oder der Gesellschaft anderer, ausgenommen zu dem Zweck, diese vom eigenen – richtigen – Standpunkt zu überzeugen;
- ausgestattet mit einem schelmischen Sinn für Humor;
- alleinstehend;
- gewöhnlich das älteste oder einzige Kind und
- fehlerhafte Rechtschreibung.

Die ersten fünf genannten Merkmale sind die wichtigsten und nahezu jedem Exzentriker eigen. Selbstverständlich ist Nonkonformismus *die* herausragende, kennzeichnende Eigenschaft dieser Spezies, und jeder beliebige von uns befragte Proband ist geeignet, dies zu illustrieren. Nichtsdestotrotz kann es vielleicht niemand besser als Marvin Staples, ein überschwenglicher Cheppewa-Indianer aus Minnesota, der stets rückwärts geht, egal wohin. Er berichtete, daß ihm die Idee nach einer dreitägigen Fastenzeit gekommen sei. Eine Szene aus dem Film *Little Big Man* inspirierte ihn dazu; in ihr wird ein indianischer Krieger durch die Tatsache, daß ihm ein Weißer das Leben gerettet hat, in Verlegenheit gebracht und lebt nun rückwärtsgerichtet, bis er seine Ehre im Kampf zurückgewinnt. Staples behauptete, daß er sich durch seine rückwärtsgewandte Lebensweise jünger fühle und von chronischen Rückenschmerzen und Arthritis in den Knien befreit sei. «Die Hyokas-Indianer pflegten rückwärts zu gehen», sagte er, «sie vertrauten dem Großen Geist, daß er sie auffing, falls sie fielen. Die Hyokas und Sioux erledigten manche Dinge rückwärts, um die Leute zum Lachen zu bringen und ihre Sorgen zu vergessen.»

Das rückwärtsgewandte Leben habe auch seine Spiritualität vertieft, meinte er. «Ich war gewohnt, nach immer mehr zu verlangen, aber jetzt denke ich darüber nach, wie ich mit immer weniger auskommen kann. Ich mache mir keine Sorgen über die Zukunft. Einmal dachte ich daran, für die Präsidentschaft zu kandidieren. Präsidenten tun eine Menge rückwärts.» Staples brach den bestehenden Rekord im Ruckwartsgehen, der laut dem *Guinness-Buch der Rekorde* (eine Fundgrube für Exzentriker) von Plennie Wingo aus Abilene, Texas, aufgestellt worden war. Wingo startete am 15. April 1931 in Santa Monica, Kalifornien, und erreichte am 24. Oktober 1932 Istanbul.

Norma Jean Bryant aus dem westlichen Connecticut, eine weitere Probandin unserer Studie, illustriert, was man als globale Exzentrizität bezeichnen könnte: Fast jeder Aspekt ihres Lebens ist nonkonformistisch ausgerichtet. Sie vertritt die Ansicht, daß es unmoralisch sei, irgend etwas wegzuwerfen, weshalb sie noch alles besitzt, was sie jemals gekauft oder bekommen hat. Abgesehen von einer ungeheuren Menge Dinge, die andere Leute schlichtweg als Abfall bezeichnen würden, nennt sie eine ganz ansehnliche Sammlung von Theaterkostümen ihr eigen, einen lebensgroßen Weihnachtsmann auf Skiern, eine Meerjungfrau aus Pappmaché, ein ausgestopftes Krokodilpärchen und eine transportable Dusche, die auch als Telefonzelle benutzt werden kann. Norma Jeans Unmengen Besitztümer wuchsen derart an, daß sie ein leerstehendes Opernhaus ankaufte, um alles unterbringen zu können.

Wohin sie auch geht, stets schiebt sie einen Einkaufswagen mit Scheinwerfern, beladen mit einer Auswahl aus ihrem Besitztum, vor sich her. Neben vielen anderen Hobbys spielt sie auch in einer Kazoo-Band. Im Winter trägt sie einen Feuerwehrmannsrock. Norma Jean ist eine begnadete Unterhalterin, nur kann sie nicht sehr gut kochen, weswegen sie sogenannte «Konservenpartys» veranstaltet. Dann serviert sie Bohneneintopf aus der Dose und als Nachtisch Dosenpudding mit Dosenfrüchten. Jeden Sommer gibt sie eine Wimbledon-Party, auf der sie unter einem gelb und weiß gestreiften Baldachin 7-Up und Eis mit Erdbeeren (natürlich aus der Dose) reicht und sich wie ein Mitglied der englischen Königsfamilie kleidet. Auf einem See in der Nähe ihres Hauses richtete sie der Meerjungfrau ein richtiges Begräbnis wie bei den Wikingern aus. Sie und ihre Familie lobpriesen die Meerjungfrau, legten sie in einen kleinen Kahn und zündeten sie an. Als die lodernde Meerjungfrau über den See trieb, sang die Trauergesellschaft «Der Wolgaschiffer».

Marvin Staples' und Norma Jeans Nonkonformismus liegt die Weigerung zugrunde, irgend etwas als gegeben zu akzeptieren. Sie stellen Annahmen in Frage, die wir anderen für selbstverständlich halten. Diesen Geisteszustand beschrieb Norma Jean ganz treffend mit den Worten: «Jeder von uns wird als etwas Besonderes geboren. Man muß nicht der Masse folgen. Der Himmel ist die Grenze, also laß dir nicht die Flügel stutzen. Ich pflege die Dinge in einer etwas schrägen Manier ganz natürlich wahrzunehmen. Wenn man bereit ist, ein Risiko einzugehen, kann man sein Leben jederzeit mit neuem Reiz oder einer neuen Eingebung erfüllen.» Obwohl die Auswirkungen einer solchen extremen Unangepaßtheit für andere nicht nachvollziehbar sind, bringen sie für den Exzentriker ein Gefühl der Freiheit von den Alltagszwängen mit sich. Der Rest der Welt denkt, daß man nur in eine Richtung gehen kann, daß sich ein Feuerwehrmannsrock nur für Feuerwehrleute ziemt und eine Dame im Winter eine Tweedjacke zu tragen habe; für Exzentriker sind dies langweilige Regeln, die es zu mißachten gilt.

Das Herzstück der Exzentrizität ist Kreativität. Ein wesentlicher Grund, aus dem heraus Exzentriker ständig die bestehende Ordnung in Frage stellen, ist, daß sie experimentieren, neue Wege ausprobieren wollen, etwas zu tun. Bei Künstlern und Wissenschaftlern, die bezeichnenderweise eher Exzentriker sind als andere, fällt diese Eigenschaft besonders auf. In der Studie gab es 75 Künstler, die ihr Leben augenscheinlich kreativen Aktivitäten widmeten, auch gab es viele Erfinder, die ihre Geisteskrafte darauf verwendeten, vollkommen neue und höchstwahrscheinlich nützliche Maschinen zu konstruieren. Einige unserer Exzentriker taten dies aber, wie es scheint, nicht aus dem üblichen ästhetischen oder wissenschaftlichen Antrieb, sondern vielmehr allein um des Schaffens im reinsten und allgemeinsten Sinn willen. John Ward aus Northamptonshire, der sich selbst als Abfallverwerter bezeichnet, ist so einer (siehe Abbildung 3). Aus anderer Leute Plunder baut er die phantastischsten Maschinen. Als der Prinz und die Prinzessin von Wales heirateten, feierte er ihren Hochzeitstag, indem er drei Badewannen für seine vier Kinder zu einem Katamaran zusammenschweißte.

Vier Monate später werkelte Ward, mit Bergen von alten Haushaltsgegenständen versehen, an einem neuen Meisterstück herum. Wohlgesinnte Nachbarn, aber auch ganz fremde Leute, die von ihm gehört hatten, meldeten sich bei ihm mit kaputten Haushaltsgeräten. Ortsansässige Geschäfte steuerten Hunderte zusammengebrochene Maschinen bei. Schließlich enthüllte Ward die Frucht seiner Arbeit: einen von ihm Moon-Buggy genannten funktionierenden Apparat (falls man für etwas, von dem man sich nicht vorstellen kann, wofür es gut ist, überhaupt diese Bezeichnung verwenden kann), den er aus einem alten Bett, einigen Haartrocknern und Staubsaugern, einem geflochtenen Wäschekorb, einem Trockner, einem Kinderwagen und Hunderten ausgeschlachteter Kleinigkeiten konstruiert hatte, mit Sirene und Blinklichtern. «Es ist ein glänzendes Beispiel für eine Ladung Abfall», erzählte er uns. «Heutzutage wird so vieles weggeworfen, mir gefällt es, Abfall zu etwas Nützlichem zu verwenden. Viele Leute behaupten, daß ich meine zweite Kindheit durchlebe, aber ich glaube, daß ich aus meiner ersten noch gar nicht heraus bin. Um eine Erfindung zu machen, muß man sich treiben lassen.»

Al Joyner aus Virginia Beach, Virginia, fährt auf einem Vehikel durch die Stadt, das halb Fahrrad und halb Schaukelpferd ist. «Ein Fahrrad hatte ich schon», berichtete er, «und eines Tages lag ich auf dem Sofa und sagte mir: ‹Ich brauche ein Pferd.› Also kaufte ich für 15 Dollar ein Schaukelpferd, teilte es in der Mitte durch und montierte es auf das Fahrrad.» Am Kopf, an den Flanken und den Hinterhufen brachte er Rückstrahler an, am Lenker befestigte er ein Lasso, und um den Hals des Pferdes legte er eine Perlenschnur. Auf der einen Seite der Räder befinden sich Radkappen, die mit weiteren Rückstrahlern geschmückt sind, und an der anderen eine leuchtend-orangefarbene Zimbel, auf der «DISCO KID» steht. Einen auf ein Golfwägelchen montierten Milchflaschenkasten zieht Joyner hinter sich her.

Disco, wie er sein Pferd nennt, ist nicht nur der augenfällige Beweis für die Exzentrizität seines Besitzers, sondern auch insgesamt ein kreatives Werk, weder Kunst noch Wissenschaft und nur für seinen Besitzer von Nutzen – für die Kinder aus der Nachbarschaft aber ist es ein Quell großer Freude. Gleichwohl besitzt Disco eine erwähnenswerte Anziehungskraft, Joyner berichtete uns, daß die Leute ihn belagern, auch für sie ein solches Pferderad zu bauen. Bisweilen muß er sich verborgen halten, weil er so viele Anfragen von Leuten erhält, die ihn mit Disco fotografieren wollen.

Mit der Kreativität eng verbunden ist die Neugier der Exzentriker. Die meisten erzählten uns, daß sie zuerst bemerkten, anders zu sein als andere, als sie noch Kinder waren, weil sie ständig nach tiefgründigen Antworten suchten. Wenn sie ihre Eltern fragten: «Warum?», waren sie nicht mit der Antwort: «Das ist nun einmal so» zufrieden und noch viel weniger mit: «Weil ich es sage». Neugier ist die einzige menschliche Motivation, die in erster Linie intellektuell bedingt ist; einige Psychologen nennen das intrinsische Motivation, weil der Vorgang der Entdeckung schon die Belohnung in sich einschließt. Wir alle sind auf irgend etwas neugierig, wenn es aber zu schwierig wird, die Antwort zu finden, läßt unser Interesse allmählich nach. Doch der Exzentriker ist geradezu besessen davon, die Antwort zu finden. Charles Waterton, ein englischer Naturforscher des 19. Jahrhunderts, schlief während seines Forschungsaufenthaltes im südamerikanischen Regenwald etliche Monate mit einem aus der Hängematte heraushängenden Fuß, in der Hoffnung, von einer Vampirfledermaus gebissen zu werden. Er sei «schrecklich enttäuscht» gewesen, sagte er, daß «diese unausstehlichen Viecher» ihn nicht angerührt hätten. Waterton war auch der erste, der einen Bürstenhaarschnitt trug.

Diesen Drang nach Wissen führen uns die Exzentriker in Reinform vor. Viele von ihnen haben ganz nützliche Erfindungen gemacht, andere widmeten ihr Leben absurden, phantastischen Erfindungen. Wir interviewten etliche Exzentriker, die danach trachteten, das Geheimnis des Perpetuum mobile zu lösen, das Äquivalent der Erfinder zum Stein der Weisen der Philosophen. Schon vor der Industriellen Revolution hat die Idee einer immerfort arbeitenden Maschine (oder einer ohne

Energiezufuhr arbeitenden Maschine, wie sie heute manchmal genannt wird) die Phantasie Tausender Erfinder und Unternehmer beflügelt, trotz des unbestreitbaren Beweises der Wissenschaft über die Unmöglichkeit eines solchen Unterfangens. Allein die Idee widerspricht schon Carnots 1. Hauptsatz der Thermodynamik vom Prinzip der Erhaltung der Energie und Clausius' 2. Hauptsatz der Thermodynamik, der besagt, daß die in einem fortlaufenden Prozeß erzeugte Energie nie vollständig umgewandelt werden kann, weil ein Teil davon durch Wärme verlorengeht. Auf jeden Fall ist nichts auf der Welt ewig: Rost, Reibung und Verschleiß setzen jeder mechanischen Erfindung ihre Grenze.

Das Wort «unmöglich» existiert im Wortschatz der Exzentriker nicht. Yvonne X (so heißt sie wirklich) baut in ihrer Werkstatt in Westfield, New Jersey, Perpetua mobilia. Als ich sie besuchte, berichtete sie mir, daß sie schon immer eine Erfinderin gewesen sei: «Als Kind interessierte ich mich so sehr für das Rennen im All, daß ich begann, eine eigene Rakete zu bauen. Eine Methode hatte ich bei meinen Versuchen nicht – ich hatte nur unheimlichen Spaß an der Explosion. Ich liebte es, meine Rakete aufsteigen zu sehen. Dann brachte mich mein Umweltbewußtsein darauf, Energiefallen wie diese auszuprobieren und zu erfinden.»

Sie führte mich nach draußen zu ihrer Werkstatt und zeigte stolz auf ihre Maschine, die aussah wie etwas aus einem der mit wenig Geld produzierten Science-fiction-Filme der fünfziger Jahre. Auf einem Gestell entlang der Backsteinwand türmten sich schimmernde Stahlzylinder. Oben und unten kamen Röhren hervor, die durch kandelaberähnliche Anschlüsse miteinander verbunden waren. In der hinteren Ecke hingen wie Plastikspaghetti noch weitere Röhren von der Decke. In der Mitte, auf eine Art Stativ montiert und von Drähten gehalten, befand sich eine auf Hochglanz polierte silberfarbene Scheibe von der Größe eines Fußballs. Als sie die Maschine anstellte und eine eiskalte Flüssigkeit sie durchlief, begannen die Röhren zu zucken.

Während sich die Maschine warmlief, erklärte sie mir deren «wissenschaftliche» Grundlage: «Das System produziert und erhält die Energie ohne Brennstoff. Der Strom dieser Flüssigkeiten kann dazu dienen, kinetische Energie freizusetzen, die dann in billige Elektrizität umgewandelt werden kann. Wenn sich die Scheibe hebt, haben wir Kraft übrig!»

Sie betätigte einen Hebel, um die Maschine in Betrieb zu setzen. Die Leitungen gaben ein zischendes Geräusch von sich, die Flüssigkeiten wechselten ihre Farbe und die Röhren vibrierten heftig. Ein dumpfes Rumpeln entfuhr den Zylindern, daß einem übel werden konnte, und ein Dichtungsring schoß wie eine Kugel davon und zersplitterte Reagenzgläser. Allmählich hob sich die Silberscheibe, die sich leise summend drehte, schneller und schneller, und sauste schließlich geradewegs durch die Decke der Werkstatt. Durch das gähnende Loch, das sie hinterließ, konnte ich den Mond sehen. Darauf war es einen Moment still. Yvonne X und ich starrten uns an.

Dann brach die Hölle los, wie Milton es formulierte. Hinter uns explodierte ein Becherglas, dann ein weiteres. Aus schmelzenden Drähten sprühten Funken. Der Raum war vom beißenden Gestank purer Elektrizität und versengter Haare (meiner Augenbrauen) erfüllt. Die Sprinkleranlage ging an und versprühte warmes Wasser. Yvonne drehte sich um und verließ fluchtartig den Raum, ich war ihr dicht auf den Fersen und kam mir vor wie eine der Figuren aus den ausgesprochen gewalttätigen Zeichentrickfilmen der Warner Brothers. Die Feuerwehr war schnell da. Noch als die Männer beim Löschen des Unheils waren, arbeitete Yvonnes Hirn schon wieder fieberhaft. Sie teilte mir mit, daß sie genau wisse, was an der Konstruktion falsch sei, und schwor, den Fehler zu beheben.

Dieser unerschütterliche Optimismus ist fast allen Exzentrikern eigen. Ihre positive Lebenseinstellung drückt sich nicht nur in ihrer Haltung gegenüber ihrem eigenen Leben und ihrer Arbeit aus, sondern erweitert sich oft auch zu einem allgemeiner verstandenen Idealismus und zu Humanitätsliebe. Die Arbeit von Dr. Patch Adams, einem Clown-Arzt (siehe Abbildung 4), der 1971 im Pocahontas-Bezirk, West Virginia, ein Gesundheitsinstitut gründete, ist von einem solchen Idealismus geprägt. Adams, der seinen Doktortitel für Medizin am Medical College of Virginia erworben hat, ist überzeugt, daß Humor ein integraler Bestandteil des Heilungsprozesses ist, und verkleidet sich während seiner Sprechstunde oft als Clown. Auch vertritt er die Ansicht, daß das Geld die Medizin verdorben hat, und verlangt deshalb für seine Behandlungen, welcher Art auch immer, keinerlei Bezahlung. Seine Philosophie erläuterte er folgendermaßen: «Wenn das Leben eines jeden von Freundschaft, Humor, Liebe, Kreativität, Hoffnung, Neugier und Staunen durchtränkt wäre – oh! –, dann bräuchten wir eine Menge weniger Medikamente. Das würde Prozac von heute auf morgen überflüssig machen.» Adams und seine Freunde bauen gerade ein Krankenhaus mit vierzig Betten, das Musik, Theater und Töpferkunst in die therapeutische Arbeit einbeziehen wird. «In unserem Krankenhaus wird es Geheimgänge, Rutschen und miteinander verbundene Baumhäuser geben», berichtete er uns.

Während einige Exzentriker Spezialisten sind, die ihren gesamten Nonkonformismus auf eine einzige, alles andere überschattende Obsession konzentrieren, trafen wir aber auch eine überraschend große Zahl, deren Exzentrizität sich in vielen verschiedenen Formen äußert, die untereinander oft wenig oder gar nichts miteinander zu tun haben. Gary Holloway, der als Umweltplaner für die Stadt San Francisco arbeitet (siehe Abbildung 5), geht gleich einer ganzen Reihe von Steckenpferden nach. Ihn fasziniert Martin Van Buren, der achte Präsident der Vereinigten Staaten. Vor achtzehn Jahren entdeckte Holloway, daß Van Buren der einzige Präsident war, dessen Ansehen nicht durch eine eigene Gesellschaft gepflegt wurde. So rief er flugs den Martin-Van-Buren-Fan-Club ins Leben. «Dieser Mann hat absolut nichts getan, was das Geschick unseres Landes förderte», berichtete uns Holloway stolz, «und trotzdem haben sich mir jetzt Hunderte von Leuten angeschlossen, um seiner zu gedenken.»

Holloway war achtzehn Amtsperioden nacheinander der Präsident des Clubs und hat in Anerkennung seines hervorragenden Van-Burenismus achtzehnmal den Marty verliehen bekommen. Außerdem ist Holloway ein glühender Verehrer des heiligen Franz von Assisi und trägt oft eine Franziskanerkutte. «Es ist bequem und macht Spaß. Mir gefällt, wie andere darauf reagieren», erläuterte er. «Im Autobus bieten mir die Leute immer einen Platz an.»

Holloway ist besessen vom British Commonwealth und verfügt über ein enzyklopädisches Wissen über Orte wie Tristan da Cunha oder die Fidschi-Inseln. Während des Falkland-Krieges trat er vehement für die Sache der Inselbewohner ein und ging so weit, am Fahnenmast auf dem Rasen vor seinem Haus die Falkland-Flagge zu hissen. Nachdem der Krieg zu Ende war, feierte er Großbritanniens Sieg, indem er sein Haus in Falkland-Haus umtaufte und dort weiterhin die Falkland-Flagge aufzieht. Sein Schlafzimmer im Falkland-Haus sieht noch genauso aus wie zu seiner Kinderzeit. Er nennt es Peanuts-Raum, weil sich dort eine riesige Sammlung von Stoff-Snoopys und anderer Memorabilien aus dem Comic *Peanuts* befindet. Seit vierzig Jahren schläft er in demselben Doppelbett. Er besitzt Dutzende von Spielzeugflugzeugen, Relikte aus seiner Kindheit, und verfügt über den verschmitzten Humor, der die meisten Exzentriker auszeichnet.

Wie man Intelligenz messen kann, ist eine umstrittene Frage, und sie hier abzuhandeln, wäre eine unnötige Abschweifung. Es mag genügen zu sagen, daß Intelligenztests ihrer Anlage nach lediglich Fähigkeiten zur Problemlösung messen – die konvergente Intelligenz – und die divergente Intelligenz, die Fähigkeit, das Problem zu formulieren, unberücksichtigt lassen. Manche sehr großen Geister langweilen sich ganz einfach bei dem Gedanken an die Beantwortung nutzloser, hypothetischer Fragen, und so sind die gewöhnlichen Tests zur Messung ihrer Intelligenz ungeeignet.

Trotzdem gehörten auch Standard-IQ-Tests bei allen Probanden des Projekts zu unserem Vorgehen, und ihre Ergebnisse bestätigten unsere *a priori*-Vermutung, wonach Exzentriker überdurchschnittlich intelligent sind. Das Sample zeigte einen durchschnittlichen Intelligenzquotienten von 115 bis 120, er lag also deutlich über der Norm, womit die Exzentriker zu den begabtesten 10–15 Prozent der Bevölkerung zählen. Dieses Ergebnis sollte man aber nicht allzu wichtig nehmen, denn obwohl es viele hochbegabte Exzentriker gibt, verfügen viele nur über durchschnittliche geistige Fähigkeiten. Ebensogut ist es daher möglich, daß Exzentriker als Gruppe erheblich intelligenter sind, als die Tests vermuten lassen.

Die übrigen Eigenschaften, die wir feststellten, waren eher zufällig und amüsant und bezogen sich meist direkt auf die individuelle Form der Exzentrizität. Wir bemerkten zum Beispiel, daß viele unsere Probanden in der Rechtschreibung Fehler machten, dabei handelte es sich aber oft um eine von ihnen absichtlich gewählte Schreibweise der Wörter: Es war nicht so, daß sie nicht wußten, wie ein Wort richtig geschrieben wurde, vielmehr bevorzugten sie, wie Joyce und Faulkner, ihre eigene Version.

Auch wenn es stimmt, daß viele Exzentriker ungewöhnliche Eß-, Schlaf- und Lebensgewohnheiten haben, muß man sagen, daß sich dies insbesondere bei jenen bemerkbar machte, deren Andersartigkeit sich gerade hierin äußert. Indes, die Mehrheit der Exzentriker unserer Studie wohnte in gewöhnlichen Häusern und ernährte sich nach einem normalen Speisezettel.

Eine Qualität, die allen Exzentrikern eigen zu sein scheint, taucht freilich nicht auf unserer Liste auf, denn es geht um etwas derart Subjektives, daß es unmöglich ist, sie als vorhanden oder nicht vorhanden nachzuweisen, allerdings kann es sein, daß es die wichtigste Eigenschaft überhaupt ist: Exzentriker scheinen glücklicher zu sein als andere Menschen. Natürlich sind sie nicht immer glücklich, das wäre ein Symptom für Wahnvorstellungen, wenn nicht gar Dummheit. Aber fast alle, mit denen wir uns trafen, schienen mit ihrem Los zufrieden. Nahezu jeder hatte eine Ausstrahlung, die signalisierte, daß sie mit sich selbst zufrieden waren. Sie wußten, daß viele Menschen sie für sonderbar hielten, aber es machte ihnen nichts aus.

Wir haben behauptet, daß es unwissenschaftlich sei, etwas zu erörtern, ohne es objektiv zu definieren. Nichtsdestotrotz bleibt uns bei der Diskussion über das Glück, insbesondere wenn wir es bei anderen beobachten, gar nichts anderes übrig, als auf eine altbekannte Weisheit zurückzugreifen: Obwohl wir die Existenz des Glücks nicht schlüssig nachweisen und noch nicht einmal präzise angeben können, was es ist, erkennen wir es dennoch, wenn es da ist. Immer wieder begegneten uns die Exzentriker mit diesem strahlenden Optimismus und dem heiteren Selbstvertrauen, das entsteht, wenn sich jemand in seiner Haut wohl fühlt. Wir hatten das Gefühl, daß wir Millionäre werden könnten, wenn es möglich wäre, dieses Glückselixier zu extrahieren und in Flaschen abzufüllen.

KAPITEL 2

EXZENTRIKER AUS VIER JAHRHUNDERTEN

Die Vergangenheit ist ein fremdes Land,
dort gelten andere Gesetze.
L. P. Hartley, *Der Zoll des Glücks*

Die Geschichte ist voll von Leuten, die wegen ihrer Quichotterien und Eigenheiten berühmt waren. Während wir unsere Untersuchung heute lebender Exzentriker fortsetzten, durchstöberten wir gleichzeitig die Historie nach Berichten über Exzentriker aus der Vergangenheit. Über Fälle wie Kaiser Norton, der in der nicht allzu entfernten Vergangenheit lebte und zu seinen Lebzeiten berühmt war, gibt es eine Menge ziemlich glaubwürdiger Augenzeugenberichte, die es uns mit einiger Gewißheit erlauben, ihn als Exzentriker zu identifizieren. Ungeachtet der zu seiner Beschreibung gebrauchten veraltet und gestelzt klingenden Begriffe – seine Zeitgenossen bezeichneten ihn als «Charakter» oder «wunderlichen Gentleman» –, ist es für uns klar, daß Norton ein Star unserer Studie gewesen wäre.

Je weiter man aber in die Vergangenheit zurückgeht, desto schwieriger wird es, Exzentrizität eindeutig zu identifizieren, da so viele verschiedene Dinge miteinander verwoben werden: Exzentrizität, Wahnsinn, abergläubische Furcht vor Hexen und Dämonen, Senilität werden vermengt und sind nicht mehr voneinander zu trennen. Wenn L. P. Hartley richtig liegt, könnten wir sagen, daß die Vergangenheit um so exotischer wird, je weiter wir zurückgehen. Und wieder bekommen wir beim Aufstellen von Parametern für normales Verhalten Probleme.

Stehen keine verläßlichen zeitgenössischen Beobachtungen zur Verfügung, können wir Aufschlüsse über die enorme Bandbreite des durch die Jahrhunderte akzeptierten Verhaltens gewinnen, wenn wir uns die Gesetzbücher vornehmen, die stets festschrieben, was von der normalen Person als unterstes Minimum erwartet wurde. Zur Zeit der Wikinger war es in Island zum Beispiel unter Strafe verboten, über jemand anderen ein Gedicht zu verfassen, selbst wenn es wohlwollend war, dies galt aber nur, wenn es mehr als vier Zeilen umfaßte. Dem englischen Bauern des 14. Jahrhunderts war es per Gesetz untersagt, einen Hund zu besitzen oder seinen Sohn zur Schule zu schicken. Die folgenden Dinge galten in England zu verschiedenen Zeiten einmal als Verbrechen: das Drucken eines Buches, das Bekenntnis zur Auffassung, daß das Blut im Körper zirkuliert, die häusliche Aufbewahrung von Gold und das Aufkaufen von Waren auf dem Weg zum Markt, um daraus Profit zu schlagen. In Massachusetts gehörte Massenhysterie in einer berüchtigten Periode des 17. Jahrhunderts zum Regelverhalten: jeder, der sich irgendwie mäßigte, galt als nonkonformistisch.

Exzentrizität hat es zweifellos schon seit Beginn unserer Geschichte gegeben: Man stelle irgendwann und irgendwo eine Regel auf, und irgend jemand wird sie mit Sicherheit unterlaufen. Die schriftlichen Quellen aus der Antike und dem Mittelalter sind aber so entstellt, daß sie unbrauchbar sind. War Nero wirklich der Wahnsinnige, als den ihn stets auch eigene Zwecke verfolgende Geschichtsschreiber wie Tacitus hinstellen? Oder war er ein künstlerischer, mißverstandener Exzentriker? Darauf werden wir wohl nie eine Antwort erhalten, denn die Belege sind zu dürftig und widersprüchlich. Wir kamen zu dem Schluß, daß es für unsere Zwecke keinen Sinn hatte, Individuen zu berücksichtigen, über die nur Berichte vorlagen, die historisch vor den Anfängen des wissenschaftlichen Nachdenkens über die Psyche und vor dem Aufkommen eines Konzeptes von der Persönlichkeit entstanden waren. Die Tatsache, daß der Aberglaube in der ferneren Vergangenheit weiter verbreitet war als heute, macht die Sache noch schwieriger. Auch im frühen

19. Jahrhundert war der Begriff der Exzentrizität ziemlich allumfassend: physische Mißbildungen, extreme Langlebigkeit und Menschen, die ungewöhnliche Unfälle überlebt hatten, wurden ebenfalls darunter subsumiert. In dem 1933 erstmals veröffentlichten berühmten Buch *Englische Exzentriker* hat sich Edith Sitwell ebenjener Ungenauigkeiten schuldig gemacht. Sie beschäftigt sich auch mit Scharlatanen und dekorativen Eremiten, die für ihr Verhalten bezahlt wurden.

Unsere historische Analyse deckt die vierhundert Jahre von 1551 bis 1950 ab und umfaßt 150 Exzentriker, die wir in breit gestreutem Archivmaterial entdeckt haben: in Gerichtsakten, in Taufregistern und Pfarrbüchern, in Annalen lokaler historischer Gesellschaften und in alten Zeitungen, Zeitschriften und Enzyklopädien. Wir bezogen jeden mit ein, den wir nur finden konnten, der von seinen Zeitgenossen als exzentrisch (oder mit einem der im Laufe der Zeit dafür gebräuchlichen Synonyme) bezeichnet wurde, den wir in mindestens zwei voneinander unabhängigen Quellen nachweisen konnten. Die frühesten Beispiele stammen aus Großbritannien. Das Pioniersleben in Amerika war hart und bot bis gegen Ende des 18. Jahrhunderts zum Exzentrischsein wenig Raum. Nach der Unabhängigkeit holten die Amerikaner ihr Mutterland in dieser Hinsicht aber schnell ein.

Der erste, auf den wir stießen und den wir mit einiger Sicherheit als exzentrisch in dem von uns gebrauchten Sinn identifizieren konnten, war Honourable Henry Hastings, ein 1551 geborener englischer Gentleman. Er liebte die Jagd, den Fischfang und die Frauen und wurde 99 Jahre alt. Er könnte als Vorbild für Sir Roger de Coverley, Addison und Steeles einfachen Landedelmann, gedient haben. Hastings trug stets einen grünen Anzug und lebte zusammen mit Katzen, Hunden und zahmen Falken in einem verwahrlosten Haus. Die Kanzel einer benachbarten Kirche diente ihm als Speisekammer, die er mit Wildbret stets gut gefüllt hielt. Eine zeitgenössische Quelle beschrieb ihn als «Original in der Zeit, in der er lebte, oder er verkörperte vielmehr das Abbild unseres alten Adels aus der Jagd- und Kriegszeit». Noch als Neunzigjähriger ging er auf die Jagd und stellte den Frauen nach, seine erstaunliche Potenz führte er auf den Genuß von Austern zurück, die er zweimal täglich verzehrte.

Ebenfalls im Elisabethanischen Zeitalter lebte die Exzentrikerin Lady Margaret Lambourne, die sich über die Enthauptung von Maria Stuart, der Königin von Schottland, derart entrüstete, daß sie, ganz auf sich allein gestellt, einen Mordanschlag auf Königin Elisabeth plante, die Marias Tod befohlen hatte. Als Mann verkleidet, verschaffte sie sich Zutritt zum Hof – am Leib trug sie zwei Musketen, eine für Elisabeth und eine für sich selbst. Während sie aber der im Garten spazierengehenden Elisabeth auflauerte, fiel eine der Musketen herunter, schlug auf den Fliesen auf, und sie wurde ergriffen.

Als sie der Königin vorgeführt wurde, zeigte Lady Lambourne keinerlei Reue und erklärte, ihre Tat aus Liebe begangen zu haben. Elisabeth entgegnete: «Sie haben Ihre Pflicht getan, und was ist, Ihrer Ansicht nach, nun die meine?»

Lady Lambourne antwortete sogleich: «Das hängt davon ab, ob Sie als Königin oder als Richterin handeln.»

Woraufhin Elisabeths Antwort lautete, daß sie in diesem Fall als Königin handele.

«Dann müssen Sie mich begnadigen», sagte Lady Lambourne.

Die verblüffte Königin wollte von ihr die Versicherung, daß sie keine weiteren Anschläge auf ihr Leben mehr unternehmen würde.

«Madam», erwiderte Lady Lambourne, «unter solchen Bedingungen ist eine Gunst keine Gunst mehr, und wenn Eure Majestät so handelt, handelt sie mir gegenüber als Richterin.»

Elisabeth wandte sich an ihre Ratgeber und erklärte: «Seit dreißig Jahren bin ich Königin, aber ich kann mich nicht darauf besinnen, daß mir jemals zuvor eine Lehre erteilt wurde.» Sie gewährte Lady Lambourne uneingeschränkte Vergebung und freies Geleit aus England.

Der Geschichte haftet unmißverständlich die Aura der Legende an, und sie wurde vielleicht nur kolportiert, weil sie die Königin in einem günstigen Licht erscheinen ließ. An Lady Lambournes verquerer Logik – warum sollte Elisabeth sich zwischen den beiden Alternativen, einer Königin und einer Richterin, entscheiden? – erkennen wir nichtsdestotrotz die Stimme einer echten Exzentrikerin.

Der englische Bürgerkrieg brachte auf beiden Seiten Exzentriker hervor. John Bigg (1629–1696) war ein vermögender Gelehrter, der bei einem der Richter, die über Karl I. das Todesurteil verhängten, als Sekretär fungierte. Nach der Restauration der Monarchie und der Thronbesteigung Karls II. zog sich Bigg verächtlich von der Welt zurück. Mehr als dreißig Jahre lebte er als Eremit von Dinton in völliger Abgeschiedenheit. Wie es scheint, bestand seine Hauptbeschäftigung in seinem letzten Lebensabschnitt darin, seine Kleider und Schuhe mit Tausenden kleiner Lederfetzen zu versehen.

Auf der Seite der Königlichen stand der schottische Universalgelehrte Sir Thomas Urquhart (1611–1660), der wegen seines bizarren, extravaganten Sprachgebrauchs berühmt war. Noch heute halten viele seine englische Übersetzung von Rabelais für die beste. Im Bürgerkrieg wurde er in Worcester gefangengenommen und im Tower von London eingekerkert, im Gefängnis verfaßte er ein Buch mit dem Titel *Peculiar Promptuary of Time*. Damit wollte er Cromwell davon überzeugen, in ihm, dem Autor Urquhart, einen direkten Nachfahren Adams vor sich zu haben. Er hoffte, so seinen Kopf vor dem Henker der Puritaner zu retten. Väterlicherseits beschrieb er seinen Stammbaum als Nachkomme Adams in der 153. und mütterlicherseits als Nachkomme Evas in der 147. Generation.

Urquharts Prosastil war der berauschende Gipfel des barocken Englisch, das sich durch eine ausladende, komplexe Struktur und eine Vorliebe für endlose Wortkaskaden à la Rabelais auszeichnete. Es folgt eine schöne Kostprobe seiner Prosa, die *The Jewel* entnommen ist, einer Lobeshymne auf die schottische Nation, in der er sich beim Leser für die Dürftigkeit seines Stils im Vergleich zu dem, was er hätte schreiben können, entschuldigt. Nur ein entsprechend langer Auszug wird ihm gerecht:

Ich hätte diesen Diskurs wahrlich mit einer auserleseneren Vielfalt an Redewendungen versehen und ihn für den Leser zu einem größeren Redefluß anschwellen lassen können, damit er ihn besser versteht. Einerseits bildlich, durch eine metonymische, ironische, metaphorische und synekdochische Ausdrucksweise, mit allen ihren vielen Möglichkeiten, gemäß der Natur des Themas, künstlich verursacht durch emphatische Ausdrücke bei Dingen von größerer Wichtigkeit, durch katachrestische bei solchen von geringerer Bedeutung; beiderseits jeweils mit einer epiplektischen und exegetischen Abwandlung, mit hyperbolischen, sei es epithetonisch oder hypokoristisch, je nachdem, ob der Umstand verlangt, daß es freudig oder abgeschwächt vorgebracht wird, mit qualifizierenden Metaphern und begleitet von Anreden; und zuletzt mit Allegorien aller Art, sei es apologisch, affabel, parabolisch, aenigmatisch oder paraemisch. Andererseits schematisch, indem ich das zur Debatte stehende Thema mit den hervorragendsten und schönsten Blumen aus dem Garten der Rhetorik ausschmücke und keine Art der Diktion oder des Satzes ausließe, die zur Ohrenfreude oder zur Überzeugung des Hörers gereichen könnte. Im Falle einer Unklarheit [!] hätte ich synonyme, exargastische und palilogetische Erläuterungen einfügen können, um der Süßigkeit der Formulierung willen antimetathesische Auswechslungen der Attribute, um des jähen Reizes einer Sache willen einen Ausruf am Anfang und einen am Ende. Zur rascheren Aufwühlung der Gefühle hätte ich anredende und personifizierende Ablenkungen benutzen können; und zu ihrer Beruhigung und Beschwichtigung einige epanodische Widerrufe und aposiosische Einschränkungen. Ich hätte Dialogteile einstreuen können, in denen ich den fragenden Part mit gesprächigen psymatischen und unterstützenden Verzierungen vorführe, oder vorgreifend, mit Hilfe der widerlegenden Schemata der Antizipation und Unterwerfung und den Teil, der die Antwort vertritt, mit Formulierungen der Permission und Konzession. Ich hätte Redewendungen, die über das hinausgehen, um was es sich handelt, benutzen können, zu Hilfe nehmend, abschweifend, übergehend durch Folgerung, Aetiologie, Umschreibung und andere Mittel, ebenso hätte ich Worte, die den Wert einer Sache herabsetzen, zur Verwendung bringen können, tapeinosierend, periphrasierend, durch Ausschließung, Übertragung und andere Mittel.

Ein anderes grandioses Projekt von Urquhart war sein *Logopandecteision*, der Vorschlag zu einer Universalsprache. Wie es sich für eine von einem Exzentriker kreierte Sprache gehört, war sie höchst komplex, umfaßte zwölf Wortklassen. Die Verben sollten vier Verhaltensrichtungen haben, sieben Modi und elf Zeiten, für Nomen und Pronomen gab es elf Fälle, vier Numeri (Singular, Plural, Dual und Redual) und elf Geschlechter, «womit sie alle anderen Sprachen überbietet», wie er dem Leser versichert. Das Wortspiel von James Joyce, einem anderen exzentrischen Schriftsteller, vorwegnehmend, behauptete Urquhart, daß «jedes Wort dieser Sprache sowohl rückwärts wie vorwärts etwas auf sich hat und man auch noch auf ein bedeutsames Wort stoßen wird, wenn man die Buchstaben umstellt».

Urquhart beschloß sein Leben im französischen Exil. Traditionsgemäß starb er bei einem Lachanfall, als er von der Restauration der Monarchie erfuhr.

Beginnend etwa um 1725 verzeichneten wir ein starkes Ansteigen der Exzentrizität, die ihren quantitativen Höhepunkt im letzten Viertel des 18. Jahrhunderts erreichte. Man ist versucht, über einen möglichen Zusammenhang zwischen dem Aufblühen des Nonkonformismus und dem in dieser Zeit aufkommenden revolutionären politischen Gedankengut zu spekulieren, aber nur wenige Exzentriker waren in die freidenkerischen Ideologien involviert. Einige standen unter dem Einfluß des romantischen Idealismus von Jean-Jacques Rousseau, andere verkörpertern eher einen Stil, der den der amerikanischen Demokraten vorwegnahm. Die Mehrheit der Exzentriker aus dieser Zeit war allerdings stockkonservativ, viele andere waren politisch höchst naiv. Von den alten Aristokraten wurden einige Vertreter der neuen Aristokratie und des Landadels nur deswegen als exzentrisch bezeichnet, weil sie sie nicht verstehen konnten oder sie für Emporkömmlinge hielten.

Manche Personen, die man im 18. Jahrhundert für Exzentriker hielt, litten in Wirklichkeit unter Störungen, die man heute als psychische Krankheiten diagnostizieren würde, manche hielt man schon damals für geisteskrank. Lord George Gordon (1751–1793), ein antikatholischer Aufwiegler, der in London Aufstände anzettelte und des Hochverrats beschuldigt wurde, war wiederholt eine solche Diagnose gestellt worden. Gegen Ende seines Lebens, im Exil in Frankreich, konvertierte er zum Judentum und nannte sich fortan Israel Abraham George Gordon. Die Herzogin von Queensbury (1703–1777), die Ehefrau von Karl, dem 3. Herzog von Queensbury, hatte man vor ihrer Heirat in eine Zwangsjacke gesteckt, ihre Krankheit dauerte in ihrer Ehe fort. Trotzdem erscheint auch sie, wie Lord Gordon, in vielen Werken über historische Exzentriker.

Da wir uns auch heute, am Ende des 20. Jahrhunderts, noch nicht klar darüber sind, wie Exzentrizität präzise von psychischer Krankheit abzugrenzen ist, ist es kaum verwunderlich, wenn man sich in früheren Zeiten von dieser Frage verwirren ließ. Im 17. Jahrhundert, als psychisch Kranke in Irrenhäuser gesperrt wurden, war es den Kranken aus der Mittel- und Oberschicht erlaubt, zu Hause zu bleiben und dort herumzuwerkeln. Auch die Umkehrung ist vorgekommen: Noch in der Gegenwart hat es Fälle gegeben, wo gesunde Menschen in Nervenheilanstalten untergebracht wurden. Es ist gut möglich, daß das Vergehen mancher Insassen der Irrenhäuser von früher lediglich in einem exzentrischen Verhalten bestand.

Im späten 18. Jahrhundert wurde der Prinz von Palagonia auf Sizilien, ein schüchterner, vor jedem ängstlicher Mann, nur deshalb für verrückt gehalten, weil er sein Leben dem Studium der Ungeheuer und Schimären widmete. Sein Haus quoll über von Statuen, Spiegeln und surrealistischen Pyramiden aus Tassen, Schalen und Untertassen, die zusammengekittet waren. Die Fenster bestanden aus buntem Glas, und sein Schlafzimmer, das von Marmorstatuen der unterschiedlichsten Tierarten bevölkert war, wurde Arche Noah genannt. Sechshundert Statuen imaginärer Kreaturen umgaben sein Haus, von denen einige so scheußlich waren, daß die lokalen Autoritäten sie beseitigen wollten. Davon nahmen sie jedoch Abstand, als sie merkten, daß das des Prinzen Herz brechen würde.

Einige Exzentriker der Vergangenheit galten fälschlich als aus Anstalten entflohene Geisteskranke. Sir Thomas Barrett-Lennard (1826–1919) trug stets schäbige Kleider und wurde dauernd für einen Gärtner oder Diener gehalten. Als er einmal von einer Versammlung des Komitees der lokalen Irrenanstalt kam, dem er vorstand, verwechselte man ihn mit einem Patienten und hielt ihn gegen seinen Willen fest.

Unsere Nachforschungen ergaben, daß es im Hoch- und Landadel Großbritanniens, wie nicht anders zu erwarten, sehr viel mehr Exzentriker gab als in den unteren Schichten. Herzöge, Herzoginnen, Angehörige der anglikanischen Kirche und reiche Grundbesitzer haben ihre Heldentaten in der Tat gut dokumentiert, aber die überwiegende Mehrheit kam aus der Mittelschicht:

Prozentuale Verteilung auf die sozialen Schichten nach dem historischen Sample	
Hochadel	16 %
Landadel	21 %
Obere Mittelschicht	49 %
Untere Mittelschicht	10 %
Arbeiterklasse	4 %

Wir sollten diesen Angaben aber nicht allzuviel Bedeutung beimessen, denn unser Archivmaterial berichtet bei weitem ausführlicher über die Reichen und Mächtigen als über die Armen und Unbedeutenden. Trotzdem ist es eine Tatsache, daß exzentrisches Verhalten in den müßigen Klassen schon immer häufiger anzutreffen war, denn Exzentrizität ist selbst im wesentlichen eine müßige Beschäftigung. Extravaganzen erfordern Geld, und eine Person, die einer Arbeit nachgehen muß, damit etwas zu essen auf den Tisch kommt, ist in keiner günstigen Ausgangslage, um die Welt wissen zu lassen, daß sie sich zum Teufel scheren kann.

William Beckford (1760–1844) war ein visionärer Baumeister und Sammler. Er verfaßte die orientalische Erzählung *Vathek* und war der Erbe des angeblich größten Vermögens Englands. Seine Kindheit war vergoldet. Mit fünf Jahren erhielt er bei Mozart Musikstunden, und mit siebzehn veröffentlichte er sein erstes Buch, eine bösartige Parodie auf die salbungsvollen Handbücher, die Leuten in die Hand gedrückt wurden, die genau solche Landsitze wie den besichtigten, in dem er aufwuchs. Seine Bildungsreise auf den Kontinent war entsprechend pompös und machte eher den Eindruck, als ob ein Herrscher reiste, als daß ein junger Mann den letzten Schliff für seine Erziehung erhielt. Er wurde von Voltaire empfangen und wich in Neapel von seinem Programm ab, um den großen

Kastraten Farinelli zu treffen. Der Sänger stand zu der Zeit in seinen Siebzigern, hatte aber in seiner Jugend zwanzig Jahre lang Nacht für Nacht Philipp V., dem verrückten, unter Schlaflosigkeit leidenden König von Spanien, dieselben vier Melodien vorgesungen. Beckford schrieb, daß der alte Mann von «der Erinnerung an eine Zeit, als er nahezu vergöttert wurde», derart bewegt war, daß er in Tränen ausbrach. Nach einem von Beckfords Biographen komponierte der junge Mann auf der Stelle eine sizilianische Weise, um ihn wieder aufzuheitern.

Bald nach seiner Rückkehr wurde sein Leben durch einen skandalösen Vorfall ruiniert. Er verliebte sich unsterblich in einen acht Jahre jüngeren Jungen, den Honourable William Courtenay, den späteren 9. Earl of Devon. 1784 wurde Beckford mit dem jungen Adligen von seinem Lehrer in flagranti ertappt. Homosexualität galt zu der Zeit als ein Kapitalverbrechen, weshalb Beckford auf den Kontinent ins selbstauferlegte Exil floh. Als er wieder nach England zurückkehrte, verlegte er sich aufs Turmbauen. Geächtet für den Rest seines Lebens, könnte man seine wahnsinnig grandiosen Bauprojekte als Versuch deuten, sich eine eigene kleine Welt zu schaffen, doch ebensogut auch als eine Trotzhandlung gegenüber der Außenwelt darstellen.

Er fing klein an, mit romantischen Ruinen und einer künstlichen Abtei auf dem Gelände seines ausgedehnten Landsitzes in der Nähe von Hindon, Wiltshire. Dann wurde er der klassischen Bauweise des riesigen palladianischen Herrenhauses, das ihm sein Vater hinterlassen hatte, überdrüssig, und zusammen mit dem Architekten James Wyatt entwarf er Fonthill Abbey, eine riesengroße, phantastische Schöpfung, die in der englischen Architekturgeschichte als eines der ersten großen Werke der Neugotik einen bedeutenden Rang einnimmt. Für den ersten Turm von Fonthill war minderwertiges Material verwendet worden, so daß ein Frühjahrssturm des Jahres 1797 ihn zum Einsturz brachte. Beckford wurde unter dem Bauschutt wieder ausgegraben und benutzte diesen Rückschlag – mit dem für Exzentriker typischen Optimismus – als Gelegenheit, den Entwurf noch grandioser zu gestalten. Der neue Turm erreichte eine Höhe von 84 Metern, was ihn zu einem der höchsten Gebäude Englands machte, das viele Meilen weit zu sehen war. Obwohl es Beckford zeitlebens nicht gelang, seinen guten Ruf wiederherzustellen, gehörte sein Werk doch zu den Wundern seiner Zeit, das von allen Betrachtern für einzigartig gehalten wurde. Der Maler John Constable, der dem Landadel wenig freundlich gesonnen war, liebte Fonthill Abbey und nannte es «einen romantischen Ort, ganz wie im Märchen».

1825, ein Vierteljahrhundert nach seiner Fertigstellung, stürzte der großartige Turm ein. Beckford soll das beobachtet haben, als er im fast dreißig Meilen entfernten Bath, wohin er gezogen war (und wo er ein vernünftigeres Monument, den Lansdown Tower, gebaut hatte), im Garten saß. Wenn William Beckford kein glücklicher Mensch war, so lag es daran, daß er wegen seiner sexuellen Neigung sozial geächtet wurde, doch er war von Natur aus geistreich und heiter, geht man nach denen, die ihn gut kannten. Wie die meisten Exzentriker wußte auch er ganz genau, wie sehr anders er war. Einst schrieb er über sich selbst: «Wie seltsam bin ich doch ausgestattet! Die Tätigkeit meines Gehirns reicht aus, jeden zu verblüffen, der über den Aufbau des menschlichen Geistes Bescheid wissen will!»

Der englische Landadel hat noch einen weiteren Exzentriker der melancholischen Richtung zu bieten, George Selwyn of Gloucestershire (1719–1791). Nachdem er in seinen Räumen eine blasphemische Travestie der Eucharistiefeier aufgeführt hatte, wurde er aus Oxford relegiert. Als Witzbold und Taugenichts bekannt, war Selwyn über die Maßen von Verbrechen, Tod und Hinrichtungen fasziniert. Sein großer Freund Horace Walpole schrieb, daß eine Dame aus Selwyns Bekanntenkreis ihn einmal als Barbar tadelte, weil er der Enthauptung eines Verbrechers beiwohnen wollte. Selwyn erwiderte mit Fassung:

«Wenn das ein Verbrechen sein soll, dann bin ich sicher, daß ich mich gebessert habe, denn ich bin hingegangen und habe gesehen, wie er wieder angenäht wurde.» Selwyns makabre Leidenschaft war legendär. Als Lord Holland krank lag und zu sterben vermeinte, befahl er seinem Diener: «Wenn Mr. Selwyn das nächste Mal kommt, führe ihn herein: Wenn ich dann noch lebe, freue ich mich, ihn zu sehen, und wenn ich tot bin, freut er sich, mich zu sehen.»

Exzentrizität war allerdings niemals ausschließlich den Vornehmen und Mächtigen vorbehalten. Ein Exzentriker der Geschichte, Henry Prentice, der auf keinen irgendwie gearteten adligen Stammbaum Anspruch erheben konnte, war ein Hausierer aus Edinburgh und soll der erste gewesen sein, der in Schottland in großem Stil Kartoffeln anbaute. Unter seinen Standesgenossen war er als «große Seltenheit» bekannt und soll niemandem, der älter als zwei Jahre war, jemals die Hand geschüttelt haben. Nachdem er den Hauptteil seines Geldes an Armenhäuser gegeben hatte, hielt er auf einem der besseren Friedhöfe Edinburghs Ausschau nach einer Grabstelle für sich. Vom Bestatter verlangte er, ihm einen verschwenderischen Trauerzug auszurichten, mit einem Leichenwagen und vier Kutschen, und er errichtete auf dem Friedhof ein Monument mit folgender Inschrift:

Sorge dich nicht darum, wie ich gelebt habe,
Sondern darum, wie du selbst sterben wirst.

Gegen Ende des 18. Jahrhunderts traten Exzentriker auch in den USA in Erscheinung. Einige Gründerväter dieser jungen Nation legten ein Verhalten an den Tag, das hart an Exzentrizität grenzte. Benjamin Franklin zum Beispiel war ein Teilzeitnudist – er nannte es «Luftbaden» –, eine Angewohnheit, die ihren Ursprung möglicherweise in einem seiner Denkexperimente hatte.

Der seltsamste unter den frühen amerikanischen Helden war John Chapman (1768–1847), besser bekannt als Johnny Appleseed. Niemand anders illustriert besser den exzentrischen Wesenszug, eine einzige Sache besonders zielstrebig zu verfolgen: Sein ganzes Leben widmete er dem Apfel, reiste über Land und pflanzte Zigtausende oder Millionen von Apfelbäumen in einem Gebiet von schätzungsweise an die 100 000 Quadratmeilen. Ein Pionier, der ihn traf, als er gerade durch die ländliche Gegend Pennsylvanias zog und Apfelsamen aussäte, beschrieb ihn als «drahtigen Mann mit schwarzen Haaren und einem spärlichen Bart, der nie gestutzt wurde, und scharfen schwarzen Augen, die besonders hell leuchteten». Bekleidet war er mit einem alten Kaffeesack, in den er Löcher für die Arme und Beine geschnitten hatte, dazu ging er barfuß, ausgenommen bei extremer Kälte.

In der Nähe von Springfield, Massachusetts, geboren, wurde Johnny Appleseed von allen, die ihm begegneten, verehrt, besonders von den Indianern, die meinten, daß er von heiligen Kräften geleitet würde. Nur eine Sache konnte ihn aufbringen, und das war jeglicher verleumderische Hinweis auf den Apfel im Garten Eden. Dann schrie er gleich: «Das ist falsch! Schau in die Bibel, und dann wirst du sehen, daß da steht, daß sie ‹von der Frucht des Baumes› aßen. Nun, das kann irgendeine gewesen sein – ein Pfirsich, eine Pflaume, eine Dattel, eine Zitrone – kurz alles, nur kein Apfel. Gewiß hätte Gott niemanden davon abgehalten, einen Apfel zu essen. Wie oft steht der Apfel in der Bibel in günstigem Licht da? Elfmal, so oft!»

Ein anderer amerikanischer Held aus der Zeit der Pioniere, der von seinen Zeitgenossen als exzentrisch beschrieben wurde, war Davy Crockett. Eine Krankenschwester in der Alamo Mission beschrieb ihn so: «Er war der sonderbarste Mann, den ich je gesehen habe. Er hatte das Gesicht einer Frau und benahm sich wie ein Mädchen. Ich habe in ihm keinen

Helden gesehen, bis ich ihn sterben sah. Er war beeindruckend und fürchterlich, brüllte an der Eingangstür und bekämpfte eine ganze Kolonne der mexikanischen Infanterie.»

Obwohl das Phänomen der Exzentrizität sowohl bei Männern als auch bei Frauen vorkommt, gibt es über männliche Exzentriker mehr Aufzeichnungen als über ihre weiblichen Pendants, in unserem historischen Sample kommt auf neun exzentrische Männer nur eine Frau. Allerdings gibt uns eine derartige Statistik mehr Aufschluß über damalige Vorurteile als über das tatsächliche Auftreten des Phänomens – denn Männer wurden in den Quellen vermutlich sehr viel häufiger erwähnt als Frauen. Die Männer, die in ihrem Verhalten eine größere Bandbreite zeigten, kamen aus allen möglichen Lebensbereichen – es gab Grafen, Kesselflicker, Richter des Obersten Gerichtshofs und professionelle Eremiten. Exzentrische Frauen stammten fast ausschließlich aus den Oberschichten und waren vornehmlich extravertiert. Sie neigten zu überaus empörendem und bizarrem Benehmen, und obwohl sie typischerweise sehr alt wurden, ließen ihre exzentrischen Gewohnheiten mit den Jahren nicht nach. Schreiten wir in der Zeit weiter voran, werden es immer weniger. Falls man den jüngeren Quellen trauen kann, gab es um die Jahrhundertwende fast gar keine weiblichen Exzentriker mehr. Erst in den zwanziger Jahren dieses Jahrhunderts, als eine Renaissance des Exzentrischseins einsetzte, trifft man um so häufiger auf sie.

Victoria Claflin Woodhull (1838–1927) war die bezauberndste und schockierendste amerikanische Feministin des 19. Jahrhunderts. Sie trat für die freie Liebe ein (siehe Abbildung 6) und war die erste Frau, die sich um das Präsidentenamt bewarb. 1874 forderte sie in einer Rede für sich und alle Frauen «das unveräußerliche, gesetzlich verankerte und natürliche Recht zu lieben, wen ich mag; so lange oder so kurz zu lieben, wie ich kann, und diese Liebe täglich zu wechseln, wenn es mir gefällt!» Sie und ihre Schwester Tennessee (die sich später Tennie C. nannte) wurden in Homer, Ohio, geboren, in einer Familie, die ein späterer Biograph «Gesindel» nannte. Ihre Eltern Buck und Roxy Claflin schickten die Mädchen auf Tournee, zuerst als spiritistische Nummer, bei der sie öffentliche Séancen abhielten, später in einer medizinischen Show, die mit einem «Lebenselixier» hausieren ging. Schließlich landeten sie in New York, wo Tennessee sich das Vertrauen des ältlichen, kränklichen Millionärs Col. Cornelius Vanderbilt erwarb, der große Stücke auf ihre mesmerischen Heilkräfte hielt. Dessen Familie gelang es, ihn davon abzuhalten, die junge Abenteurerin zu heiraten, aber er hinterließ den beiden Schwestern eine Menge Bargeld. Aus diesem Geld machten sie ein kleines Vermögen, das sie zur Gründung des *Woodhull and Claflin's Weekly* verwendeten, einer seichten Zeitschrift, die sich mit Spiritualismus, freier Liebe und Victoria Claflins Präsidentschaftskandidatur beschäftigte.

Die Zeitschrift war amüsant und sehr populär. Ein Zeitgenosse schrieb, daß «*Woodhull and Claflin's Weekly* Stimmen aus dem ‹siebenten Himmel› wiedergibt und Gequake aus dem Froschteich... trotzdem quillt die erstaunliche Zeitschrift über vor Einfällen und nützlichen Informationen, die man sonst nirgendwo erhält». In den Spalten dieses Journals nahm ein großer, von Victoria Woodhull lancierter Skandal der amerikanischen Geschichte seinen Ausgang, die Anklage des einflußreichen Predigers für die Sklavenbefreiung, Henry Ward Beecher, wegen Ehebruchs. Neigen die meisten Exzentriker dazu, im Alter noch nonkonformistischer zu werden, verlief der Lebensabend der Claflin-Schwestern eher geruhsam, vielleicht war ihr Mut durch die überwiegend bösartige Publicity der Beecher-Affäre gebrochen. Beide heirateten englische Millionäre (Tennessee wurde sogar Baronin).

Eine andere exzentrische Frau mit einer fixen Idee war Lady Margaret-Ann Tyrrell (1870–1939), die Ehefrau eines britischen Diplomaten. Ihr Lebenswerk bestand in der Erstellung einer neuartigen Parallel-Geschichte, in der sie Ereignissen in allen Teilen der Welt von 2000 v. Chr. bis heute gleichzeitig nachspürte. Bei so vielen Fäden, die recherchiert, mit Anmerkungen und Querverweisen versehen werden mußten, war es kein Wunder, wenn Lady Tyrrell zu Vergeßlichkeit und zum gesellschaftlichen Fauxpas neigte. Einmal hielt sie den künftigen König Georg VI. für den Privatsekretär ihres Mannes. Als ihr Gatte nach Paris versetzt wurde, entzog sie sich aller offizieller Pflichten und saß verborgen in den höchsten Ästen eines Baumes im Garten der Botschaft und kritzelte an ihrem Geschichtswerk.

Die Klischeevorstellung von einer exzentrischen Frau erfüllt eine alte Dame, die mit hundert Katzen zusammen in einem großen Haus lebt – wir stießen auf Susanna Kennedy, Gräfin von Eglintoune, die allerdings Ratten bevorzugte. Sie war eine der großen Schönheiten des 18. Jahrhunderts und beklagte sich am Ende ihres langen Lebens (sie wurde 91), von niemandem jemals wirkliche Dankbarkeit erfahren zu haben als von Vierbeinern. Sie hielt Hunderte von Ratten, die sie zur Essenszeit in den Speisesaal rief, indem sie an ein Eichenpaneel klopfte. Auf diesen Wink hin erschien ein Dutzend ihrer Lieblinge aus dem Holzwerk und leistete ihr bei Tisch Gesellschaft. Nach dem Essen zogen sich die Ratten auf einen leisen Befehl hin manierlich zurück.

Das Klischee eines exzentrischen Mannes, das sich als durchaus begründet erwies, ist der zerstreute Professor. Gelehrtenzirkel sind seit jeher ein fruchtbarer Nährboden für exzentrische Lebensformen gewesen. Samuel Johnson war zum Beispiel nicht nur ein Ausbund an Witz, Klugheit und Mut, sondern auch ein schrulliger Mann, der sich zum Amusement seiner Freunde steile Berge hinunterkullern ließ. Die meisten gelehrten Exzentriker scheinen schüchtern, still und introvertiert gewesen zu sein. Einige hatten Schwierigkeiten, sich im täglichen Leben zurechtzufinden, was so weit führte, daß manche unfähig waren, mit anderen zu kommunizieren. John Barrett (1753–1821), ein Spezialist für alte Sprachen am Trinity College in Dublin, sprach fließend Latein und Griechisch, aber sein Englisch soll verheerend gewesen sein. Noch so einer war Thomas Spooner (1876–1930), Dekan und Rektor am New College in Oxford. Er war ein nahezu blinder Albino, und man wird sich seiner immer wegen des nach ihm benannten sprachlichen Ticks erinnern. Als Spoonerismus bezeichnet man das beabsichtigte oder unbeabsichtigte Vertauschen von Anfangsbuchstaben oder Lauten, was in der Regel zu albernen Ergebnissen führt. Hier eine Kostprobe: *We all know what it is to have a half-warmed fish with us* (statt *half-formed wish*) oder *The Lord is a shoving leopard.*

Im Verlauf der Geschichte wurden Exzentriker von ihren Zeitgenossen ganz unterschiedlich beurteilt, und es fällt uns schwer, anhand der vergilbten Seiten unserer Primärquellen eine stimmige Einschätzung der Persönlichkeitsmerkmale der historischen Exzentriker zu geben. Das ist nur in groben Zügen möglich, im besten Fall können wir nach Introversion und Extraversion unterscheiden. Die charakterlich Extravertierten waren zumeist beliebt, kommunikativ und populär, trotz ihrer Impulsivität, und wurden von ihren Freunden hoch geschätzt. Die Introvertierten hatten eher weniger Freunde, und ihnen begegnete man oft mit Mißtrauen.

So kamen wir zu dem Schluß, Einsiedler zu den Introvertierten rechnen zu können, sofern keine gegenteiligen Belege vorhanden waren. Unabhängige Beschreibungen von mehreren zeitgenössischen Zeugen bekräftigten die Persönlichkeitseinschätzungen, obwohl sich die Zeugnisse manchmal widersprachen. Die folgende Beschreibung von Henry Lee Warner (1722–1802) ist ein ausdrücklicher Beleg für dessen Extraversion: «Von vielen wohlgelitten. Er ist ein wahrhaft liebenswürdiger Mann. Er ist zu gut. Er hat einen außerordentlich weichen Charakter.» Es gibt Hinweise darauf, daß er intellektuell introvertiert war. Er schlief tagsüber, um sich nachts ohne Störungen voll auf seine naturwissenschaftlichen Untersuchungen konzentrieren zu können. Er war als «Englands nettester Mann bekannt». Wobei seine kuriose Kleidung – ein goldverbrämtes Jackett, ein seidenes Halstuch und vorne gekrümmte Schuhe nach der Mode des zurückliegenden Jahrhunderts – meist unbeachtet blieb.

Aus solchen biographischen Spuren folgerten wir, daß grob drei Viertel aus der historischen Stichprobe als extravertiert und das übrige Viertel als introvertiert angesehen werden konnten. Die Beweislage für einige dieser Beschreibungen war zugegebenermaßen dürftig und stützte sich manchmal nur auf ein einziges Wort wie «wortkarg», «mürrisch» oder «pikant». Dennoch ist es möglich, daß das Überwiegen der Extravertierten im historischen Sample auf die Tatsache zurückzuführen ist, daß man sich für sie ganz einfach mehr interessierte. Journalisten haben für ruhige Menschen, die ein zurückgezogenes Leben führten, noch nie besonderes Interesse gezeigt.

Einige große Exzentriker brachen mit den Vorstellungen akzeptierten Verhaltens so nachhaltig, daß sie schon zu Lebzeiten berühmt wurden, obwohl ihre Motivation dafür rätselhaft bleibt. Zu ihnen zählt Jack Mytton, einer der legendarsten Querulanten aller Zeiten, dessen Leben verständlicherweise kurz war (1796–1834). Weil er sich geprügelt hatte, wurde er sowohl von der Westminster School als auch von Harrow relegiert, er verschenkte Geld und verbrauchte in siebzehn Jahren etwa eine halbe Million Pfund für Alkohol. Am liebsten trank er Portwein, an die fünf Flaschen pro Tag, im Notfall taten es aber auch Eau de Cologne oder Lavendelwasser. Seine Garderobe umfaßte 150 Paar Reithosen, 700 Paar Stiefel, mehr als 1000 Hüte und fast 3000 Hemden.

Als draufgängerischer Sportsmann hatte Mytton besonderen Spaß daran, sein Leben aufs Spiel zu setzen. Furcht war ihm fremd. Seine Sprünge, die außer ihm niemand sonst riskierte, machten ihn derart berühmt, daß sich die Redewendung «Das ist ein Fall für Mytton» einbürgerte, wenn etwas zu gewagt war. Vorsicht verachtete er und wunderte sich, warum andere das nicht auch taten. Mytton war schockiert, als ein Freund, der sichtlich zitternd neben ihm in einer Gig fuhr, ihm anvertraute, noch nie einen Unfall gehabt zu haben. «Was? Nanu!» schrie Mytton. «Nie, sagst du? Was für ein verdammt langsamer Geselle bist du dann dein Lebtag gewesen!» Prompt lenkte er die Kutsche über die Böschung und ließ sie umstürzen (siehe Abbildung 7).

Verheerend ging eine von Myttons Dinnerpartys aus, als er im Jagdanzug, auf seiner Bärin Nell reitend, erschien. Inmitten der ausbrechenden Panik, während seine Gäste aus dem Fenster sprangen oder sich hinter Stühlen verschanzten, schrie er «Hallo! Ho!» und gab seinem Reittier die Sporen, das daraufhin unwillig wurde und ihm einen Teil seines Beines abbiß. Viele Anekdoten beweisen seine Tierliebe, irgendwann hatte er an die zweitausend Hunde, die er mit Champagner und Steaks fütterte. Auch hielt er sechzig Katzen, einige in Livreen gekleidet.

Myttons Hang zur Selbstzerstörung wurde ihm schließlich zum Verhängnis, als er sich, um einen schweren Schluckauf zu kurieren, selbst anzündete. Obwohl bis auf die Knochen verbrannt, soll er frohlockt haben: «Gott sei Dank, der Schluckauf ist weg!» Einer anderen Version der Geschichte zufolge soll er an den Folgen seiner Verbrennungen gestorben sein, in einer weiteren hat er überlebt und soll am darauffolgenden Tag, wie eine Mumie bandagiert, mit einem Freund zusammen gespeist haben.

Der Hang zur Exzentrizität, dem England verrückte Lords und Landadlige wie Jack Mytton verdankt, äußerte sich in Amerika in einer langen Reihe exzentrischer Millionäre, die ruhmreich mit Howard Hughes gekrönt wurde. Am milden Ende des Spektrums bewegen sich diejenigen, die extreme Verschwendung trieben, wie zum Beispiel James «Silberdollar» West (1903–1957). Der texanische Ölmillionär warf von seinem Hotelzimmerfenster in Houston aus Silberdollars auf die Fußgänger hinunter. Palm Beach, Florida, ist schon einer der pferdenärrischsten Orte der ganzen Welt, aber Cornelius K. G. Billings «zu Pferde» (1861–1931) trieb es selbst für dortige Verhältnisse auf die Spitze: Um die Eröffnung seines neuen Rennstalls zu feiern, arrangierte er ein Dinner im Freien, zu dem die formell gekleideten Gäste hoch zu Roß erschienen. Die Party war ein solcher Erfolg, daß er sie in Louis Sherrys pikfeinem Restaurant in New York City wiederholte. Auch hier kamen die Gäste beritten und wurden im Fahrstuhl in den Speisesaal befördert, aßen aus Futtersäcken Fasan, der mit Strömen erlesenen Champagners hinuntergespült wurde.

Wirkliche Exzentriker spielen niemals etwas vor. Sie sind starke Individuen mit ganz eigenen, sonderbaren Neigungen, die sie sich nicht scheuen auszudrücken. Sie stellen potentiell alles in Abrede. Zu Kompromissen sind sie nicht bereit. Wir haben die Exzentriker aus der Vergangenheit nur durch die Brille ihrer Zeitgenossen kennengelernt, die aus für uns heute schwer nachvollziehbaren Gründen oft einfach prüde, phantasielos oder ohne Einfühlungsvermögen waren. Doch konnten wir selbst in den so gefärbten Beschreibungen im Leben dieser Exzentriker immer wieder dasselbe Glücksgefühl persönlicher Freiheit ausmachen, das wir auch bei den heutigen Exzentrikern entdeckten.

KAPITEL 3

EXZENTRIZITÄT UND KREATIVITÄT: DIE KÜNSTLER

Das Leben sollte ein einziges
Kyrie eleison sein, statt dessen ist es
nur ein Chor von Offenbach.
Brief der Ouida, um 1895

Unter den besonders schöpferischen Menschen finden sich verhältnismäßig viele Exzentriker. Schon eine kurze, spekulative Aufzählung weist auf vielsagende Zusammenhänge hin – Benjamin Franklin, William Blake, George Sand, Erik Satie, Mary Baker Eddy, T. E. Lawrence, Henry Ford, Beatrix Potter, Charlie Chaplin, James Joyce, Dorothy Parker, Ludwig Wittgenstein und selbst Albert Einstein.

Wenn wir akzeptieren, daß es unter den Hochbegabten eine Vielfalt von Exzentrikern gibt, ist es dann folgerichtig zu behaupten, daß ein ebenso hoher Anteil der Exzentriker kreativ ist? Mit unserer Studie konnten wir versuchen, diese Frage aus erster Hand zu beantworten. Drei Viertel der Exzentriker des Samples bezeichneten sich selbst als kreativ und fast ebenso viele hielten sich für originell – Angaben, die sich nicht als übertrieben erwiesen. Wir stellten fest, daß die Exzentriker unserer Stichprobe eine außerordentlich erfinderische Gruppe von Menschen waren, die sich in jedem nur denkbaren Medium ausdrückten.

Es kristallisierten sich zwei Hauptgruppen heraus, die Künstler und die Wissenschaftler, sowie eine dritte, kleinere Gruppe religiöser Exzentriker. Die erste Gruppe umfaßte Dichter und Romanciers, Maler und Bildhauer, Filmemacher und Architekten sowie Kunsthandwerker, die mit allen möglichen ungewöhnlichen Materialien arbeiteten. Bei den Wissenschaftlern handelte es sich meistens um Erfinder, und einer der Exzentriker, die wir religiös nennen, hatte eine eigene Glaubensgemeinschaft gegründet. Das war eine Art moderner Naturkult, bei dem die Freundin unseres Exzentrikers als Hohepriesterin fungierte.

Kreativität war offenbar etwas, über das die Exzentriker selbst viel nachgedacht hatten. Einige extrapolierten aus ihrem eigenen Verhalten und halfen uns, die Fragen zu präzisieren. Die folgende Aussage stammt von einem 42jährigen, exzentrischen Philosophen. Hubert Craxton zeigt ein bewundernswertes Verständnis des Problems, das den Kern der Sache trifft:

«Sind alle kreativen Menschen – Künstler, Mystiker und Reformer, Jesus, Buddha, Denker wie Wittgenstein und viele mehr – Exzentriker? Sind die Merkmale des Nonkonformismus für ein Individuum unentbehrlich, um ein Reformer oder eine kreative Persönlichkeit zu sein? Sind Wahrheit und Sinn in den Schriften dieser Philosophen, religiösen Reformer und Künstler in Wirklichkeit gar keine äußerlichen, universellen Wahrheiten, wie oft vermutet wird, sondern lediglich der Ausdruck einer exzentrischen Geisteshaltung? Kann es sein, daß diese Persönlichkeiten de facto gar nicht die Grenzen unserer eigenen begrifflichen Realitäten erweitern, sondern in ihren exzentrischen Eigenschaften lediglich ihr eigenes ‹Karma› ausleben? Mit anderen Worten: sind sie nicht authentisch, sondern bloß Scharlatane und ihre Einsichten für die konformistischen, sozial bedingten Lebensstile der meisten Leute irrelevant?»

Craxton trifft damit ein zentrales Problem: Alle kreativen Handlungen sind per definitionem ein Sichfortbewegen von der geltenden Norm – eine freie Definition von Exzentrizität. In der berühmten Szene mit dem Großinquisitor in *Die Brüder Karamasow* rührte Dostojewskij an etwas ganz Ähnliches: Kehrte Jesus heute auf die Erde zurück, wäre er der Kirche, die er begründete, viel zu radikal und fremd – vielleicht zu exzentrisch?

Picasso und Strawinsky sind uns als große Meister bekannt, weil sie Erfolg hatten, doch viele exzentrische Künstler unserer Studie wurden von den Kritikern und der Öffentlichkeit bisher nicht akzeptiert und werden allein aus diesem Grund für Spinner gehalten. Aber als Picasso und Strawinsky ihre revolutionären Stile entwickelten, wurden sie auch zumeist als eigenwillig, bizarr und radikal kritisiert – Begriffe, die zur Beschreibung von Exzentrikern allgemein üblich sind.

Wir haben behauptet, daß Exzentrizität ein Kontinuum ist. Nun ist es vielleicht möglich, ein Künstler von großer Originalität und großem Verdienst zu sein, ohne sich dem exzentrischen Ende des Spektrums zu nähern. Vielleicht hätten sich weder Picasso noch Strawinsky für die Studie qualifiziert, beide waren aber gewiß bis zu einem gewissen Grad nonkonformistisch. Ohne ihren ausgeprägten Individualismus hätten sie ihre herausragende künstlerische Originalität vielleicht nicht erreicht.

Obwohl über Kreativität und ihre Entstehungsbedingungen weitreichende psychologische Forschungen angestellt und ausschweifend theoretisiert wurde, ist die Sache selbst noch immer mysteriös. Freud meinte, daß sich kreative Menschen einer Lockerheit der Verdrängung erfreuen, einer zeitweiligen Aufhebung der intellektuellen Kontrolle, die es ihnen erlaube, Werke von besonderer Vollkommenheit zu schaffen. Eine Lockerung der normalen Zügel des Bewußtseins erlaubt es der kreativen Person, selbst angesichts eines Widerstandes unbewußten Impulsen zu folgen. Nach Freud ist die Fähigkeit, für die eigenen Überzeugungen einzutreten – und den eigenen Launen nachzugeben – eher bei Personen vorhanden, die sich neuen Erfahrungen gegenüber eine kindliche Offenheit bewahren. Auch dies ist wieder eine treffende Beschreibung für den Exzentriker.

Zu Anfang dieses Jahrhunderts vermuteten die Psychologen,

daß es zwei sich ergänzende intellektuelle Prozesse gäbe, um das Funktionieren der Imagination zu erklären – Dissoziation und Assoziation oder Analyse und Synthese. Diese Unterscheidung gründete sich teilweise auf die Feldbeobachtungen von Richard Rothe, einem Kunstlehrer in Wien. Er unterschied in der Kunst zwei grundlegende Ansätze: «Der erste Typ stellt seine Zeichnungen und Skulpturen aus verschiedenen Teilen zusammen, so wie man mit Bausteinen bauen würde. Das ist der ‹bauende Typ›, er steht im Gegensatz zu dem ‹sehenden Typ›, der ganz anders vorgeht, indem er die Form, auf die er hinauswill, im ganzen formt. Er hält den Tonklumpen, an dem er arbeitet, in der Hand und dreht ihn während der Arbeit immer wieder herum. Dabei denkt er an eine bestimmte Figur in einer bestimmten Stellung.» Es wäre verlockend, darüber zu spekulieren, ob diese Ansätze nicht vielleicht mehr sind als stilistische Vorlieben und es sich vielmehr bereits um frühe Orientierungen entweder hin zum induktiven oder deduktiven Denken handelt – Intuition versus Analyse.

Verhaltensforscher lieferten im 20. Jahrhundert eine detaillierte Analyse des kreativen Prozesses, indem sie sich auf publizierte Beschreibungen hochkarätiger Inspiration in der Vergangenheit und auf direkte Beobachtung begabter Individuen der Gegenwart stützten. Der amerikanische Psychologe Brewster Ghiselin stellte in seinem 1952 veröffentlichten Buch *The Creative Process* Theorien auf, die auf Berichten aus erster Hand über bedeutende Wissenschaftler und Künstler wie William Faulkner, Henry James, Katherine Mansfield, Henri Poincaré, Paul Valéry und Alfred North Whitehead und andere basierten. Indem er frühere Theorien von Graham Wallas weiterentwickelte, machte Ghiselin vier Stadien im Kreativitätsprozeß ausfindig: die Vorbereitung, die Inkubation, die Erleuchtung, die Überprüfung.

Im Vorbereitungsstadium erkennt der Kreative, daß ein Problem einer Lösung bedarf oder es sich lohnt, eine spezielle Idee oder ein Thema zu erforschen. Dieses Stadium umfaßt die Zeit, in der ein Thema eruiert wird, in der der Kreative daran arbeitet, das Handwerkszeug und das Wissen zu entwickeln, das zur Lösung notwendig ist. Darauf folgt oft eine Zwischenphase der Frustration, die akuter wird, wenn alle Vorbereitungen und Hintergrundrecherchen abgeschlossen sind, die Lösung aber noch aussteht.

Während der Inkubationszeit versinkt die ganze Angelegenheit im Unbewußten, auf mysteriöse und bisher noch wenig verstandene Weise arbeitet der Geist aber weiter daran. Für den Künstler bedeutet dieses Stadium typischerweise ein stilistisches Herumprobieren. Bei der Erleuchtung dringt die Lösung dann jäh ins Bewußtsein. Von Gebiet zu Gebiet und von Person zu Person variiert die Form sehr, wie diese Stadien erreicht werden. In der Überprüfungsphase wird die Lösung schließlich einem Härtetest unterzogen. Bei kreativer Wissenschaft wird zur Bestätigung der Hypothese die empirische Arbeit durchgeführt – beim Künstler handelt es sich lediglich darum, die Arbeit Freunden und der Öffentlichkeit vorzustellen und deren Reaktionen zu beobachten.

Ich selber denke, daß Kreativität eine effektive, einfühlsame Lösung eines Problems ist. Die Rolle, die in dieser Vorstellung dem Einfühlungsvermögen zukommt, besteht darin, eine Interaktion zwischen dem Individuum und dem Problem wiederzugeben. (Den Begriff «Problem» benutze ich hier ganz weit gefaßt, so wie es Ghiselin auch getan hat: Für einen Künstler kann es darin bestehen, wie ein Apfel zu malen ist.) Die kreative Person verlagert ihren Standpunkt in das Problem hinein, stattet es gewissermaßen mit seinem Intellekt und seiner Persönlichkeit aus und leitet daraus sogar Einsichten ab. Sie identifiziert sich mit dem Problem bis in alle Einzelheiten. Georges Braque formulierte seine Version dieser Vorstellung ganz prägnant: «Man darf die Objekte nicht nur abbilden, man muß in sie eindringen und selbst zu dem Objekt werden.»

Dieses völlige Aufgehen in einem Problem setzt eine große Hingabe voraus, eine Einsatzbereitschaft, die keine Grenzen kennt. Nach alltäglichen Maßstäben kann das daraus resultierende Verhalten manchmal außergewöhnlich erscheinen. Als der Architekt Kiyo Izumi zum Beispiel ein Krankenhaus für Schizophreniepatienten entwerfen sollte, nahm er das einige Wirkungen der Schizophrenie imitierende LSD, um die Wahrnehmungsverzerrungen verstehen zu können, die die Menschen erleben, die dort wohnen sollten. Dieses Phänomen der völligen Vertiefung ist für Exzentriker typisch, die meisten sehen nur den einen Weg, über die Grenzen hinauszuschießen.

Immer wieder stellten wir fest, daß Kreativität mit Begriffen beschrieben wird, die gemeinhin zur Definition von Exzentrizität verwendet werden. Die Theorie von Kreativität, wie sie hier umrissen wurde, suggeriert, daß Kreativität nicht nur wahrgenommen, sondern auch erlernt werden kann. Nachdem wir viele intensive Gespräche mit Exzentrikern geführt hatten, mußte ich feststellen, daß ich immer wieder auf die Frage zurückkam, die ich eingangs dieses Kapitels aufgeworfen habe: Wenn kreative Menschen exzentrisch sind, ist es dann nicht auch möglich, daß Exzentrizität selbst eine Komponente der Kreativität ist? Wüßten wir mehr darüber, was im Kopf der kreativen Exzentriker abläuft, dann wäre es den normalen Menschen vielleicht möglich, ihr Denken nach dem Vorbild der bemerkenswert wenigen zu modellieren, die so außergewöhnlich originell sind.

Die Künstler Peter McGough und David McDermott leben an zwei Orten gleichzeitig: im New York des 20. Jahrhunderts und in einem idealisierten amerikanischen Arkadien eigener Prägung. In ihrer Wohnung an der Lower East Side von Manhattan und in ihrem Atelier, einer Bank aus der Zeit der Jahrhundertwende in Williamsburgh, Brooklyn, gibt es fast keinen Gegenstand, der aus diesem Jahrhundert stammt. Die Wände schmücken viktorianische Porträts und andere Nippsachen, die sie auf Flohmärkten, bei Versteigerungen und Wohnungsauflösungen im Staat New York erstanden haben.

Beide Männer tragen stets altertümliche Kleider (siehe Abbildung 9), die oft fast nur noch aus Fetzen bestehen. McDermott gefallen bunte viktorianische Halstücher aus Seide und ein verrufen aussehender Biberzylinderhut, McGough bevorzugt eine etwas modernere, eduardianische Kleidung. Briefe an seine Freunde (auch an seine Brieffreunde im Gefängnis) schreibt McDermott mit einem Federkiel auf altem Papier. Die Vorderseite der Umschläge frankiert er mit einer ausrangierten antiken Cent-Briefmarke, die korrekte heutige Gebührenmarke klebt er auf die Rückseite. Die moderne Marke kann man entfernen, so daß der Brief haarscharf einer Mitteilung aus der Vergangenheit ähnelt – was er de facto auch ist. «Derartige Kleinigkeiten sind wichtig», sagt er. McGough und McDermott erläutern ihre Vorstellung von einer Zeitreise in dem Aufsatz, der in einem 1990 von ihnen veröffentlichten Buch erschienen ist. Den Text verfaßte einer ihrer früheren Schüler, der sich selbst als Gentleman Jeffrey Dean Gasperini vorstellt:

Zeitreise wird durch die ästhetische Kontrolle der eigenen häuslichen Umgebung erleichtert. Die genaue Innenausstattung nach einer zeitlichen Stilrichtung unter Berücksichtigung des historischen Zwecks wird zu einer Wissenschaft. Beim Betreten der physischen Vergangenheit wird die Seele in die spirituelle Vergangenheit transponiert, und das Transportmittel, sei es zu Fuß, zu Pferde oder per Eisenbahn, wird zur Zeitmaschine... Kleider aus der Epoche fördern das Ablegen des modernen Gehabes, um ein altertümliches Benehmen zu erzielen: Mit Hilfe eines gestärkten Kragens und einer wattierten Weste wird die Haltung historisch... Derjenige, der über die Wohndetails am besten unterrichtet ist, wird durch seine Affinität zum ‹was war› als der beste Botschafter für das ‹was sein wird› angesehen werden. Wir können diese Idee einer Zeitreise auch gut auf das über die Inneneinrichtung Hinausgehende ausweiten, auf das ganze Haus, die Nachbarschaft, die Stadt und noch weiter! Wir sehen den Tag vor uns, an dem ganze Nationen die glorreichen Epochen ihrer Geschichte durchleben werden; wenn römische Galeeren, spanische Galeonen und amerikanische Clipper die Meere durchkreuzen werden, um dahin zurückzukehren, woher sie gekommen sind, in die Hafenstädte aus alter Zeit.

Als McGough und McDermott ihr Atelier nach Brooklyn verlagerten, verlegten sie in dem Gebäude sämtliche Leitungen neu, und zwar rissen sie die neuen Leitungen heraus und ersetzten sie durch altmodische, mit Tuch umwickelte Leitungen, die sie mit den Kohlefadenglühlampen aus der Zeit Edisons komplettierten. Dieses teure, zeitaufwendige Unternehmen nennen sie «Devinylisierung». McDermott erzählte uns: «Wir wollen all diese modernen Sachen loswerden und [das Gebäude] in den Zustand zurückversetzen, in dem es war, als die Ahnen hier lebten. So nennen wir die Menschen, die vor uns lebten – die Ahnen!»

Die beiden Männer haben die Zeitreise in den Mittelpunkt ihrer Kunst gestellt. In der Kunstszene haben sie sich zuerst mit symbolischen Gemälden naiven Stils einen Namen gemacht, die vielfach mit rätselhaften, nebulös moralistischen Schlagworten ausgeschmückt sind. Seit neuestem haben sie sich der Fotografie zugewandt. Dabei benutzen sie einen riesigen Fotoapparat aus dem 19. Jahrhundert, lassen ihre Kunden altertümliche Kleidung anlegen und fertigen von ihnen Porträts im Stil der viktorianischen Salonfotografen an. David McDermott berichtete uns, daß es für sie schwierig sei, Assistenten zu finden, die für ihre unorthodoxen Methoden Verständnis aufbrächten. Mit Schrecken hatte er feststellen müssen, daß ihr letzter Assistent eine Plastikschüssel benutzte, um die Filme zu entwickeln, und er verbrachte etliche Wochen mit der Suche nach einer Porzellanschüssel, die er dann schließlich in einem Geschäft für Fleischerbedarf fand.

Obwohl McGough und McDermott in einer gefährlichen Gegend wohnen und arbeiten, haben sie keine Angst vor Überfällen. «Sobald uns irgendwelche üblen Kerle auch nur anschauen», berichtete uns McDermott, «winken wir ihnen zu und rufen ‹Gott schütze dich! Gott schütze dich!›, und dann lassen sie uns in Ruhe!»

Eine den meisten exzentrischen Künstlern gemeinsame Eigenschaft ist eine außergewöhnlich lebhafte Imagination. Das mag nicht der Erwähnung wert sein – denn wie gut kann schon ein Künstler sein, dem eine lebhafte Phantasie fehlt? –, was wir hier aber meinen, ist eine besonders intensive, sogar unfreiwillige Vorstellungsgabe, die früher manchmal als Vision bezeichnet wurde. McGoughs und McDermotts Vision der «römischen Galeeren, spanischen Galeonen und amerikanischen Clipper», die als Reinkarnation der Vergangenheit alle gemeinsam in einer ruhmreichen Flottille segeln, ist von solch intensiver Qualität.

Eine der Untersuchungspersonen der Studie, der 33jährige Exzentriker Ryan Parmenter, ein ausgezeichneter Puppenspieler, lieferte uns diese präzise, lebhafte Schilderung seiner geistigen Bilder:

Mein Verstand arbeitet nach einer Reihe von Mustern, einem Ideenschema. Die Objekte werden ihrer Details entkleidet, um ein Bild zu ergeben. Der Verstand muß, um ein Objekt erkennen zu können, irgendwo tief in seinem Innern ein Bild, eine Vorstellung davon haben. Der Verstand filtert ständig Informationen und analysiert die Welt nach diesen Mustern. Das Verhältnis, in dem diese Muster zu einem einzigen zusammenfallen, gibt dir ein Maß für die menschlichen Emotionen. Zwei verschiedene Bilder, die normalerweise nicht zusammengestellt werden, werden vom Verstand zusammengebracht, um eine völlig neue Vorstellung zu kreieren.

Wenn das geschieht, erlebst du ein Gefühl der Freude, eine Empfindung, die etwas bedeutet.

Diese Theorie des visionären Prozesses, die selbständig von einem Exentriker entwickelt wurde, der sie in direkte Beziehung zu einem gesteigerten emotionalen Zustand setzt, stellt eine wichtige und originelle Verbindung zwischen visueller Vorstellungskraft und kreativem Prozeß her. Die Psychologen haben schon früher auf eine solche hingewiesen, gründlich erforscht hat sie aber niemand. Wie Parmenter vermutet, ist ein Bild aktiv und wirkt auf konkrete und abstrakte Vorstellungen des Verstandes ein. Mittels der Synthese, der konzeptionellen Analyse, der Symbolik und der Modellierung bringt es neue Informationsformen hervor.

Die Kontrolle, die eine Person über ihre Vorstellungsgabe hat, kann ein wichtiger Schlüssel zur Kreativität sein. Bereits 1893 bemerkte Sir Francis Galton, daß es in der Klarheit, der Flexibilität und der Gewalt, die die Menschen über ihre geistigen Bilder haben, einen ungeheuren Spielraum gibt. Galton war selbst so etwas wie ein Exzentriker. Als Cousin ersten Grades mit Charles Darwin verwandt, wurde er als Afrikaforscher und Meteorologe bekannt, bevor er sich der Vererbungslehre zuwandte. Einmal begann er auch, im Selbstversuch Drogen in alphabetischer Reihenfolge durchzuprobieren, brach aber bei ‹C› ab, als Rizinusöl *(castor oil)* die bekannte Wirkung zeitigte. Er ließ sich einen ventilierenden Hut patentieren, der den Leuten den Kopf kühlen sollte, indem er sich von Zeit zu Zeit automatisch lüpfte. Galton vertrat die Ansicht, daß Genie erblich sei und veröffentlichte 1869 eine umfangreiche Monographie mit dem Titel *Hereditary Genius* (Genie und Vererbung), in der er die Stammbäume von bedeutenden Richtern, Staatsmännern, Wissenschaftlern, Dichtern, Musikern, Malern, Geistlichen, Ruderern und Ringern zurückverfolgte, um zu beweisen, daß hohe Leistung auf jeglichem Gebiet erblich ist.

Bei manchen Exzentrikern sind die Bilder derart intensiv, daß sie ihre Kommunikationsfähigkeit beeinträchtigen. Ein Exzentriker aus unserer Studie ist der Schriftsteller Alex Stella aus Binghamton, New York, dessen überladene literarische Phantasmagorie stilistisch an Sir Thomas Urquhart erinnert. Seine Visionen sind unheimlich stark und scheinen gar übertrieben und lächerlich. Hier folgt als Beispiel der erste Absatz aus seinem Roman *A Younger Earth*:

Den Körper im Strom des Säuselns und der Musik wiegend, eingehüllt, aber frenetisch, durch die mit einem goldenen Gitter geschmückte Türöffnung herauskommend, sann die junge Frau über die winzig kleinen goldenen Perlen nach, die sie in einem durch eine Kerze erleuchteten Champagnerglas erblickte. Robin stellte sich vor, wie sie sanft aus der kühlen, beigen Flüssigkeit herausgestoßen wird, nackt, und mit den Perlen nach oben steigt. Im Nu war jegliche Sicht, jeglicher Laut, jegliche Empfindung angenehm geworden. Sie brauchte sich gar nicht anstrengen, um das rhythmische Platzen der Perlen zu hören, um die warme Luft auf Brust und Bauch zu spüren, um den Champagner zu schmecken, der noch an ihren Lippen hing, und auf sich selbst mit Freude herabzublicken.

Stella brachte *A Younger Earth* selbst heraus, nachdem er von vielen etablierten Agenten und Verlagen eine Abfuhr erhalten hatte. Hinten auf dem Buchdeckel des Romans befindet sich ein Bild des Autors, der die Bitte an den Leser äußert, Scott Meredith, einem sehr bekannten Literaturagenten, einen Brief zu schreiben. Auch die Adresse seines New Yorker Büros war abgedruckt. Meredith war von dieser Gratiswerbung offensichtlich nicht sehr begeistert und ging gerichtlich dagegen vor. Deshalb erscheint das Buch jetzt mit einem Zusatz, in dem es heißt: «Dieses Exemplar von *A Younger Earth* ist ein Sammlerstück» und erklärend hinzugefügt wird, daß Scott Meredith mit dem Buch nichts zu tun hat. In einem seltenen Anfall von Realismus schließt Stella so:

Nach dem Rat des Gerichts sollte ich sehr dankbar dafür sein, daß Mr. Meredith nicht geneigt ist, aus einer Mücke einen Elefanten zu machen. Der Meinung bin ich auch. Und wenn es genehm ist, möchte ich schließen, indem ich meine Bitte, Mr. Meredith Briefe und Postkarten zu schicken, wieder zurücknehme. Ich bezweifle wirklich, ob er welche erhalten möchte. Wie auch immer, ich habe gehört, daß er geduldig und tolerant sein soll, aber wir wollen ihm lieber nichts aufdrängen.

So wie Alex Stellas literarischer Stil etwas zu schwülstig ist, war seine Marketingstrategie zu genial. Dennoch stattet er in dem für Exzentriker typischen Optimismus die Rückseite seines Buches mit etlichen Blankoformularen aus, mit denen die Leser weitere Exemplare bestellen können.

Zwei heutige britische Psychologen, Neil Durndell und A. E. Wetherick, führten eine Untersuchung durch, in der sie eine direkte Korrelation zwischen der Kontrolle der Probanden über ihre geistigen Bilder und ihrem Abschneiden bei einem psychometrischen Test zum kreativen Denken feststellten. Ein solcher Zusammenhang wurde durch die Erläuterungen seitens einiger Exzentriker aus unserer Studie noch unterstrichen:

Meine Vorstellungskraft und die Kontrolle, die ich über sie habe, sind groß. Ich stelle mir irgend etwas vor und frage dann: «Zu welchem System gehört es? Womit ist es verkettet?» Ich weite dann die logischen Möglichkeiten so weit aus, wie sie gehen, und sogar noch darüber hinaus, bis in dunklere, ruchlose, unheimliche Gefilde. Am besten gelingt mir das in einer gedämpften Träumerei, in einem halb wachen, halb schlafenden Zustand, den ich anfangs als voller Angst, Frustration und halb erinnerlicher Ideen empfand. Jetzt heiße ich ihn erwartungsvoll und herzlich willkommen:

Manchmal habe ich ihn nach dem Mittagessen oder im Konzert, mit geschlossenen Augen, man kann ihn aber nicht herbeizwingen. Es ist wie bei Salvador Dalí und seinem berühmten Camembert-Käse. [Salvador Dalí pflegte große Mengen reifen Camemberts zu essen, in der Meinung, auf diese Weise öfter, intensiver und seltsamer zu träumen, was ihm dann Bilder liefern sollte, die er direkt für seine Kunst umsetzen konnte.]

Matthew, 42 Jahre

Ich kann mir einen visuellen oder akustischen Effekt vorstellen und dann daran arbeiten, ihn zu schaffen. Wenn ich lese, kann ich in meiner Vorstellung sehen, hören, fühlen und riechen. Worte regen meine Vorstellungskraft genauso an wie Geräusche und Farben. Ich kann voraussehen und Konsequenzen wirklich vorausahnen.

Sheila, 52 Jahre

Wenn meine Frau von irgendeinem Ort oder Ereignis spricht, sehe ich es farbig vor mir, ganz deutlich. Ich beschreibe ihr, was ich mir vorstelle, und sie versichert mir, daß das Bild stimmt.

Sylvan, 74 Jahre

In den Mustern von Tapeten, Teppichen und so weiter kann ich Gesichter, Geister, Schatten, Formen und so weiter erkennen. Wenn ich meine Augen schließe, sehe ich sie noch vor mir, und manchmal sehe ich sie auch noch in meinen Träumen, nachdem ich eingeschlafen bin. So bleibt meine Erinnerung über lange Zeit hinweg nahezu fotografisch genau.

Val, 51 Jahre

Diese Berichte sind typisch für viele Beschreibungen, die wir von Exzentrikern erhielten. Sie erleben ihre Vorstellungen besonders detailliert und intensiv, ein Phänomen, das die Psychologen als «eidetische Anschauungsbilder» bezeichnen. Eidetische Anschauungsbilder sind ein Weg, sich Objekte und Ereignisse im Geist derart plastisch vorzustellen, daß sie realen Wahrnehmungscharakter haben. Sie sind eng mit der Vorstellung des Laien vom fotografischen Gedächtnis verbunden. Bei kleinen Kindern ist diese Fähigkeit oft stark entwickelt, sie läßt aber bei den meisten Menschen allmählich nach, wenn sie älter werden und abstraktere Methoden zur Informationsverarbeitung entwickeln.

Für Albert Einstein, der zu den weitsichtigsten Denkern des 20. Jahrhunderts zählt und stark exzentrische Züge zeigte, war diese kindliche Neigung des kreativen Geistes charakteristisch. Die Relativitätstheorie entwickelte er anhand von Informationen, die den Mathematikern seit mehr als fünfzig Jahren zur Verfügung standen. Als ein Freund ihn fragte, wie er auf die Theorie gekommen sei, entgegnete er: «Der normale Erwachsene belastet seinen Kopf nicht mit Raum-Zeit-Problemen. Alles, was es da zu durchdenken gibt, hat er seiner Meinung nach schon in der frühen Kindheit erledigt. Ich hingegen habe mich so langsam entwickelt, daß ich mich über Raum und Zeit erst zu wundern begann, als ich erwachsen war. Folglich habe ich mich mehr in das Problem hineinvertieft, als ein gewöhnliches Kind es getan haben würde.» Bei einem Festessen anläßlich seines 74. Geburtstages erklärte er: «Geburtstage sind etwas für Kinder, aber warum soll ich nicht einmal in meinem Leben eine Ausnahme machen, ich fürchte nur, daß es ein solches Aufsehen erregen wird, daß der Botschafter vom Mars kommen wird.»

Ein anderes kreatives Genie, das von seinen Zeitgenossen oft als kindlich beschrieben wurde, war William Blake. Die intensive, gewaltige Lebendigkeit seiner Dichtung und seiner Kupferstiche resultierte aus dem Umstand, daß es sich buchstäblich um Visionen, graphische Offenbarungen handelte, die sich seinem Geist von außen aufdrängten. Blake hat seine Werke auch oft als Visionen bezeichnet und behauptet, daß sie ihm von Geistererscheinungen offenbart wurden – wie die Engel, die den jüdischen Propheten erschienen. 1819 traf er einen Künstler und Astrologen namens John Varley, mit dem er gemeinsam Séancen abhielt. Von den ihnen erscheinenden Geistern fertigte Blake Porträts an. Einer von ihnen, «Der Mann, der Blake in seinen Träumen die Malerei lehrte», war ein ätherisch aussehender Jüngling mit riesigen gewölbten Augen und einem flammenartigen Mal in der Mitte der Stirn. Varley schrieb, manchmal warteten viele Geister darauf, an die Reihe zu kommen, und drängelten sich in Blakes Vision nachgerade.

Es wäre unstatthaft, Blake einer schonungslosen Psychoanalyse zu unterziehen, da seine Dichtung und seine Zeichnungen hochrangige Kunstwerke und von den Gesetzen der Ästhetik und weniger von denen der Psychologie bestimmt sind. Es ist schließlich unwahrscheinlich, daß ein Mann mit seinen Fähigkeiten, den alle, die ihn kannten, mochten, an Schizophrenie oder einer anderen ernsthaften, Halluzinationen hervorrufenden psychischen Krankheit gelitten haben soll. Das heißt aber nicht, daß wir an Geistererscheinungen glauben; eher ist es so, daß uns nicht genügend Informationen vorliegen, um Blakes Visionen zu beurteilen, und wir ihn nehmen müssen, wie er sich uns darstellt. Trotzdem kann kein Zweifel daran bestehen, daß er Visionen der einen oder anderen Art hatte. Eine mögliche Erklärung lieferte Kenneth Clark in seiner klassischen Abhandlung *The Nude*: «[Blake] hatte eine außergewöhnliche Gabe, Netzhautbilder zu speichern, und bis zu einem gewissen Grad war es die unbewußte Erinnerung an diese Bilder, die er mit Inspiration gleichsetzte. Er konnte mit Recht sagen, daß ‹alle Formen im Geist des Dichters vervollkommnet werden›.»

Blake selbst hat seine Visionserlebnisse in aller Ausführlichkeit beschrieben. Diese Aufzeichnungen sind zu komplex, um hier diskutiert zu werden. Jedoch können wir dem Naturell dieses Mannes über seine Briefe näher kommen als über seine ausgefeilten literarischen Werke. Ein in Versen abgefaßter Brief vom 12. September 1800 an den Bildhauer John Flaxman, mit dem Blake später zusammenarbeitete, enthüllt die Intensivität seiner Visionen:

... Milton liebte mich als Kind und zeigte mir sein Gesicht.
Esra kam mit Jesaja, dem Propheten, und in reiferen Jahren reichte mir Shakespeare seine Hand;
Paracelsus und Böhme erschienen mir, Entsetzen erschien in den Himmeln dort oben
Und in der Hölle dort unten, und eine mächtige und furchtbare Veränderung kündigte sich drohend der Erde an.
Der amerikanische Krieg begann. All seine dunklen Schrecken zogen an meinem Auge vorbei
Über den Atlantik nach Frankreich. Dann begann in dunklen Wolken die Französische Revolution,
Und meine Engel haben mir erzählt, daß ich mit diesen Visionen auf Erden nicht bestehen könne,
Es sei denn mit meinem Flaxman, der es versteht, nervöser Furcht zu vergeben.

In einem Brief vom 23. August 1799 an einen Geistlichen namens Trusler zeigt sich auch bei Blake der für Exzentriker charakteristische kindliche Optimismus, wobei seine Formulierungen manchen Kommentaren sehr ähneln, die wir fast zweihundert Jahre später von den Probanden unserer Studie vernahmen:

Freude ist besser als Spaß, und Glück ist besser als Freude. Ich fühle, daß ein Mann in dieser Welt glücklich sein kann. Und ich weiß, daß diese Welt eine Welt der Imagination und Vision ist. In dieser Welt sehe ich jedes Ding, das ich male, aber nicht jeder sieht gleich...

Doch es macht mich glücklich, daß es eine große Zahl anderer Sterblicher gibt, die meine Visionen erklären können, insbeson-

dere sind sie von Kindern erklärt worden, denen es sogar noch größeres Vergnügen bereitet, meine Bilder zu betrachten, als ich erhoffte.

Die außergewöhnliche Intensität von Blakes visueller Vorstellungskraft brach sich immer wieder Bahn. Seinem Freund William Hayley vertraute er an: «Meine Frau ist wie eine Flamme aus den vielen Farben eines Juwels», und er fügte hinzu: «In Erwartung meiner zukünftigen Arbeit sprühen meine Finger vor Feuer» (Brief vom 16. September 1800). Anekdoten aus dem Mund seiner Zeitgenossen bestätigen, daß er die Visionen, über die er schrieb, auch durchlebte. Als ein Freund ihn einmal unangemeldet in seinem Haus in Lambeth besuchte, traf er ihn und seine Frau nackt im Garten sitzend, wie sie sich laut aus *Paradise Lost* vorlasen.

Die Architektur, die beeindruckendste der Künste, hat einige spektakuläre, exzentrische Praktiker angezogen. Sarah Winchester, die Witwe des amerikanischen Waffenherstellers Oliver Winchester, war der Meinung, daß die Geister der durch die Waffen ihres Mannes Getöteten sie heimsuchen würden, wenn sie kein prächtiges Haus baute, das groß genug wäre, um eine Legion freundlich gesinnter Geister zu beherbergen, die sie schützten. Über 38 Jahre hinweg wuchs das Anwesen in San Jose, Kalifornien, beständig. Mrs. Winchester, eine Art Scheherazade der Architektur, glaubte fest daran, so lange zu leben, wie sie ihre Bautätigkeit fortsetzte.

Als sie 1922 starb, hatte das Haus acht Stockwerke, 128 Räume (die Geheimzimmer nicht mitgerechnet), 2000 Türen, 10000 Fenster und 48 Schornsteine. Es ist ein bizarrer Ort voller Fallen, in denen sich die bösen Geister verfangen sollten. Eine Treppe hat bei einer Steigung von etwa drei Metern 44 Stufen und sieben Windungen. Einige Schornsteine sind Attrappen, um unwillkommene Phantome zu vertreiben. Für sich selbst baute Mrs. Winchester einen Fluchtweg in Form eines enormen, von außen unzugänglichen Glockenturms, aus dem sie sich in ein unterirdisches Versteck abseilen konnte.

Auch Edward Leedskalnin (1887–1951) ist ein klassischer Fall, der des Guten zuviel tat: Er baute ein riesiges Schloß ganz aus Korallen, um das Mädchen, das er liebte, zu beeindrucken. Der aus Lettland stammende Immigrant hatte eigenhändig Tausende Tonnen Korallensteine gebrochen und auf sein Grundstück in Florida City, Florida, gebracht, wo er seiner Leidenschaft ein gewaltiges Denkmal errichtete. Er verzierte einen neun Meter hohen Obelisken. Überall sind bizarre Skulpturen und Möbel verstreut: Schaukelstühle, Badewannen und eine sogenannte «Büßerecke», ein Etwas, das aussieht wie ein puritanischer Pranger. Eins der Parktore wiegt neun Tonnen, ist aber so gut ausbalanciert, daß ein Kind es ohne Mühe öffnen kann.

Ein großer englischer Exzentriker unseres Jahrhunderts lebte seine architektonischen Phantasien in Mexiko aus. Edward James (1907–1984) gilt als illegitimer Sohn von Eduard VII., demnach wäre er der natürliche Großonkel von Elisabeth II. Er war ein grauenhaft schlechter Dichter, gab ungeheure Geldsummen an Salvador Dalí, Magritte und andere surrealistische Künstler und stellte aus ihren besten Werken eine eindrucksvolle Sammlung zusammen. 1945 kaufte er im Dschungel von Xilitla einige Tausend Morgen Land und baute einen abscheulichen Traumpalast, den er unter dem Einfluß von Marihuana und psychedelischen Pilzen entworfen haben soll. Der Palast liegt an einem Berghang und ist ein wildes Phantasiegebilde aus griechischen Säulen, die nichts tragen, Brücken, die nirgendwohin führen, und runden orangefarbenen Türen, die sich nicht öffnen lassen. Graziös steigen Wendeltreppen über blumenförmigen Springbrunnen empor. James meinte zu seinem Werk: «Wenn nach zwei- oder dreitausend Jahren die Archäologen kommen und dies vorfinden, werden sie sich darauf keinen Reim machen können.»

Er war ein hochgewachsener, sonderbarer Mann mit einem langen weißen, über einen Bauernponcho wallenden Bart. Er ging an zwei Stöcken, um auf diese Weise die Einschränkungen auszugleichen, die ihm seine ungeheuer langen, nach unten gekrümmten Fußnägel auferlegten. Oft streifte er völlig nackt durch den Dschungel um Xilitla, wo er Orchideen züchtete und Boaschlangen hielt. Der Ethnologe Angel Castrillon schrieb, daß James einen Zusammenbruch erlitt, als er sah, wie einer der Bauern mit seiner Machete eine Pflanze abhieb: «James weinte hemmungslos. Gegenüber dem armen, bestürzten Mann wiederholte er stets aufs neue: ‹Du bist ein Mörder! Ein Mörder!›»

Eine Geschichte über James ist fast zu schön, um wahr zu sein. Als er in Mexiko-Stadt im Majestic Hotel wohnte, soll er seine Schlangen und die Mäuse, mit denen diese abends gefüttert werden sollten, mitgebracht haben. Als eine Maus in einem der Gänge entwischte, schrie eine Dame, die neben James wohnte, daß das ganze Hotel verseucht sei. Ihre Zofe versuchte, sie zu beruhigen, indem sie sagte: «Aber nein, Señora, das sind keine Hotelmäuse. Sie sind die Nahrung für die Schlangen, die der Herr im Zimmer nebenan hat.»

Musiker, deren Werke im Reich der Abstraktion angesiedelt sind, unterlagen schon immer der Flucht in die Phantasie. Erik Satie, dessen Kompositionen aus den feinen Fäden der Launen gesponnen sind, vereint gleich ein ganzes Arsenal exzentrischer Eigenschaften in sich. Zunächst wurde er als Mitglied des berühmten Geheimbundes der Rosenkreuzer, der von dem Magier Joséphin Péladan geleitet wurde, berühmt. Dieser war ein ehemaliger Bankangestellter, der sich selbst mit der alten babylonischen Bezeichnung Sâr schmückte. Péladan trug ein wallendes, lilafarbenes Gewand mit einer silbernen Weste und Spitzenmanschetten. Satie schrieb für die absurden Zeremonien des Rosenkreuzer Fanfaren und gelegentlich Klavierstücke. Doch es dauerte nicht lange, bis der ausgeprägte Sinn des Komponisten für das Lächerliche siegte und er die Sache aufgab. Stets handelte Satie nach einem anderen Regelkanon als der Rest der Welt: 1914 versuchte der Verleger Lucien Vogel, Strawinsky dafür zu gewinnen, zu einigen Zeichnungen von Charles Martin, die *Sports et Divertissements* betitelt waren, eine Musik zu komponieren. Strawinsky lehnte wegen zu geringer Bezahlung ab, woraufhin sich der Verleger an Satie wandte, der, obwohl er hoffnungslos pleite war, den Vorschlag mit der Begründung ablehnte, daß der Lohn zu hoch bemessen sei! Als Vogel mit seinem Angebot herunterging, nahm er an und schrieb eine seiner erfolgreichsten Klaviersuiten. Satie erläuterte in einem seiner Bücher, in Form eines *jeu d'esprit*, das er «Den Tag eines Musikers» nannte, seine Arbeitsgewohnheiten; es liest sich, wie aus einem Handbuch für Exzentriker entnommen:

Ein Künstler muß sein Leben organisieren. Es folgt der genaue Zeitplan meines Tagesablaufs: Aufstehen: 7.18 Uhr, inspiriert werden 10.23 bis 11.47 Uhr. Ich esse um 12.11 Uhr zu Mittag und stehe um 12.14 Uhr von Tisch auf.

Gesunder Ausritt in die Anlagen: 13.19 bis 14.53 Uhr. Weitere Inspiration: 15.12 bis 16.07 Uhr.

Unterschiedliche Aktivitäten (Fechten, Nachdenken, Bewegungslosigkeit, Besuche, Kontemplation, Schwimmen und so weiter...): 16.21 bis 18.47 Uhr.

Das Abendessen wird um 19.16 Uhr serviert und endet um 19.20 Uhr. Danach folgt Partiturlesen. Ich gehe regelmäßig um 22.37 Uhr zu Bett. Einmal in der Woche (dienstags) wache ich mitten in der Nacht um 3.19 Uhr auf.

Ich nehme nur weiße Nahrungsmittel zu mir: Eier, Zucker, abgeschabte Knochen, Fett von toten Tieren, Kalbfleisch, Salz, Kokosnüsse, Hühnchen in Salzwasser gekocht, Fruchtpudding, Reis, weiße Rüben, mit Kampfer behandelte Blutwurst, Dinge wie Pasta, Käse (weiß), Baumwollsalat und bestimmte Fischsorten (ohne Haut).

Ich koche meinen Wein und trinke ihn dann kalt, mit Fuchsiensaft gemischt. Mein Appetit ist gut, aus Angst zu ersticken, spreche ich aber nie während der Mahlzeiten.

Ich atme vorsichtig (wenig auf einmal). Ich tanze äußerst selten. Wenn ich gehe, stemme ich meine Hände in die Seiten und schaue streng hinter mich.

Ernste Erscheinung, wenn ich lache, so geschieht dies nicht mit Absicht und ich entschuldige mich deswegen immer höflich.

Mein Schlaf ist tief, aber ich halte ein Auge offen. Mein Bett ist rund mit einem ausgeschnittenen Loch, damit mein Kopf hindurch kann. Stündlich mißt ein Diener meine Temperatur und reicht mir ein neues Thermometer.

Schon seit langem habe ich eine Modezeitschrift abonniert. Ich trage eine weiße Kappe, weiße Strümpfe und eine weiße Weste.

Mein Arzt hat mir immer geraten zu rauchen. Er riet mir unter anderem: «Rauche nur, alter Knabe. Wenn du es nicht tust, wird es ein anderer tun.»

Manche Musiker sind für ihre Schrullen ebenso berühmt wie für die Noten, die sie spielen. Einer der am meisten bewunderten Pianisten des 20. Jahrhunderts, der kanadische Klaviervirtuose Glenn Gould, ist wegen seiner exzentrischen Aufführungspraktiken und seiner extremen Hypochondrie vielleicht sogar berühmter als wegen seines Interpretengenies. Ständig lebte er in Angst vor Zug (siehe Abbildung 8) und erschien wie für eine Arktisexpedition gerüstet auf der Bühne – was Leonard Bernstein so kommentierte: «... doppelt behütet, doppelt behandschuht und endlos eingewickelt und umschalt.»

Bei einem Gespräch mit einem Journalisten lieferte Gould einmal ein geradezu klassisches Beispiel für den exzentrischen Charakterzug der hyperintensiven Vorstellungsgabe. Als er 1958 auf Tournee in Israel war, hatte er große Interpretationsprobleme mit Beethovens Klavierkonzert Nr. 2. Er setzte sich in ein Mietauto und fuhr mitten in die Wüste nahe bei Tel Aviv.

«Ich fuhr raus zu einer Sanddüne und kam zu dem Schluß, daß das einzige, was dieses Konzert möglicherweise noch retten könne, sei, mir die angenehmsten Fingerberührungen in Erinnerung zu rufen, die ich kannte.» Diese Vorstellung war assoziativ mit dem alten Chickering-Klavier im Sommerhaus seiner Eltern verknüpft, auf dem er als Junge gespielt hatte. Vor seinem geistigen Auge ließ Gould das Landhaus bis in jede Einzelheit wiedererstehen, stellte sich jedes Möbelstück, auch das Chickering, vor und begann, das ganze Konzert auf dem eingebildeten Klavier zu «spielen», ohne einen Finger zu rühren. «Abends fuhr ich zu dem Saal, spielte das Konzert und war zweifellos zum erstenmal während meines ganzen Aufenthalts dort richtig gehobener Stimmung.»

Die Annalen der Exzentriker in der Kunst würden mehrere Bände füllen: Emily Dickinson trug stets weiße Kleidung, ging nie aus ihrem Zimmer und versteckte ihre Gedichte in kleinen Schachteln. James Joyce trug stets eine zierliche Damenpumphose mit sich herum, mit der er in der Luft wedelte, um seine Zustimmung auszudrücken. Der amerikanische Komponist Charles Ives wandte eine Menge Zeit und Geld auf, um für ein Nachtragsgesetz zur US-Verfassung einzutreten, das das private Einkommen jedes US-Bürgers auf 20000 Dollar im Jahr beschränken sollte. Die Extravaganzen von Salvador Dalí füllen ganze Bücher, obwohl in seinem Fall vielleicht ebensoviel Showbusiness wie Exzentrizität dahintersteckte.

Wie selbstverständlich richtet sich die Aufmerksamkeit auf Exzentriker, die auf ihrem Gebiet künstlerischen Erfolg hatten, doch es gibt noch eine andere Sorte kreativer Exzentriker: diejenigen, die ungewöhnlich schlecht sind. Hier soll von drei ausgesprochen schauderhaften Künstlern die Rede sein, die trotz der Schmach, die ihnen angetan wurde, weder den Mut noch den Glauben an sich selbst verloren.

Robert «Romeo» Coates (1772–1848), auch «Der berühmte Modeliebhaber» und «Herr Kikeriki Coates» genannt, wurde als Englands schlechtester Schauspieler der Regency-Ära verabscheut. Er wurde in Antigua als Sohn eines millionenschweren Plantagenbesitzers geboren, wo er auch zum erstenmal die für ihn zum Markenzeichen werdende Rolle des Romeo nach einer von ihm selbst bearbeiteten Textfassung spielte. Als ein Privatlehrer ihn einmal verbesserte, erwiderte Coates: «Ja, die Fassung kenne ich, denn ich kann das ganze Stück auswendig, aber ich glaube, ich habe sie verbessert.» Auf Reisen nahm er stets sein Romeo-Kostüm mit, das mit einer legendären Diamantensammlung besetzt war, die er vom Vater geerbt hatte.

Coates' eigenwilliger Bühnenstil wurde vom Kritiker einer eleganten Zeitschrift, die *The Scourge* hieß, so beschrieben: «Bei Coates wird Würde dadurch ausgedrückt, daß er in zwei Yards langen Schritten über die Bühne stolziert, Qual durch ein wütendes Stampfen mit den Füßen am Ende jeder Zeile.» Ein Schauspieler, der sich Coates' Stil befleißigt, «muß lernen, in jeder Zeile des Stückes mindestens drei Fehler zu machen» und «*perfect* wie ‹purfet›, *burden* wie ‹barden› und *memory* wie ‹memarry› auszusprechen». Er war leicht aus der Fassung zu bringen und wich bei Aufführungen mehrfach vom Text ab, um Zwischenrufer zurechtzuweisen.

Der Hohepunkt von Coates' Romeo war die Sterbeszene (siehe Abbildung 10), die er immer auf dieselbe Weise gab: Am Ende der letzten Zeile nahm er sein seidenes Taschentuch, staubte die Bühne ab, breitete das Taschentuch sorgfältig aus und legte seinen prächtigen, federgeschmückten Hut darauf. Dann begab er sich zum Sterben, indem er sich direkt auf seine Julia legte. Verbürgt ist, daß die Sterbeszene einmal mit einer phantastischen Ovation aufgenommen wurde, er aufsprang, an den Rand der Bühne trat und sich vor dem Publikum verbeugte, um dann zu seiner hingestreckten Geliebten zurückzukehren und erneut zu sterben. Als Coates den Romeo 1814 in Stratford spielte, besuchte er die Pfarrkirche und kritzelte neben die Shakespeare-Büste das Graffito:

Sein Name in der kreisenden Luft noch schwebt,
Den Robert Coates zu bewundern strebt.
Wenige, die verehrt wurden, haben ihren Bewunderer
grausamer behandelt.

William «der Große» McGonagall (siehe Abbildung 12) hat es als schlechtester Versdichter, den die englische Sprache bis jetzt hervorgebracht hat, zu Unsterblichkeit gebracht. Er stammte aus Dundee und war von Beruf Weber, seine Karriere als Schauspieler begann nach dem Muster von Romeo Coates. 1872 bestach er einen Theaterdirektor in Edinburgh, damit dieser ihn die Titelrolle in *Macbeth* spielen ließ. Vom magischen Zauber des Rampenlichts hingerissen, weigerte er sich am Ende des Stückes zu sterben. Noch lange, nachdem er von Macduff niedergestreckt worden war, fuhr er fort, sein Schwert zu schwingen und schlechte Verse zu improvisieren. Der Schauspieler, der den Macduff spielte, verlor die Geduld, versetzte ihm einen Tritt und brachte McGonagall dadurch zum Schweigen. Das Publikum war natürlich begeistert: ein Star war geboren.

Seinen Beinamen «der Große» erwarb sich McGonagall durch seine unsäglich öde Dichtung. Kein Stoff war ihm zu dumm, er formte Verse bar jeden Wohlklangs, die gegen die einfachsten Gesetze der Metrik verstießen. Sein erstes Gedicht handelte von einem Pfarrer, der ihn zum Dichten ermutigt hatte:

Ich hörte ihn sprechen zum ersten Mal
's war in der Kinnaird Hall.
Über die Garibaldi-Bewegung einen Vortrag er hielt,
So laut er brüllen konnte.

In dieser Art geht es weiter, und das Opus endet mit den Zeilen:

Mögen alle guten Engel ihn zu Lebzeiten beschützen
Sowie hernach, wenn er gestorben ist.

Hugh MacDiarmid, der McGonagall in *Scottish Eccentrics* ein Kapitel widmet, hat wohl recht, wenn er feststellt, daß er «kein schlechter Dichter war und auch kein guter schlechter Dichter. Er war überhaupt kein Dichter.» Sein Verleger Lowden Macartney beschrieb ihn als «eine seltsame, sonderbare, düstere Gestalt, die mehr als irgend jemand sonst an einen heruntergekommenen Schauspieler erinnerte. Sein Haar trug er lang und bedeckte es mit einem breitrandigen Hut. Seine Kleidung war stets schäbig, und selbst im Sommer weigerte er sich, seinen Überzieher abzulegen... Er hatte ein ernstes, fahles Gesicht mit herben Zügen und, wie man so sagt, Glubschaugen.»

Als echter Exzentriker glaubte McGonagall unverdrossen an seine eigenen Fähigkeiten und ließ sich durch die unbarmherzige Verachtung der Welt nicht entmutigen. Früh in seiner Karriere widmete er ein Gedicht der Königin Viktoria, in dem er um die Bestellung zweier seiner Meisterwerke bat. Aufgrund des königlichen Ablehnungsbescheids bezeichnete er sich als «Dichter Ihrer Majestät» und begab sich bei naßkaltem Wetter zu Fuß nach Schloß Balmoral, um seine spröde Gönnerin zu besuchen. Es nützte nichts. Die Königin war nicht erfreut und wurde schließlich ärgerlich, als McGonagall öffentlich kundtat, daß die Ernennung von Alfred Lord Tennyson zum Hofdichter ein furchtbarer Fehler sei und daß er, McGonagall, hätte auserwählt werden müssen.

Es gab kein Thema, das für McGonagalls Muse zu prosaisch war. Hier ist zum Beispiel sein Erguß anläßlich der Einweihung einer neuen Eisenbahnbrücke in Dundee:

Schöne neue Eisenbahnbrücke über den silbrigen Tay
Mit deinen starken Backsteinpfeilern und Bögen in so stattlicher Reih'

Und deine dreizehn zentralen Träger, die, so will es mir scheinen,
nicht einem Sturm sich beugen.
Und wenn ich dich anschaue, wird mein Herz ganz leicht,
Denn du bist die größte Eisenbahnbrücke zur Zeit,
die zu sehen ist meilenweit,
Nördlich, südlich, östlich und westlich des Tay.

Seinen Lebensunterhalt bestritt er als eine Art poetischer Oofty Goofty, indem er sich bei Studentenverbindungen als professionelle Zielscheibe des Gespötts verdingte. Er rezitierte seine miserablen Verse vor betrunkenen Studenten, die ihn heftig beschimpften und mit verfaultem Gemüse bewarfen. Trotz der allseitigen Verachtung für seine Werke beharrte er standhaft in dem Glauben, nach Shakespeare der größte Dichter Englands zu sein – eine Überzeugung, die er bei vielen Gelegenheiten auch zu Papier brachte.

Was William McGonagall für die Dichtkunst, war die Sopranistin Florence Foster Jenkins (1868–1944) für die Gesangskunst. Sie gehörte zur begüterten Oberschicht New Yorks und kam aus Wilkes-Barre, Pennsylvania, sah sich als glänzende Diva, als Göttin des Gesangs, hatte aber kein bißchen Talent. Ihre Stimme war zittrig und farblos, sie war unfähig, den Takt zu halten und sang ganz schauderhaft in der falschen Tonlage. Doch sie hatte eine Vision und das Geld und den Mut, ihr nachzugehen. Jedes Jahr gab sie im Ritz-Carlton Hotel ein Konzert. Begleitet von ihrem Pianisten Cosme McMoon, trug Jenkins Opernarien und Lieder vor, die McMoon für sie geschrieben hatte, so zum Beispiel die «Serenata Mexicana», mit vielen hohen Koloraturpassagen zum Verhunzen. Es war schwieriger, für dieses Spektakel Karten zu bekommen, als eine Loge für einen Abend mit Caruso in der Metropolitan Opera.

Zu ihren Konzerten erschien sie in aufwendigen Kostümen, mindestens in drei verschiedenen pro Abend, wozu gewöhnlich der «Engel der Inspiration» gehörte, eine Kreation aus Seide,

Glitzerschmuck und Tüll, mit vollständig gefiederten Flügeln (siehe Abbildung 11). Nach einem Taxiunfall im Jahr 1943 verlautbarte Jenkins, daß sie nun «ein höheres f als jemals zuvor» singen könne – und gab so einen Einblick in ihre dehnbare Vorstellung musikalischer Intonation. Statt das Taxiunternehmen zu verklagen, schickte sie dem Fahrer eine Kiste Zigarren. Mit 76 Jahren trat sie zum letztenmal auf, in der Carnegie Hall, das Konzert war Wochen vorher ausverkauft. Einen Monat nach dieser Apotheose starb sie. Jenkins verfaßte ihre eigene Grabinschrift: «Einige Leute sagen, daß ich nicht singen kann, niemand aber kann sagen, daß ich nicht gesungen habe.»

KAPITEL 4
DIE WISSENSCHAFTLER

Nur wenige Menschen sind in der Lage,
mit Gelassenheit Meinungen zu vertreten, die sich von
den Vorurteilen ihres sozialen Umfelds unterscheiden.
Die meisten Menschen sind sogar unfähig,
sich solche überhaupt zu bilden.
Albert Einstein

Yvonne X, die den Lesern schon bekannte Konstrukteurin berserkerhafter Perpetua mobilia, war eine der vielen Repräsentantinnen exzentrischer Wissenschaft, auf die wir im Laufe unserer Studie trafen. Exzentrische Wissenschaft ist eine an keiner Universität gelehrte Disziplin, sie widersetzt sich dem Anspruch auf nachvollziehbare Ergebnisse und favorisiert statt dessen den impressionistischen Ansatz: Sie postuliert, was richtig sein *sollte*. Während sich exzentrische Künstler in ihrer Kunst eigene fremde Welten schaffen, benutzen exzentrische Wissenschaftler die Welt selbst als Betätigungsfeld, indem sie, um ihrem Schaffensdrang Genüge zu tun, das physikalische Universum neu erfinden.

Die nahezu identische Beschreibung könnte auf die intellektuellen Errungenschaften großer Wissenschaftler der Vergangenheit angewandt werden. Ihre bahnbrechenden Theorien bilden die Grundlage der hergebrachten Wissenschaft, die heute an den Universitäten gelehrt *wird*. Viele Koryphäen – Galilei, Kepler, Harvey, Darwin und Mendel, um nur einige zu nennen – wurden, als sie ihre revolutionären Ideen zum erstenmal formulierten, für Scharlatane gehalten oder – schlimmer noch – für Häretiker.

Die schon in früheren Zeiten sprichwörtliche feine Linie zwischen Genie und Wahnsinn gibt es auch in der Wissenschaft. Sie wird, wenn es sie überhaupt gibt, immer feiner, je mehr wir über das Universum und den menschlichen Geist erfahren. Bei der Unterscheidung zwischen guter und schlechter Wissenschaft werden die Wissenschaftler selbst immer unsicherer: Eine unumstrittene Wahrheit kann sich von heute auf morgen als Sackgasse erweisen und ihr Verfechter zum Gespött seiner Kollegen werden, während die blitzartige Eingebung eines Augenblicks eine vollkommen neue Denkrichtung erschließen kann. In der Karriere von Isaac Newton kommt beides vor. Einerseits widmete er dem Studium der Alchimie mehr Zeit als dem, was man heute als legitime Wissenschaft bezeichnen würde, andererseits konnte er nicht die geringste Ahnung davon haben, daß er mit seiner Erfindung der Differentialrechnung Erschütterungen auslösen würde, die noch 300 Jahre in der Weltwirtschaft nachhallen sollten.

Der Drang nach dem Geniestreich, ein Zug, der das Genie charakterisiert, geht oft mit einer ausgeprägten Sturheit einher, einem eigensinnigen Widerstand angesichts überwältigenden Widerspruchs, der in manchen Zügen und Symptomen an Besessenheit grenzt. Der dem Gespött trotzende standhafte Glaube des exzentrischen Wissenschaftlers an die Richtigkeit seiner Ideen muß sich nicht unbedingt wesentlich von dem Verhalten unterscheiden, das konventionelle Wissenschaftler an den Tag legen.

Die etablierte Wissenschaft schreibt ihre Geschichte bei jeder Gelegenheit automatisch neu, indem sie das, was eben noch für abweichlerisch gehalten wurde, in den Himmel hebt und heilige Standbilder mit freudiger Hingabe vom Sockel stößt, sobald diese sich als unglaubwürdig erweisen. Die normale Wissenschaft lehnt alles, was vage oder unbestimmt ist, ab, da sie sich an festgelegte Richtlinien hält, an denen gemessen sich etwas als Wahrheit qualifiziert oder nicht. Sie strebt manisch nach dem dauernden Anschein von Objektivität und Gültigkeit. Exzentrische Wissenschaftler erheben diesen Anspruch nicht und schrecken deshalb auch vor nichts zurück.

Sie sind Einzelgänger und deshalb weniger dem sozialen Druck zur Anpassung ausgesetzt. Wenn sie von ihren Kollegen nicht sowieso schon geächtet sind, so schreckt sie die Aussicht auf ein solches Ausgestoßensein nicht im mindesten. Wenn aber, wie Karl Popper es formulierte, die Theorien über die Welt zumindest teilweise «freie Erfindungen unseres eigenen Geistes sind, das Ergebnis einer fast schon poetischen Intuition», dann müssen Wissenschaftler die Freiheit und den Mut zum Risiko haben.

Falls wir aus der Vergangenheit überhaupt eine Lehre ziehen können, so sollten wir die sogenannten Irrwege der Forschung unterstützen oder zumindest tolerieren. Empirisch ausgedrückt: Während die frühen Mitglieder der Royal Society in London wissenschaftliche Entdeckungen machten, die noch heute Teil der Grundlagenwissenschaften sind, beschäftigten sich andere mit Arbeiten, die jeglicher Theorie und jeder wie auch immer gearteter Zweckbestimmung entbehrten, Forschungen, die Yvonne X geradezu als Verfechterin wissenschaftlicher Methodik erscheinen lassen. Nehmen wir zum Beispiel einen Auszug aus den Versuchsaufzeichnungen der Gesellschaft vom 24. Juli 1616: «Mit dem Pulver aus dem Horn eines Einhorns wurde ein Kreis gebildet, in dessen Mitte eine Spinne gesetzt wurde, sie lief aber sofort mehrere Male hinaus. Einmal blieb die Spinne kurz auf dem Pulver stehen.»

Wie wir schon gesagt haben, verbrachte Newton einen Großteil seiner Zeit versunken in die Alchimie, sein Laborassistent Humphrey Newton (mit dem er wohl nicht verwandt war) berichtete, daß der große Mann die Nächte aufblieb, über mystischen Texten brütend, und versuchte, aus unedlen Metallen Gold zu gewinnen – was wohl kaum dem Musterbeispiel an nüchternem Rationalismus entspricht, als das Newton im heutigen Universitätslehrplan dargestellt wird. Mehrfach betonte er, daß es sich bei den mathematischen Formeln in seinem Werk *Principia* um universelle Wahrheiten handele, die zu Beginn der Zivilisation einem ausgewählten Kreis mystischer Philosophen von Gott offenbart worden seien. Er verstand sich als Erbe einer esoterischen Tradition – und präsentiert damit einen gänzlich anderen Aspekt seines Denkens, den moderne Wissenschaftler kaum für passend hielten und so der Vergessenheit anheimfallen ließen.

Die Wissenschaftsgeschichte strotzt vor Beispielen über Irrtümer, die zur Wahrheit inspirierten. 1844 veröffentlichte zum Beispiel der schottische Verleger Robert Chambers anonym ein Buch mit dem Titel *Vestiges of the Natural History of Creation*. Darin postulierte er ein Gesetz des ständigen Fortschritts und der Entwicklung, wendet diese Prämisse auf die Geologie, die Pflanzen- und Tierwelt ebenso an wie auf den Menschen. Bei letzterem zog Chambers die Phrenologie heran, die Vorstellung, nach der sich die geistigen Fähigkeiten eines Menschen anhand der Höcker und Konturen seines Schädels ermitteln lassen. Genau wie Mary Wollstonecraft Shelley in *Frankenstein* glaubte auch Chambers, daß galvanische Elektrizität lebenerzeugende Kräfte hätte. Ungeachtet der vielen falschen Prämissen veranlaßte *Vestiges* Alfred Russel Wallace zu vielen Expeditionen, auf denen er nach Beweisen für die Evolution suchte. Diese Unternehmen wiederum gehörten zu den wesentlichen Anregungen für Darwins Theorie. Wenn auch Wallace heute in den Annalen der Wissenschaft einen ehrenvolleren Platz einnimmt als Robert Chambers, hatte auch er seine schwache Seite: Er war ein begeisterter Anhänger des Mesmerismus, der Phrenologie und der hybriden Bildung, die man Phrenomesmerismus nennt. Später war er, wie viele andere viktorianische Intellektuelle auch, von spiritualistischen Anschauungen und Praktiken überzeugt.

Die Feindschaft zwischen institutionalisierter und Pseudowissenschaft ist ein relativ junges Phänomen, und einige Relikte ihrer früheren Nähe lassen sich noch heute finden. Man schaue sich zum Beispiel nur Sir Fred Hoyles heterodoxe Überzeugungen vom außerirdischen mikrobischen Leben an, das unseren Planeten heimsucht. Der Philosoph Paul Feyerabend unterstützte die These, daß beim Fortschritt zum Wissen einem einzigen Ansatz nicht erlaubt werden darf, alle anderen zu dominieren. Rivalisierende, sogar unvereinbare theoretische Ansätze sollten ermutigt werden – *anything goes*, was die Methodologie betrifft. Feyerabend tritt für die Toleranz der exzentrischen Wissenschaft und den umfassenden ungehinderten Austausch zwischen konventionellen und unkonventionellen Wissenschaftlern ein.

Die Wissenschaftsgeschichte hat mehrfach gezeigt, daß es Daten, die nicht passen, daß es die Ausnahmen von der Regel sind, die mögliche Durchbrüche im Wissen über die Beschaffenheit der Welt signalisieren. Die Suche nach nichtstimmigen Daten kann deshalb neben der experimentellen Methode und anderen konventionellen Mitteln durchaus als einer von vielen legitimen Ansätzen in der Wissenschaft gelten. Die exzentrische Wissenschaft zeigt manchmal eine größere Variation als die orthodoxe Wissenschaft und kann zu Ideen und Fakten führen, die sich früher oder später als nützlich erweisen.

Ein ausgezeichnetes Beispiel für den Wert der exzentrischen Wissenschaft liefert eine Vereinigung, die sich International Society of Cryptozoology nennt und die es sich zum Ziel gesetzt hat, nach Tierspezien zu suchen, von denen die konventionelle Wissenschaft keine Notiz nimmt. Auf der Suche nach Bigfoot haben ihre Mitglieder Expeditionen in die Wildnis Nordkaliforniens organisiert, sie waren auf der Jagd nach dem Ungeheuer von Loch Ness in Schottland. Roy Mackal, Biochemiker an der University of Chicago und Vizepräsident besagter Gesellschaft, ist von der Existenz des Mokele-mbembe überzeugt, einer riesigen Bestie, die der Sage nach im Dschungel der

Sümpfe des Kongo lauern soll. Mackal behauptet, daß es sich um einen übriggebliebenen amphibischen Saurier der Kreidezeit handeln könnte. 1987 veröffentliche er *A Living Dinosaur?*, einen Bericht über seine Expedition zum Kongo auf der Suche nach Mokele-mbembe. Ein Ungeheuer fand er nicht, wohl aber hörte er von der lokalen Bevölkerung eine Menge Geschichten, und das Buch ist voll von unabsichtlich komischen Fotos. Ein Bild eines leeren Tümpels trägt etwa die Unterschrift: «Ungeheuerpool, in dem sich ein Mokele-mbembe einige Wochen lang aufhielt.» Ein anderes Foto, das eine nichtssagende Stelle im Dschungel zeigt, ist betitelt: «Weg durch das Unterholz, den Mokele-mbembe benutzt, um zum Fluß zu gelangen.»

Obwohl die Kryptozoologen ein Gutteil ihrer Zeit damit verbringen, Schimären nachzujagen, haben sie doch etliche wichtige Beiträge zur «richtigen» Zoologie geleistet. Richard Greenwell, der Sekretär der Gesellschaft, weist darauf hin, daß von den 4629 bekannten Säugetierarten 1827 in diesem Jahrhundert entdeckt wurden: die meisten Anfang des Jahrhunderts, als Afrika und Südamerika zum erstenmal wissenschaftlich erforscht wurden, aber auch heute noch werden neue Tiere entdeckt. 1991 entdeckte James Mead, Kustos für Meeressäuger am Smithsonian Institute und Mitglied der International Society of Cryptozoology, den peruanischen Schnabelwal. 1975 wurde das erste Exemplar des Chaco-Pekari in Paraguay aufgefunden, das bis dahin nur durch Fossile bekannt war. In Vietnam wurde von dem Zoologen John MacKinnon 1993 eine vollkommen neue Gattung entdeckt, *Pseudoryx*.

Exzentrische Wissenschaftler sind von allem fasziniert, und oft stellen sie Verbindungen her, die die hergebrachte Wissenschaft für jenseits der Grenzen des Erlaubten erklären würde. Sie lieben Daten, die unerwartet übereinstimmen, und halten das bloße Vorkommen einer Koinzidenz typischerweise gleich für den Beweis ihrer These. Ein praktizierender Alchimist aus unserer Studie erkannte in der Form einer Doppelhelix einige alte Hieroglyphen. Dies verleitete ihn zu der Frage, ob die alten Hochkulturen vielleicht Kenntnis von der zur identischen Verdoppelung fähigen DNS hatten. Ein anderer exzentrischer Wissenschaftler unserer Studie, Henry Alelove, kam auf eine ähnliche kosmische Verbindung, als er dabei war, eine neue Erfindung zu vervollkommnen. Selbst sagt er darüber:

Ich habe mich jahrelang mit Phänomenen beschäftigt, bei denen es sich um Abweichungen handelte. Lassen Sie es mich erklären. Nachdem ich mir meine Erdumlaufmaschine hatte patentieren lassen, fing ich an, mich dafür zu interessieren, wie man mit Menschenkraft und Erfindungsgabe einen zehn Tonnen schweren Schiffsrumpf aus Zement über unebenes Gelände fortbewegen könnte. Ich entwickelte eine Vorrichtung gehender Füße mit horizontalen Böcken, die am Boot befestigt waren, und wenn man einen Nocken drehte, bewegte sich das Boot langsam auf das Wasser zu. Es wäre gegangen, aber der Besitzer des Bootes erbte etwas Geld, und damit war die Notwendigkeit nicht mehr gegeben.

Mittlerweile war ich beim Drehen meiner neuartigen kreisförmigen Nocken zum Experten geworden. Das führte mich zu der Frage: Wie schnell müssen die Nocken gedreht werden, bis das Boot nicht mehr genügend Zeit hätte, dem Nocken zu folgen, und anfangen würde zu schweben? Eine Vermutung darüber lieferte mir ein in der Natur vorkommendes Wesen, das schwebt, nämlich die Schmeißfliege. Ich fand heraus, daß ihr Summton etwa 64 Hertz beträgt. Ich nahm diesen Ton wahr, als ich eine Fliege aus einem Spinnennetz befreite. Als ich das Band zurückspulte, erhoben sich zu dem Zeitpunkt, als die Fliege aufstieg, zu keinem anderen, vom Kegel des horizontalen Lautsprechers Kügelchen, das geschah auch mit dem Körperpuder auf einem Blatt Papier, das ich über den Lautsprecher gelegt hatte. Daraus schloß ich, daß sich Masse bei 64 Hertz von der Schwerkraft löst. Nun liegen 64 Hertz ganz nahe an c, zwei Oktaven unter dem eingestrichenen c. Es ist derselbe Ton, den auch der buddhistische Mönch anstimmt, wenn er sein OM MANE PADME HOM singt. Es ist der Laut einer Biene an einem trägen Sommertag.

An dieser Stelle bog sich die alteingesessene Wissenschaft vor Lachen. Ich wurde in eine Reihe mit «komischen Käuzen» in der Wissenschaft gestellt – Leuten, die von Sinuswellen und Resonanz faselten, und dann mit Vogelbeobachtern und Tümmlerliebhabern. Übrigens kommen die «komischen Käuze» der Wahrheit sehr nahe, wie seicht auch ihre Gebiete sein mögen. Gesellschaftlich stehe ich jetzt auf der Liste «Nicht lesen, gleich wegschmeißen». Ich habe mich noch nicht entschieden, wie ich die Arbeit nennen soll, aber ein Kollege hat es zurechtgestutzt auf «Die Philosophie des Tetrahedronalismus und seine tetradentale Metaphysik und Mathematik». Wenn Sie es gelesen haben, werden Sie in der Lage sein, «das Richtige zu tun». Ich habe Sie gewarnt.

Gerade die Unwahrscheinlichkeit einer Übereinstimmung zwischen so ungemein verschiedenen Elementen macht für den exzentrischen Wissenschaftler die Bedeutung der Entdeckung aus: Für ihn muß jede derartig verblüffende Koinzidenz richtig sein. Dieser Gedankengang – daß Vorstellungen oder Symbole, die in vollkommen unzusammenhängenden Gebieten vorkommen, in irgendeiner Weise einen bedeutungsvollen Zusammenhang bilden müssen – ist nahezu universal, genauso wie das intuitive Gefühl, daß eine solche Entdeckung gerade wegen ihrer Unwahrscheinlichkeit richtig sein muß. Ein Gerücht mag keine Beweiskraft haben, wir sind aber sehr viel eher geneigt, selbst die haarsträubendsten Geschichten zu glauben, wenn wir sie aus zwei unabhängigen Quellen erfahren. Diese Art der Koinzidenz ist für den Exzentriker die einzig notwendige Bestätigung.

Aus diesem Grunde ist die von Exzentrikern betriebene Wissenschaft stark theorieorientiert und basiert weniger auf Datenmaterial. Ihre Theorien ergeben sich aus einem permanenten Prozeß, aus dem keine Annahmen oder Ideen von vorneherein ausgeschlossen werden, und folglich schaffen sie es oft nicht, sich an die Kriterien zu halten, die für die orthodoxe experimentelle Wissenschaft maßgeblich sind. Eine Theorie, die Erfolg hat, wird zum Beispiel gewöhnlich durch ihre Fähigkeit zur Vorhersage bestätigt. Zu diesem Zweck formuliert der Theoretiker alternative Arbeitshypothesen und antizipiert andere Rahmenbedingungen, die diese Beobachtungen vernünftigerweise noch erklären könnten. Eine erfolgreiche Theorie sollte ein vernünftiges Maß an Zuverlässigkeit besitzen und unter den gleichen oder leicht abgewandelten Bedingungen nachvollzogen werden können.

Absurde Theorien – wie zum Beispiel die, die Perpetua mobilia betreffen, außersinnliche Wahrnehmungen, Psychokinese, Erich von Dänikens Behauptungen über den Einfluß außerirdischer Wesen auf die Menschheitsgeschichte und Immanuel Velikowskys Ideen über Planetenkatastrophen – erfüllen diese oben genannten Minimalkriterien nicht. Allerdings genügen einige allgemein akzeptierte Theorien diesen Richtlinien auch nicht. An strengen Maßstäben gemessen, kommt grundlegenden Lehrsätzen der Freudschen Psychoanalyse und der Kulturanthropologie zum Beispiel höchstens partiell Glaubwürdigkeit zu.

Die Standfestigkeit von Psychoanalyse und Kulturanthropologie ist gerade ein Beweis für das Sprichwort, daß nur der Erfolg zählt. Die dramatischen, scheinbar an Wunder grenzenden Heilerfolge, die Freud und seine frühen Kollegen erzielten, halfen, die Psychoanalyse vorangegangenen Theorien über die Psyche als bei weitem überlegen zu etablieren. Ähnlich bahnten die Theorien von Franz Boas und Ruth Benedict ersten Versuchen, die Kulturen der Welt systematisch zu erforschen, den Weg und stellten gegenüber den voreingenommenen und beliebigen Berichten ihrer Vorgänger einen großen Fortschritt dar. Ein Jahrhundert später sieht man nun der Psychoanalyse und der Kulturanthropologie allerdings allmählich ihr Alter an. Man könnte die ursprünglichen Theorien, auf denen sie fußen, sozusagen als abweichende Wissenschaft betrachten, die zufällig ins Schwarze traf – den frühen Verfechtern des heliozentrischen Systems wie Tycho Brahe und sogar Galileo Galilei vergleichbar, die, obwohl sie im Kern recht hatten, einige sehr wichtige Dinge durcheinanderbrachten.

Der wichtigste Unterschied zwischen der konventionellen von der exzentrischen Wissenschaft ist die nach der Inspiration kommende Phase der kritischen Analyse. Der konventionelle Wissenschaftler ist erfüllt von Zweifeln und ständig damit beschäftigt, Szenarien zu entwerfen, in denen sich seine Theorie als falsch und hergeholt erweist. Er fühlt sich genötigt, sein Material immer wieder von neuem zu überprüfen und sieben Tage in der Woche bis in die frühen Morgenstunden zu arbeiten. Ein angesehener Wissenschaftler erhielt aufgrund der Inbrunst, mit der er dies betrieb, den Spitznamen «El Flagello», der Plagegeist.

Bei den exzentrischen Wissenschaftlern gehen die Bedenken über Gültigkeit und Bestätigung in dem trunkenen Rausch der Entdeckung unter. Ein Durchbruch beflügelt ihn charakteristischerweise zu weiteren Eroberungen. Sein Talent zu schöpferischem Wirken erscheint ihm grenzenlos. Während der Wissenschaftler sich in der Regel verpflichtet fühlt, seine Entdeckungen vom kritischen Blickwinkel aus zu betrachten, steht den Exzentrikern zur Kompensation der unerschütterliche Optimismus ihrer Zunft zur Verfügung. Häufig sind sie dynamische Fürsprecher ihrer Ideen. Als Beispiel mag die kurze Zusammenfassung der mühevollen Plackereien eines exzentrischen Erfinders dienen:

Vor nicht allzu langer Zeit wurde ich für einen Posten in die engere Wahl gezogen, bei dem ich Werbeprospekte für Luftschiffe schreiben sollte, gab ein kleines Vermögen aus, um in meinem Eßzimmer ein Boot zu bauen und anschließend wieder auseinanderzunehmen, führte eine ausgedehnte Korrespondenz mit Professoren zweier Universitäten über ein in Bauchlage zu lenkendes Flugzeug, und der Entwurf einer Patentbeschreibung von über den Erdboden gleitenden Fahrzeugen wurde vom Patentamt zur Überprüfung durch die Abteilung für Erfindungen des Verteidigungsministeriums einbehalten. Entmutigt reichte ich noch einen letzten Plan über ein Unterschriftenverifizierungssystem ein, wandte mich dann aber dem Computermanagement zu. Ich habe einige interessante Verwendungen für Flüssigkristallflächen, obwohl es heutzutage nicht einfach ist, dafür Zeit und Lust aufzubringen.

Die besten Ideen exzentrischer Wissenschaftler werden oft abgelehnt. Um diese Rückschläge rational zu erklären, entwickeln sie manchmal eigene geschlossene Theorien, die damit in keiner Beziehung stehen, um mit dem ständigen Unverständnis fertig zu werden, dem sie begegnen. Eine typische Darstellung ist dic folgcndc:

Als ich mir vornahm, Erfindungen zu machen, habe ich es absichtlich vorgezogen, einen großen Bereich abzudecken. Nie wurde ein Vorschlag meinerseits von einem Hersteller ernsthaft in Erwägung gezogen, auch mein Börsenspiel nicht. Wegen meiner Idee eines Innovationszentrums habe ich buchstäblich Dutzende von Briefen an diverse Verwaltungsabteilungen geschrieben, die mit Arbeitslosigkeit, Erziehung und so weiter zu tun haben, an Politiker, die zur Arbeitslosigkeit eine Menge zu sagen hatten, an verschiedene bekannte Leute, die sich dafür hätten interessieren sollen; die Reso nanz schwankte zwischen Indifferenz und lauem negativem Interesse. Die professionell damit zu tun haben, machen sich oft einer arroganten Gleichgültigkeit schuldig. Ich glaube, daß Erfinder aus reiner Frustration in die Perpetuum-mobile-Falle tappen, weil ihre durchaus vernünftigen kommerziellen Ideen ignoriert werden. Ich kam zu dem Schluß, daß der Widerstand gegenüber Neuerern der-

artig konsequent ist, daß er auf irgendeine tiefverwurzelte psychologische Ursache hindeutet. Daher rührt mein Interesse an einer Arbeit, die zeigt, daß dominante männliche Hundsaffen sich in typischer Weise verhalten und ihr Serotoninspiegel konstant ansteigt. Demutssignale sind meiner Theorie nach sogar subtiler als allgemein angenommen, und Erfinder oder Exzentriker passen aus irgendeinem Grund nicht in das übliche Schema, das eine obskure Kombination aus vielen Faktoren sein kann.

So seltsam diese Affendrüsentheorie von der Exzentrizität auch erscheinen mag, wenn wir etwas von der normwidrigen Wissenschaft gelernt haben, so ist es dies: Niemals sollte man von vornherein eine Idee zurückweisen, egal wie unwahrscheinlich sie auch sein mag, denn gute Wissenschaft ist manchmal aus noch viel seltsamerem Holz geschnitzt.

Der klassische Fall eines exzentrischen Wissenschaftlers, dessen Ideen zunächst belächelt, letztendlich dann aber bestätigt wurden, ist der von James Burnett, Lord Monboddo (1714–99). Lord Monboddo war ein schottischer Jurist, Amateurnaturkundler (siehe Abbildung 13) und Linguist, der eine gelehrte sechsbändige Abhandlung mit dem Titel *The Origin and Progress of Language* verfaßte. Es war die erste wissenschaftliche Arbeit, in der die Idee von der Abstammung des Menschen vom Affen auftauchte. Er behauptete, daß das menschliche Steißbein ein Überbleibsel unserer affenartigen Vorfahren sei – ein Detail, das er besser nicht erwähnt hätte, denn es machte ihn zeitlebens zur Zielscheibe von Schwanzwitzen. Boswell berichtet, daß, als er und Dr. Johnson Lord Monboddo 1773 besuchten, «Sir Adolphus Oughton über Lord Monboddos Ansicht, daß die Menschen Schwänze hätten, lachte und ihn einen Kenner *a posteriori* nannte, was Dr. Johnson amüsierte». Johnsons eigenes Urteil über Monboddo schloß mit einer seiner berühmten witzigen Bemerkungen:

Es ist bedauerlich, Lord Monboddo derartige Ansichten publizieren zu sehen, wie er es getan hat: ein Mann mit Verstand und Bildung. Täte es ein Narr, würde man nur lachen, macht es aber ein kluger Mann, so tut er uns leid. Andere Menschen haben seltsame Ideen, aber sie verbergen sie. Wenn sie Schwänze haben, so verstecken sie sie; Monboddo aber bildet sich auf seinen Schwanz so viel ein wie ein Eichhörnchen.

Im Lichte der siebzig Jahre später entwickelten Darwinschen Evolutionstheorie gesehen, fühlen wir uns keineswegs mehr veranlaßt, über die Ansicht zu lachen, daß Menschen und Affen über gemeinsame Vorfahren verbunden sind, wie es die Zeitgenossen seiner Lordschaft taten. Trotz seiner Verachtung für Monboddos Theorien hat Johnson in dem alten Schotten am Ende eines Besuches auf dessen Landsitz in Kincardineshire doch einen Bruder im Geiste gefunden – ein weiterer Beweis, falls es eines solchen bedarf, daß der Groß-Mogul der Literatur selbst ein Exzentriker war. Nichtsdestotrotz liebte er es, sich über Monboddo lustig zu machen. Er belächelte seinen Gastgeber, der sich selbst Farmer Burnett nannte und mit einem kleinen runden Hut auf dem Kopf herumlief. Als typischer Exzentriker bezeichnete er sich als begeisterten Farmer, was Johnson lächerlich fand: «Denn (sagte er), was kann er in der Landwirtschaft mit seinem *Enthusiasmus* schon ausrichten?» Das klingt für Johnson ungewöhnlich dogmatisch; hätte er denn sein Lexikon jemals fertigstellen können, wenn er kein begeisteter Lexikograph gewesen wäre?

Lord Monboddo fuhr nie mit der Kutsche, auch nicht im vorgerückten Alter, da er es für eine Beleidigung der Menschenwürde hielt, hinter statt auf einem Pferd zu sitzen. 1785 besuchte er nach einem seiner Ritte von Edinburgh nach London das King's-Bench-Gefängnis. Dort kam es zu einem Zwischenfall: die Hallenbefestigungen stürzten ein, die Anwälte und Richter stoben auseinander und strebten den Ausgängen zu. Nach Hugh MacDiarmid «blieb der etwas kurzsichtige und schwerhörige Monboddo als einziger sitzen. Als man ihn fragte, warum er sich nicht aufgerafft habe, um dem Unheil zu entkommen, antwortete er kühl, ‹er habe gedacht, daß es sich um eine jährliche Zeremonie handele, die ihn als Fremden nichts angehe›» – ein klassisches Beispiel exzentrischer Argumentationsweise.

Während Monboddos Theorien mehr als fünfzig Jahre brauchten, um (zumindest teilweise) bestätigt zu werden, erzielen viele der durch exzentrische Wissenschaft produzierten Ideen sofort durchschlagende Erfolge. Tatsächlich gelang es den meisten Erfindern unserer Studie, Patente zu erhalten. Unter ihren Erfindungen sind ebenso scheinbar bizarre und nichtige – ein magnetischer Duschvorhang, ein elektrisches Lineal, eine Wasserkraftzahnbürste – wie auch wirklich bedeutende Beiträge zur Wissenschaft. Ein Proband entwickelte ein wirksames neues Antibiotikum, ein anderer ein billiges und effektives Solarenergiesystem. Die heute am Heck der Concorde zu sehenden hochleistungsfähigen Vierkantauspuffrohre wurden von einem exzentrischen Erfinder unserer Studie entwickelt. Einer unserer Probanden war der erste Mann Großbritanniens, der sein Kind in der Öffentlichkeit im Tragetuch trug, was ihm sein Bild auf der Titelseite von *The Times* eintrug. Ein anderer behauptet, durchaus glaubhaft, der erste gewesen zu sein, der auf der Straße mit Kopfhörern Radio hörte. Einige Erfinder, wie unser Müllverwerter John Ward, konstruieren Maschinen, die zwar nutzlos, aber köstlich anzuschauende Erzeugnisse sind. Wieder ein anderer entwirft fabelhafte, phantasiereiche Hochleistungsdrachen.

Exzentrische Wissenschaftler sind oft durch die für sie typische selbstlose humanitäre Einstellung motiviert. Ein Erfinder machte eine Reihe von Vorschlägen zur Beseitigung von Ölverschmutzungen im Meer. Nach einem dieser Pläne wird der Ölteppich mit Hilfe von Chemikalien zunächst in kleinere Teile zerteilt. Flugzeuge sollen dann Millionen winziger Eisensplitter abwerfen, die einzeln von Polypropylen umschlossen sind, damit sie sich über Wasser halten. Seiner Theorie zufolge würde das Öl an den Schwimmern haften, die dann von magnetischen Platten in langen, vom Bug von sechs Marinehilfsschiffen herunterhängenden Zylindern angezogen werden. Alternativ zur Magnettechnik könnten leistungsstarke elektrische Pumpen eingesetzt werden, bei denen ein Gebläsemechanismus als Saugkraft dient. Diese Vorschläge bergen einige Schwierigkeiten in sich. Nach Aussagen von uns befragter erfahrener Marineingenieure besteht das größte Problem darin, daß die außerordentlichen Ölmengen, die bei solchen Verschmutzungen austreten, diese Systeme überfordern würden, selbst wenn sie auf Hochtouren arbeiteten.

Einige Vorschläge exzentrischer Wissenschaftler hätten funktionieren *können*, nur waren sie zu grandios angelegt, um in die Tat umgesetzt zu werden. Einer entwickelte ein System, dessen Ziel in nichts Geringerem bestand, als die nächste Eiszeit abzuwenden, falls sie denn drohen sollte. Er schlug vor, Tiefseewasser durch Hitzezufuhr und -transfer zu erwärmen. Hitzeauffangbojen sollten riesige Aluminiumröhren halten, die bis nahezu zwei Meilen unter die Wasseroberfläche reichen, und das in einem 1600 Meilen breiten Gürtel am Äquator entlang. Durch das Sonnenlicht würden die Röhren am oberen Ende erwärmt. Wenn nur der obere Teil wärmer ist als das nahe Meerwasser, würde das darin befindliche Wasser steigen und neues kaltes Wasser von unten nachströmen.

Derselbe Erfinder hielt es auch für möglich, die Sonneneinstrahlung auf der Erde um ein Grad Celsius oder mehr zu erhöhen, indem man einen Gürtel kugelförmiger Spiegelsatelliten in die Erdumlaufbahn brächte. Ziel dieses Unternehmens war es, die Schnee- und Eisgrenze auf ihren Stand vom Sommer 1940 zurückzuschmelzen. Sir Fred Hoyle warnte vor derartigen Projekten, die einen gefährlichen Anstieg des Meeresspiegels zur Folge haben könnten, doch unser Erfinder reagierte auf diesen Einwand mit einem nicht weniger bescheidenen Vorschlag zur Massenkonstruktion von Deichen, die die Häfen der Welt schützen sollten.

In der Zeit vor der akademischen Spezialisierung waren die Gelehrten gegenüber ihrer eigenen Neigung zur Exzentrizität sehr viel nachsichtiger als heute. Einige große Gelehrte und Erfinder der Vergangenheit ließen ihren sonderbaren Gepflogenheiten freien Lauf, die sie, würden sie heute leben, wohl besser geheimgehalten hätten:

Benjamin Franklin nahm um seiner Gesundheit willen «Luftbäder», indem er nackt vor einem Fenster saß und tief einatmete. Auch Lord Monboddo praktizierte die Freikörperkultur, ebenso wie Charles Richter, der Erfinder der gleichnamigen Skala zur Messung der Erdbebenstärke.

Alexander Graham Bell verhängte die Fenster seines Hauses, um die verderblichen Strahlen des Vollmondes abzuhalten. Auch versuchte er, seinem Hund das Sprechen beizubringen.

Der Evolutionsphilosoph Herbert Spencer, der den Begriff vom Überleben des Tüchtigsten prägte, trug zu Hause, um sich besser konzentrieren zu können, Ohrstöpsel aus Samt und ein massiges, aus einem Stück bestehendes Gewand. Hinter seinem Rücken verglichen ihn seine Freunde mit einem tauben Bären.

Henry Cavendish (1731–1810) gehörte zu den brillantesten Gelehrten der Geschichte. Er erkannte als erster, daß Wasser kein einzelnes Element ist, sondern sich aus Wasser- und Sauerstoff zusammensetzt. Auch bestimmte er die Erddichte und entdeckte (versäumte aber, dies zu publizieren) zwei grundlegende Prinzipien der Elektrizität – die Gesetze von Coulomb und Ohm – lange vor Charles Coulomb und Georg Ohm. Cavendish war in höchst exzentrischem Maße schüchtern und introvertiert. Gäste empfing er nie und bestellte seine tägliche

Abendmahlzeit, indem er dem Koch auf dem Tisch in der Halle einen Zettel hinterließ. Um sicherzugehen, daß er nicht mit seinen Dienstboten zusammentraf, entwickelte er für sein Haus ein ausgeklügeltes System von Doppeltüren. Einmal begegnete er auf der Treppe aus Versehen einem Dienstmädchen, was ihn derart echauffierte, daß er eine zweite Treppe einbauen ließ, um sich weitere Zusammentreffen dieser Art zu ersparen. An einem gewissen Punkt steigerte sich Cavendishs selektive Meidung bestimmter Menschen vermutlich zu einer Berührungsangst.

Lord Brougham, einer seiner Zeitgenossen, erinnerte sich Cavendishs nervöser Eigenarten bei wissenschaftlichen Versammlungen – «der schrille Schrei, den er ausstieß, wenn er von einem Raum in den anderen flüchtete, anscheinend fühlte er sich belästigt, wenn er angesehen wurde … Im Laufe seines Lebens brachte er vermutlich weniger Worte hervor als jeder andere Achtzigjährige, die Trappisten nicht ausgenommen.» Wie bei vielen Exzentrikern waren Cavendishs Interessen universal und breitgefächert, in den *Notes* der Royal Society veröffentlichte er zum Beispiel einen Aufsatz über den Hindu-Kalender.

Der erste Exzentriker, der für Los Angeles belegt ist – eine Stadt, die später als Hochburg für Sonderlinge bekannt werden sollte – widmete fast sein ganzes Leben der Wissenschaft. William Money war ein armer schottischer Junge, der mit etwas, das aussah wie ein Regenbogen, im rechten Auge geboren wurde. Seine Atlantikpassage erarbeitete er sich selbst. Bald nach der Ankunft in Amerika führte ihn sein Weg nach Mexiko, wo er vom Präsidenten einen Paß erhielt, der ihn als Naturforscher auswies. Allein zog er durch die Sonorawüste in noch unerforschte Regionen Nordmexikos, fertigte von dem Gebiet Hunderte von Karten an und sammelte eine immense Zahl von Pflanzen- und Tierarten. Im Laufe von zwanzig Jahren beschrieb er an die 30 000 Notizzettel.

1846 hatte er es als Autodidakt zum Doktor gebracht und heiratete eine Lokalschönheit – Money war zu einem der führenden Bürger der kleinen Stadt Los Angeles aufgestiegen, die damals noch zu Mexiko gehörte. Als sich der Krieg mit den Vereinigten Staaten anbahnte, beschloß Money zu fliehen. Er packte alle seine Habseligkeiten und machte sich gen Süden auf. Eines Nachts wurde sein Lager zuerst von amerikanischen Truppen und dann von Indianern überfallen, und in dem darauffolgenden Handgemenge wurde Moneys Lebenswerk zerstört, all seine Tier- und Pflanzenexemplare vom Wüstenwind hinweggeweht.

Der Verlust erschütterte ihn nachhaltig. Die nächsten sechzehn Jahre verbrachte er damit, von der US-Regierung eine aberwitzige Entschädigung über eine Viertelmillion Dollar einzuklagen, was aber nur dazu führte, daß er sein Geld und seine Familie verlor. Den kleinen Rest seines Vermögens, der ihm blieb, steckte er in eine nahe bei San Gabriel, Kalifornien, gelegene Hazienda. Das war ein errichtetes Phantasiegebäude aus Backsteinen und Lehmziegeln, das auf seine Kindheitserinnerungen an Holyrood Palace in Edinburgh zurückging, komplett mit Erkern, Türmen, Bollwerken und Basteien. Money gründete eine neue Religion, eine fundamentalistische Sekte, die sich «Reformed New Testament Church of the Faith of Jesus Christ» nannte, in der er selbst als Bischof und geistiges Oberhaupt fungierte.

Im Alter widmete sich Money der exzentrischen Wissenschaft in ihrer reinsten Form. Er zeichnete eine Weltkarte, die einen sich vom Nord- bis zum Südpol erstreckenden unterirdischen Ozean zeigte. Ein Loch in der arktischen Eiskappe saugte aus den bekannten Meeren Wasser in den unterirdischen Ozean, wo es durch Vulkantätigkeit erhitzt wurde. In der Antarktis sprudelte das Wasser in einem zwei Meilen breiten Strom wieder hervor, diesen nannte er Kuro Siwa. So phantastisch seine Wissenschaft auch war, genau wie Lord Monboddo erkannte Money einige Dinge ganz richtig: Korrekt beobachtete er, daß die Erdkruste im Gebiet der Bucht von San Francisco sehr dünn war. 1872, also 34 Jahre vor dem großen Beben von 1906, sagte er vorher, daß ein Erdbeben die Stadt zerstören werde. Eine Dame aus Pasadena besuchte Money gegen Ende seines Lebens und veröffentlichte in einer Lokalzeitung diesen Augenzeugenbericht:

Am merkwürdigsten von allen Dingen, die das Auge des Besuchers der San Gabriel Mission fesselten, waren das pompöse Eingangstor und die Bienenkorbpfeiler des Money Institute. Sie führten zu einem anspruchsvolleren Bauwerk im hinteren Teil, dort hatte der Gründer eine Schule untergebracht. Über dem doppelten Tor bezeugten griechische, lateinische und hebräische Inschriften den Wert des Lernens. Selbst Keilschriftinschriften aus dem alten Ninive waren zur Verzierung eingearbeitet… Ein anderer Torpfeiler zeigte eine Darstellung, auf der der alte Schwärmer starb, ein Bild der Heiligen Jungfrau über sich, ein zusammengesetztes Skelett zu seinen Füßen und mit einer zerlesenen Ausgabe eines griechischen Klassikers in Reichweite.

Heute ist die Medizin eng mit der Chemie verknüpft, aber früher gab es Heiler, die bei der Suche nach den Ursachen einer Krankheit und in ihren Heilmethoden auf die Physik zurückgriffen. Franz Anton Mesmer (1734–1815) meinte, zwischen Gesundheit und Magnetismus eine Verbindung entdeckt zu haben, und wie andere exzentrische Wissenschaftler auch machte er, nachdem er diese Verbindung einmal festgestellt hatte, es zu seinem Lebensinhalt, für seine große Entdeckung Anhänger zu gewinnen. Nachdem er sich in seiner Heimat Österreich zunächst dem Priestertum und danach der Jurisprudenz zugewandt hatte, erwarb er eine medizinische Qualifikation erst in dem relativ fortgeschrittenen Alter von 33 Jahren (siehe Abbildung 14).

Mesmer brachte in seinem biologischen Modell vom Magnetismus animalis die astronomischen Theorien seiner Zeit und Newtons Gravitationsgesetz zusammen. Seine Theorie ging davon aus, daß sich in allen lebenden Dingen ein ätherisches Fluidum befände – ähnlich dem *Qi* in der chinesischen Medizin –, das für die Gesundheit des Organismus verantwortlich sei. Gute Gesundheit, so sein Schluß, ergibt sich, wenn sich dieses innere magnetische Fluidum mit dem das Universum füllenden magnetischen Fluidum im Gleichgewicht befindet. Gerät diese Balance aus dem Takt, kann die Ordnung wiederhergestellt werden, indem die Flüssigkeiten mit Hilfe von Magneten wieder miteinander in Einklang gebracht werden.

Anfangs brachte Mesmer auf verschiedenen Körperteilen seiner Patienten lediglich kleine Magnete an. Er ging nach Paris, wo er spektakuläre Erfolge erzielte: einmal wies er 20 000 Livres, die ihm für die Offenlegung seines Geheimnisses geboten wurden, zurück. Bald ging er in seiner verschwenderisch eingerichteten Klinik zu Gruppenheilungen über, wobei seine Patienten um eine mit Wasser und Eisenpulver gefüllte Wanne saßen und sich an herausragenden Eisenstäben festhielten.

Von der Schulmedizin wurde Mesmer massiv kritisiert, und die zunehmende Theatralisierung seiner Darbietungen war seiner Sache auch nicht gerade förderlich. Bald glichen die Gruppenbehandlungen Séancen. Den Zeremonien saß er in einen lila Mantel gehüllt vor und schwang einen Eisenstab, doch seine charismatische, machtgierige Persönlichkeit verlangte nach einer bedeutenderen Rolle. Schließlich gab er den Gebrauch von Magneten ganz auf und beschloß, das kosmische Fluidum mittels des Eisenstabs durch seinen eigenen Körper in den seiner Patienten zu leiten.

Obwohl Mesmers Theorie vom tierischen Magnetismus selbstverständlich jeglicher Grundlage entbehrt, leistete er der Wissenschaft mit der Erfindung der Hypnose – heute noch als Mesmerismus bekannt – doch einen bleibenden Beitrag. Es ist ein ausgezeichnetes Beispiel exzentrischer *serendipity* (ein von Horace Walpole, auch ein Exzentriker, geprägter Ausdruck), eines Zufallstreffers: Obwohl man Mesmers Eisenstab und seine Theorie des tierischen Magnetismus heute für Humbug hält, ist seine Hypnosetechnik mit einer Vielzahl von praktischen Anwendungen in der anerkannten Medizin noch in Gebrauch.

ein [illegible] von
[illegible] noch [illegible]
[illegible]
[illegible]
[illegible]
[illegible]
ration.

KAPITEL 5

VERSUNKENE KONTINENTE UND GOLDENE ZEITALTER

Der gröbste und am weitesten verbreitete Irrtum erfordert die selbstloseste Tugendhaftigkeit, um ihn aufrechtzuerhalten.
Henry David Thoreau, *Walden*

Anton Mesmer steht für ein besonders exzentrisches Zusammentreffen von Wissenschaft, Mystizismus und Religion. Viele verschlungene Pfade haben dort ihren Ausgangspunkt. Nun können gerade die am häufigsten mit Exzentrikern in Verbindung gebrachten Eigenschaften – optimistischer Idealismus, Originalität, Gleichgültigkeit gegenüber einer Anerkennung durch die Gesellschaft – eine bittere Enttäuschung über das Leben, wie es ist, auslösen und den Exzentriker zu Träumen animieren, die die ganze Lebendigkeit der Realität aufweisen.

Viele der exzentrischen Wissenschaftler unserer Studie versuchen, Religion und Wissenschaft miteinander zu vereinbaren, wobei sie in der Art und Weise, wie sie sich Einzelheiten und Teilgebiete vieler Disziplinen aneignen, um ihre Ideen zu untermauern, manchmal eine erstaunliche intellektuelle Freiheit entfalten. Vielfach geben sie die Heterodoxie ihres Ansatzes offen zu. Eine Frau mittleren Alters, eine Astrophysikerin, zu deren Projekten auch der Versuch zählt, die Existenz von Kobolden nachzuweisen, die mit Satellitenüberwachung arbeiten, erzählte uns: «Ich nehme mir einzelne Stellen aus der Bibel vor und lege sie nach meinem Gutdünken aus. Eine davon lautet: ‹Schauet die Lilien des Feldes, wie sie wachsen!, sie arbeiten nicht, auch spinnen sie nicht.› ‹Feld› setze ich mit dem elektromagnetischen Feld gleich, das fröhlich vor sich hinsummt und uns tagaus, tagein Dinge mitteilt. Mit Hilfe einer gewissen Routine in der Psychohygiene ist man in der Lage, die ankommenden Informationen nach guten und schlechten Wegweisern zu filtern.»

Ein anderer exzentrischer Wissenschaftler berichtete uns, daß seine Theorien wie in einem visionären Prozeß über ihn kommen, «wie Gehirnwellen aus einem spirituellen Reservoir». Bei seiner Beschäftigung mit der Physik stellte er «eine mathematisch-metaphysische UFO-Theorie – meines Wissens die erste und einzige – sowie eine Schöpfungstheorie auf, nach der das sich ausdehnende Universum nicht Newtons Gravitationsgesetz widerspricht. Ich machte meine Theorie über die Abstammung des Menschen in einem umfangreichen Kompendium mit dem Titel ‹Unser metaphysisch-biblisches Weltbild› bekannt. Wissenschaft ist nichts anderes, als das Ersinnen von Theorien in einem Wissensgebiet, und dieses Wissen ist ein wichtiges Thema in der Bibel. Mich hat die Wissenschaft zum Christentum bekehrt.»

Ein derartig kreativer, visionärer Ansatz hat selbstverständlich beeindruckende Vorläufer. Die apokalyptischen Visionen Blakes und die mitternächtliche Alchimie Newtons sind beide Ausdruck einer Unzufriedenheit mit den von der Realität auferlegten Beschränkungen und mit Versuchen, die Welt radikal neu zu erschaffen. Trotz ihrer prophetischen Leidenschaftlichkeit sind Blakes Visionen doch Poesie und erheben an die Realität keinen höheren Anspruch, als die Kunst es eben vermag. Ungeachtet der Magie, die ihre Arbeit umgab, wollten Newton und andere Alchimisten doch nichts weiter, als aus den unedlen Metallen der realen Welt echtes Gold zu machen.

Nun gibt es jedoch exzentrische Visionen, die weitergehen und den Anspruch erheben: Wenn wir feststellen, daß die Welt um uns herum begrenzt und enttäuschend ist, müssen wir eben eine schöne neue und bessere Welt finden, die jenseits jener liegt, die wir sehen und fühlen können. Zu einem solchen Ort kann, durch Mythenbildung, ein sogenanntes goldenes Zeitalter werden, das es in der Vergangenheit auf der Erde gegeben hat, oder dieser Ort ist – eine Stufe weiter – im Bereich der Metaphysik angesiedelt, im Jenseits.

Hier begeben wir uns zugegebenermaßen auf unsicheres Gebiet, denn dabei handelt es sich nicht um eine Frage der Einstellung, sondern um reine Glaubenssachen. Die Religion anderer nennen wir Mythos, unsere eigene Offenbarung. Der aphoristische Mystizismus Jesu könnte, wenn es möglich wäre, sein Leben objektiv zu betrachten, als exzentrisch angesehen werden – oder auch nicht. Nun ist es überaus schwer, das Leben eines Menschen, der so einflußreich war wie Jesus, objektiv zu betrachten. Seine Philosophie, wie sie uns die Evangelien überliefern, ist ein elementarer Bestandteil der Zivilisation. So ist es schwer, sie unabhängig von der historischen Tatsache zu betrachten, daß ein beträchtlicher Teil der Menschheit die mystischen Äußerungen Jesu in den letzten zweitausend Jahren als Offenbarung einer transzendentalen Wahrheit angesehen hat. Genau dasselbe kann man über Gautama Buddha oder Mohammed sagen. Die Botschaften dieser Männer waren mit ihrem persönlichen Charisma galvanisiert, das möglicherweise aus ihrer extremen Güte resultierte.

Derartige Skrupel brauchen wir bei dem amerikanischen Propheten Joseph Smith vermutlich nicht zu entwickeln, der behauptete, daß ihm am 22. September 1827, als er vierzehn Jahre alt war, ein Engel namens Moroni erschienen sei und ihm erzählt habe, wo er mit einer langen göttlichen Offenbarung beschriebene Goldtafeln ausgraben könne. Die Tafeln waren in einer seltsamen, «reformägyptisch» genannten Hieroglyphenschrift beschrieben, aber Moroni versorgte den kleinen Smith auch mit zwei Steinen, den mysteriösen Urim und Thummin des Alten Testaments, die die Schrift ins Englische verwandelten. Die angeblich von einem alten Propheten namens Mormon verfaßten Tafeln berichteten über die phantastische Geschichte

Amerikas in biblischer Zeit. Nach der Sprachverwirrung beim Turmbau zu Babel segelte ein Mann namens Jared über den Atlantik und gründete in Amerika eine prosperierende Zivilisation. Diese endete im nördlichen Teil des heutigen Staates New York mit einem furchtbaren Bürgerkrieg, in dem bis auf einen Mann alle umkamen. Zur Zeit Zedekias wanderte dann ein Mann namens Lehi mit seiner Familie nach Amerika aus. Zwar trafen sie mit dem letzten Jarediten zusammen, konnten von ihm aber nicht profitieren, zumal es an derselben Stelle im nördlichen New York erneut zu einem Bürgerkrieg kam. Die Überlebenden dieser Katastrophe waren die Indianer.

Diese abenteuerliche Geschichte publizierte Smith als *Buch Mormon* und gründete die Kirche «Jesu Christi der Heiligen der letzten Tage», die sich auf diese Weisheit stützte. Vieles von dem, was auf Moronis Tafeln stand, hat eine starke Ähnlichkeit mit einem fünfundzwanzig Jahre zuvor von einem amerikanischen Pfarrer namens Solomon Spalding veröffentlichten Roman. Außerdem verhält es sich einfach so, daß bisher keine archäologischen Spuren der jareditischen Besiedlung Amerikas entdeckt worden sind. Trotzdem glauben Millionen Mormonen an die Echtheit von Smiths Visionen und würden die Behauptung, Smith sei ein Scharlatan gewesen, als Beleidigung und sogar als Gotteslästerung auffassen.

Sehr viel wahrscheinlicher ist, daß Joseph Smith kein glatter einfacher Betrüger, sondern ein Exzentriker war. Der Verlauf seines Lebens nach der Erscheinung spricht für die Lauterkeit seines Glaubens. Möglich, daß sich Spaldings Erzählung bei der Lektüre in Smiths Unterbewußtsein festsetzte und in einem späteren Moment einer persönlichen Krise als Traum oder Halluzination wieder auftauchte und so den Rahmen für die Interpretation abgab. Ein Vorgang, der vergleichbar von Psychologen in bezug auf Menschen beschrieben wurde, die sich unter Hypnose auf ein früheres Leben berufen. Diese Personen rekurrieren auf ein gut bestücktes Gedächtnis, das aus früherer

Lektüre oder Betrachtung herrührt. Gläubige Mormonen wären aber durch eine Festlegung von Smiths Persönlichkeit auf eine milde Form der Exzentrizität gewiß kaum zu überzeugen oder weniger verletzt als vom Vorwurf des Betrugs, egal wie klar die Beweise auch sein mögen.

Auch Elspeth Buchan (1738–1791) praktizierte einen religiösen Kult. Bestimmt war sie eine Exzentrikerin. Die Schottin erklärte sich selbst zur persönlichen Trägerin der Erlösung. Sie identifizierte sich mit Vers 1, Kapitel 12 aus der *Offenbarung des Johannes*: «Und es erschien ein großes Zeichen am Himmel: eine Frau, mit der Sonne bekleidet, und der Mond unter ihren Füßen und auf ihrem Haupt eine Krone von zwölf Sternen.» Sie wurde unterstützt von ihrem ersten Apostel Reverend Hugh Whyte, einem Priester der «Relief Church» (die später zu einem Teil der «United Presbyterian Church» wurde). Whyte verkündete, Gott würde Buchan, die sich «Mütterliche Freundin im Herrn» nannte, und ihren Anhängern bald selbst erscheinen und sie direkt in den Himmel führen, ohne daß sich einer von ihnen vorher mit dem Tod abzuquälen hätte. Noch dubioser war Whytes Behauptung, daß Gottes Vergeltung und die Flammen der Hölle über all jene Schotten kommen würde, die sich weigerten, Mutter Buchan als Seine persönliche Abgesandte anzuerkennen. Das war zuviel für die guten Leute vom Ufer des Tay, die die Buchaniten verfolgten und immer wieder massiv gegen sie vorgingen. Die Anhänger der Mutter Buchan zogen wie Zigeuner von einer Stadt zur anderen, ganz ähnlich wie später die Mormonen in Amerika.

Mutter Buchans Bibelauslegungen waren wörtlich zu nehmen, und ihr Glaube an die göttliche Fügung war fest. Als die Sekte einmal kaum mehr pekuniäre Reserven hatte, verkündete sie, daß sie eine Offenbarung gehabt hätte, wonach der Himmel sie mit Geld versorgen würde. Sie bestimmte ein Mitglied der Kongregation dazu, sich mit ihr auf die Straße zu stellen, ein Tuch aufzuhalten und zu warten, bis das Geld vom Himmel fiel. Dem Mann wurde das bald langweilig, und er ließ sie allein dort stehen. Bald darauf erschien sie mit einer Fünfpfundnote und sagte, daß es ihm am rechten Glauben gefehlt habe und das Geld nur deswegen so spärlich und langsam gekommen sei.

Eines Tages gab Reverend Whyte bekannt, daß der Tag der triumphalen Überführung des Kultus in den Himmel unmittelbar bevorstünde. Mutter Buchan befahl den Gläubigen, vierzig Tage zu fasten, damit die Last nicht so schwer sei. Der Historiker A. S. Morton beschreibt das darauffolgende Debakel:

Endlich brach die schicksalsschwere Nacht herein, und die erwartungsvolle Gemeinde versammelte sich auf einer Anhöhe nahe beim Haus, wo sie bis Mitternacht sangen und beteten. Dann begaben sie sich zu dem eine halbe Meile entfernten Templand-Berg, der für die Überführung vereinbarten Stelle. Dort errichteten sie ein wackliges Holzgerüst, das sie bestiegen, mit Mutter Buchan auf einer erhöhten Plattform in der Mitte. Alle (außer Mutter Buchan) hatten ihr Haar kurzgeschoren und nur oben einen Schopf übriggelassen, an dem sie von oben ergriffen werden konnten, alle trugen leichte Galoschen, die sie bequem abstreifen konnten, wenn der Moment des Aufstiegs kam. Die Luft war erfüllt von ihrem Singen und ihren Bittgebeten, als sie da so standen und ihre Arme der aufgehenden Sonne entgegenstreckten. Plötzlich kam ein Sturm auf, die wacklige Plattform brach zusammen, und statt in den Himmel aufzusteigen, fielen sie auf die Erde.

Ein grundlegender Lehrsatz aus Mutter Buchans Glaubensbekenntnis galt ihrer eigenen Unsterblichkeit. Als sie krank und es immer klarer wurde, daß sich diese Prophezeiung nicht erfüllen konnte, ließ sie ihre Anhänger wissen, es werde nur so *scheinen*, als ob sie sterbe. In Wirklichkeit sei sie aber nur damit beschäftigt, für die Gläubigen den Weg in den Himmel vorzubereiten. Sie versprach, in sechs Monaten wiederzukommen und sie ins Paradies zu geleiten. Sei ihr Glaube nicht stark genug, dann werde sie ihnen eine zweite Gelegenheit in zehn Jahren geben. Schlage auch dies fehl, werde sie in 50 Jahren wiederkommen und den Weltuntergang ankündigen.

Einige Tage darauf starb sie. Die Sechsmonats- sowie die Zehnjahresfrist verstrichen ereignislos. Als sich der 50. Jahrestag näherte, waren nur noch zwei Buchaniter übrig, ein Mann namens Andrew Innes und seine Frau. Als auch dieser Tag vorüberging, ohne daß Mutter Buchan erschien, vertraute Innes seinen Freunden an, daß sich der Körper der Prophetin noch in seinem Besitz befände. Als er starb, verfügte er, daß sein Leichnam zusammen mit dem ihren begraben werden sollte – und zwar so, daß sich ihr Sarg unter dem seinen befände, damit sie nicht gen Himmel fahren könnte, ohne ihn mitzunehmen.

Nur wenn wir von der Annahme ausgehen, daß es keine Möglichkeit gibt zu entscheiden, ob eine Offenbarung echt ist – denn das würde Einigkeit über grundlegende metaphysische Prinzipien voraussetzen, ein Umstand, der selbst unter Angehörigen derselben Religion nur in Ansätzen zu finden ist –, können wir versuchen, solche Dinge objektiv zu betrachten. Zunächst einmal ist festzustellen, daß Religionsgründungen zur Zeit Gautama Buddhas, Jesu und Mohammeds gebräuchlicher waren. Was nicht heißt, daß sie Joseph Smith oder Mutter Buchan gegenüber sonderlich im Vorteil waren, abgesehen von der leichten Patina, die einige tausend Jahre mit sich bringen, in denen sich etwaige faktische Ungenauigkeiten glätten. Die heutige Bibelforschung beschäftigt sich größtenteils damit, herauszufinden, auf welche früheren prophetischen Texte sich Jesus oder die Evangelisten stützten, um die Substanz der christlichen Offenbarung zu schaffen, was sich im Kern nicht von dem Hinweis unterscheidet, daß das *Buch Mormon* auf Solomon Spaldings Roman zurückgeht. Doch ist es wahrscheinlich zutreffend, daß sich seit Jesu und Buddhas Zeiten die Natur von Bewußtsein und Denken geändert hat. Mystizismus lag in der Luft, die sie atmeten, genauso wie man es von Indien sagt. Schottland im 18. Jahrhundert und der nördliche Teil New Yorks im 19. Jahrhundert waren aber keine solchen mystischen Orte, und diejenigen, die sich Religionsgründungen hingaben, sind zumindest der Exzentrizität verdächtig.

Noch häufiger kommen moderne Mythen im Mäntelchen einer Wissenschaft daher, der Geschichte oder der Geographie, die zur Untermauerung der Argumente für die tatsächliche Existenz eines goldenen Zeitalters herhalten muß. Ein klassischer Fall dieser Art exzentrischer Mythenbildung ist der fortdauernde Glaube an den versunkenen Kontinent Atlantis. Er ist ein besonders gutes Beispiel, weil sich ein Vergleich zwischen den klassischen Mythen, in denen Atlantis zum erstenmal auftaucht, und der modernen Pseudowissenschaft und -geschichte, wo er noch heute herumgeistert, förmlich aufdrängt – vom Volksglauben ganz zu schweigen.

Die frühesten überlieferten Hinweise auf den legendären Kontinent finden sich in den beiden Dialogen *Kritias* und *Timaios* von Platon. Danach reiste der Athener Gesetzgeber Solon nach Ägypten, wo ihm die Priester der Göttin Neith (die Platon mit Athene gleichsetzte) erzählten, daß das Weltbild der Griechen nur fragmentarisch sei und es vor den ihnen bekannten Zivilisationen schon viele andere gegeben habe. Die Priester berichteten Solon, daß Athene an dem Ort, wo Athen liegt, vor 9000 Jahren selbst eine Stadt gegründet habe, die gegen ein «großes und wunderbares Reich» namens Atlantis Krieg führte. Atlantis sei eine riesige Insel gewesen, größer als Asien und Libyen zusammen, die außerhalb der Säulen des Herakles (der Straße von Gibraltar) im Atlantik gelegen habe.

Atlantis kontrollierte den größten Teil des mediterranen Westens Griechenlands und wollte auch den Rest erobern, die alten Athener (das heißt, alt auch für Solon, der für Platons Leser selbst schon beinahe eine legendäre Gestalt war) brachen gegen Atlantis einen furchtbaren Krieg vom Zaun. Trotz der Überzahl konnten sich die Athener behaupten, selbst nachdem ihre Verbündeten sie im Stich gelassen hatten. Darauf vernichteten ein verheerendes Erdbeben und eine Flutwelle Athen und sein Heer und ließen den ganzen Kontinent Atlantis im Meer versinken.

Das ist noch nicht alles. In *Kritias* beschreibt Platon detailliert die Geographie, die Geschichte und das politische System von Atlantis, obwohl er nicht zu der versprochenen Chronik über den Krieg zwischen den Athenern und Atlantern kommt. Der Dialog bricht mitten im Satz ab – das ist nur das erste der mit Atlantis verbundenen Geheimnisse. Zu ihnen gehört nicht zuletzt die Frage, was Platon mit diesen Dialogen intendierte. Man ist versucht, Aristoteles beizustimmen und den Mythos von Atlantis auch als solchen aufzufassen, das heißt als eine didaktische Erfindung, den Mythen aus *Politeia* (Der Staat) vergleichbar, die die Vorstellung des Autors vom Idealstaat und dem korrekten menschlichen Verhalten illustrieren sollten. Nichtsdestoweniger hat Platons Atlantis-Schrift nichts von einem offensichtlich allegorischen «Es war einmal…» an sich. Er schreibt so, als ob es um einen wirklich vorhandenen Ort geht. Handelte es sich aber um ein belehrendes Gleichnis, so bliebe immer noch offen, was er damit sagen wollte, und das wäre für Platon ausgesprochen untypisch.

Deswegen hat es immer Leute gegeben, die an die Historizität von Atlantis glauben wollten. Sir Francis Bacon ließ dort einen utopischen Roman spielen *(Nova Atlantis)*, und der Jesuit und Universalgelehrte Athanasius Kircher veröffentlichte 1665 eine Karte. Natürlich war der Glaube an Atlantis an sich nicht exzentrisch. Die Schriften Platons wurden schon immer viel gelesen, und es sprach nichts dagegen, an den versunkenen Kontinent des großen Dialogverfassers zu glauben, bis die moderne Geologie und Archäologie vom wissenschaftlichen Standpunkt aus darlegten, daß es im Atlantik nie einen großen Kontinent gegeben haben konnte. Aber gerade zu dem Zeitpunkt, Mitte des 19. Jahrhunderts, begann die große Atlantis-Renaissance.

Der exzentrische Geist erging sich in Versuchen, etwas zu beweisen, das mit zunehmender Gewißheit nicht beweisbar, da falsch war. Was für exzentrische Physiker das Perpetuum mobile, ist das versunkene Atlantis für exzentrische Geographen: Wenn gestandene Geologen und Archäologen sagen, daß es unmöglich ist, so zeigt das nur, wie eingeschränkt ihr Blickfeld ist. Der Exzentriker sieht das Unmögliche auf jedwedem Gebiet als Herausforderung an.

Der neue Atlantis-Kult wurde vor allem von dem aus Minnesota stammenden Ignatius T. T. Donnelly initiiert. Er publizierte 1882 ein umfangreiches Buch mit dem Titel *Atlantis: The Antediluvian World*, das mit mehr als fünfzig Auflagen zu einem der erfolgreichsten Verkaufsschlager der damaligen Zeit wurde. In diesem Manifest der exzentrischen Geographie legte Donnelly die grundlegenden Leitsätze des Neo-Atlantismus vor:

- Der versunkene Kontinent war der Ursprung jeglicher Zivilisation, der Garten Eden der Bibel, wo die ersten Menschen in einem Zustand idyllischen Friedens und Glücks lebten.
- Die Götter und Göttinnen der Ägypter, Griechen, Hindus und Skandinavier waren die Herrscher und Helden des alten Atlantis.
- Die Atlanter besiedelten den Mittelmeerraum, wobei die älteste Siedlung in Ägypten lag.
- Auch bei den Hochkulturen Mexikos und Perus handelte es sich um Niederlassungen der Atlanter, und der dortige Sonnenkult war die alte, eigentliche Religion des Mutterlandes.
- Atlantis wurde durch eine fürchterliche Naturkatastrophe zerstört, was Platon ganz richtig wiedergab, bei der fast alle zugrunde gingen.
- Die wenigen, die ihr entkamen, verbreiteten die Zivilisation

über die ganze Welt und berichteten über die Zerstörung von Atlantis. Diese Geschichten wurden verstümmelt und zum Mythos von der Sintflut, der in allen Mythologien der Welt vorkommt.

Wie so oft bei exzentrischen Theorien und ihren Protagonisten, argumentierte Donnelly vom negativen Standpunkt aus: Nichts kann beweisen, daß ich unrecht habe. Trotzdem überzeugte er viele. Seine Bücher vermitteln einem Laien, der sie zufällig liest, den Eindruck, daß alles so passiert sein könnte. Donnelly durchstöberte die geologische Literatur seiner Zeit und stieß auf den Beleg, daß Kontinente aus dem Meer aufsteigen und wieder darin versinken, ignorierte aber die Tatsache, daß diese Vorgänge Millionen und nicht 11500 Jahre zurücklagen. Bei dem Versuch zu zeigen, daß Atlantis das Ursprungsland war, entdeckte er Ähnlichkeiten zwischen Pflanzen der Alten und der Neuen Welt. Zum Beispiel insistierte er darauf, daß die Assyrer Ananas gekannt hätten und es in der Alten Welt einst Tabak gab.

Donnelly stellte wüste linguistische Behauptungen auf, was zum besonderen Kennzeichen der späteren exzentrischen Atlantisten werden sollte. Er versuchte, zwischen den Maya-Hieroglyphen und dem lateinischen Alphabet eine verwandtschaftliche Beziehung aufzuzeigen. Da sich beide ganz und gar nicht ähneln, erfand er Zwischenformen, um den Unterschied zu überbrücken. Er behauptete, daß die chiapanekische Sprache Mexikos eng mit dem Hebräischen verwandt und daß Otomí, eine andere Sprache in Mexiko, dem Chinesischen ähnlich sei. Damals war noch sehr wenig über die Archäologie der Neuen Welt bekannt – über die Indianersprachen wußte man noch gar nichts –, so daß Donnellys haarsträubende Behauptungen, unterlegt mit Tabellen und Stichen überwucherter Tempel, einen weitaus besseren Eindruck machten, als seine schludrige Gelehrsamkeit es verdiente. Heute kann nahezu alles, was er schrieb, leicht widerlegt werden: Die assyrischen Ananas waren simple Wiedergaben von Dattelpalmen, sein «Tabak» könnte Hanf oder irgendein anderes rauchbares Kraut gewesen sein, die Indianersprachen Mexikos stehen in keinerlei Beziehung zum Chinesischen oder Hebräischen. Sein Chinesisch lag sowieso ziemlich daneben.

Trotz der vielen sachlichen Fehler wurde *Atlantis: The Antediluvian World* zur Bibel des Atlantismus und von allen folgenden Theoretikern fleißig zitiert. Als jemand, der nicht lange auf der faulen Haut lag, startete Donnelly eine politische Karriere in der Populist Party, bei deren Gründung er mitwirkte. Er schrieb noch etliche andere Bücher, darunter auch einen futuristischen Roman mit dem Titel *Caesar's Column: A Story of the Twentieth Century*, von dem mehr als eine Million Exemplare verkauft wurden, sowie *The Great Cryptogram*, in dem er nachzuweisen meint, daß der elisabethanische Dichter und Neo-Atlantist Sir Francis Bacon die Stücke von Shakespeare geschrieben hat – auch dies ein pseudowissenschaftlicher Kult, der noch fortlebt. Selbst Sigmund Freud beschäftigte sich ein bißchen mit derartigem faktenignorierenden Geschichtsrevisionismus, ihn faszinierte eine nicht minder kryptische Theorie über das alte Ägypten.

Die Maya, Erbauer geheimnisvoller Tempel und Paläste, deren Hieroglyphenschrift man bis weit ins 20. Jahrhundert hinein nicht verstand, boten den exzentrischen Phantasten ein weites Betätigungsfeld. Besonders einfallsreich war Auguste Le Plongeon (1826–1908), ein französischer Arzt, der mit zu den ersten Ausgräbern der Maya-Ruinen auf der Halbinsel Yucatán gehörte. Sein wichtigstes Verdienst bestand in einer Reihe schöner, höchst anspruchsvoller Fotos der Ruinen, die noch heute zu den besten Ansichten vieler Stätten zählen. In Chichén Itzá, wo er viele Jahre lebte, entdeckte Le Plongeon eines der berühmtesten Maya-Kunstwerke, die Skulptur eines Chac-Mool, die heute als Symbol für den mexikanischen Tourismus steht und auf Tausenden von Reklameplakaten erscheint. Le Plongeon und seine Frau Alice, die seine ständige Mitarbeiterin war, vertraten die Ansicht, daß Mayax, so nannte er das alte Königreich der Maya, die Quelle der Zivilisation und Atlantis lediglich eine Niederlassung sei, das Sprungbrett vom Mutterland zum primitiven Hinterland Europas. Um seine Theorien zu belegen, verfaßte Le Plongeon «Übersetzungen» der Hieroglyphentexte, phantasiereiche Märchen ohne jegliche Begleittexte oder Erklärungen seiner Methoden.

In einer Serie von Büchern, die stilistisch irgendwo zwischen Ignatius T. T. Donnelly und Edgar Rice Burroughs anzusiedeln sind, zeichnete das Ehepaar Le Plongeon das ereignisreiche Leben von Moo auf, einer Königin des alten Mayax. Die Brüder von Königin Moo, der gute Prinz Coh und der schlechte Aah, rivalisierten um ihre Liebe. Moo heiratete Coh, und der in Eifersucht entbrannte Aah tötete seinen Bruder. Moo ließ die Tempel von Chichén Itzá als Grabmale für ihren ermordeten Ehemann errichten und floh, über Atlantis, nach Ägypten, wo sie als Göttin empfangen wurde und die erste Zivilisation im Mittelmeerraum gründete.

Eine noch unglaublichere Behauptung Le Plongeons war, daß Jesus seine letzten Worte am Kreuz in der Maya-Sprache gesprochen haben soll. Das Markus-Evangelium überliefert sie als: «Eloi, Eloi, lama sabachtani?», aramäisch für: «Mein Gott, mein Gott, warum hast du mich verlassen?» Le Plongeon ersetzte diesen rätselhaften Vers des Neuen Testaments durch eine, wie er behauptete, phonetische Version des yukatekischen Maya: «Hele, hele, lamah zabac ta ni» und übersetzte es als: «Jetzt, jetzt sterbe ich, Dunkelheit bedeckt mein Gesicht.» Das ist genau die Art zufällige Koinzidenz, die der Exzentriker schätzt. Es trug dazu bei, Le Plongeons Ansehen bei ehrbaren Archäologen und Epigraphikern zu ruinieren: Mag sein, daß sie die alte Maya-Sprache auch nicht verstanden, eins aber wußten sie, daß es sich nicht um die Sprache Jesu handelte.

Le Plongeon beschloß sein Leben als gebrochener Mann, seine romantischen Theorien waren vollständig diskreditiert. Nach seinem Tod arbeitete Alice Le Plongeon weiter daran, seine Vorstellungen zu propagieren, und zwar indem sie ihre Werke Science-fiction-Romanen immer näher kommen ließ, bis sie schließlich auch zu solchen wurden. Zwischen 1909 und 1911 veröffentlichte sie in *The World*, einer von der Theosophical Society herausgegebenen Zeitschrift, einen Fortsetzungsroman mit dem Titel *A Dream of Atlantis*. Darin schrieb sie, daß «eine Gruppe von Siedlern des alten Maya-Stammes einige Jahre vor der Zerstörung dieses berühmten Landes [Atlantis] in ihr Vaterland, das man heute Yucatán nennt, zurückkehrte und dort ein neues Reich gründete», das dann auch die beeindruckenden Tempel baute, deren Ruinen heute noch zu sehen sind. Im Verlauf ihrer Geschichte kam es in schöner Regelmäßigkeit zu romantischen Liebesaffären und heldenhaften Schlachten, nun ohne den Anspruch, sie, wie falsch auch immer, in irgendeiner Weise mit Hieroglyphen in Verbindung zu bringen.

So verrückt die Le Plongeonsche Atlantis-Theorie auch war, es besteht kein Zweifel, daß beide von ihrem eigenen Geschwafel überzeugt waren, immer ein Kennzeichen des wahren Exzentrikers. Neuere Verfechter von Atlantis-Theorien scheinen jedoch Schwindler zu sein, obwohl ihre Motive oft undurchsichtig sind und auch exzentrisch angehaucht sein können.

1912 veröffentlichte Paul Schliemann, der Enkel Heinrich Schliemanns, des Ausgräbers von Troja und Mykene, im *New York American* einen Artikel mit dem sensationellen Titel «How I Discovered Atlantis, the Source of All Civilization». In diesem ungeheuerlichen Machwerk behauptete er, daß sein Großvater ihm Unterlagen und eine mysteriöse, mit einer Eule geschmückte Vase hinterlassen habe, die die Existenz von Atlantis bewiesen. In der Vase habe er Münzen und eine Metalltafel mit phönizischen Inschriften gefunden, die angeblich aus Atlantis stammten. Der junge Schliemann bekräftigte seine Geschichte mit der «Übersetzung» einer Maya-Handschrift und eines alten chaldäischen Dokuments, das ihm zufolge aus Tibet stammte – ein ziemlich weiter Weg von Chaldäa. Bei all diesen Texten handelte es sich offenbar um Plagiate von Donnelly und Le Plongeon. Trotz Schliemanns unstrittigem Betrug wird er von heutigen Atlantisten oft zitiert, sicherlich wegen seines glanzvollen Nachnamens.

War der Schwindel von Paul Schliemann noch ziemlich durchsichtig, so liegen andere Fälle weniger eindeutig, genauso wie wir manchmal nicht mit Sicherheit sagen können, ob exzentrische Wissenschaftler nun wirklich an ihre Perpetuum-mobile-Maschinen glauben. In dieser Grauzone bewegte sich auch James Churchward, ein anglo-amerikanischer Forschungsreisender (später bezeichnete er sich als «Oberst») und Freund der Le Plongeons. Churchward reichte ein versunkener Kontinent nicht aus, neben Atlantis klagte er einen zweiten ein, der im Pazifik untergegangen sein sollte und den er Mu nannte.

Beginnend mit *The Lost Continent of Mu* im Jahre 1926 brachte der Oberst in einer Vielzahl von Büchern die übliche Pseudo-, Nicht- und Anti Wissenschaft vor, um zu beweisen, daß die menschliche Zivilisation in Mu ihren Ursprung hatte, ja sogar das Leben überhaupt, denn Churchward verachtete, was er «Affentheorien» der Evolution nannte. Er verzichtete auf schriftliche Beweise seiner Theorien und behauptete lieber, mystische Fähigkeiten zur Interpretation all dieser Symbole zu besitzen. Wenn er sie nur lange genug anstarre, sagte er, würden die Hieroglyphen in der Sprache ihrer Schreiber zu ihm «sprechen».

Mystische linguistische Fähigkeiten haben in exzentrischen Lehren auch heute noch einen hohen Stellenwert: Einige der Exzentriker unserer Studie behaupteten, Meteoriten aus dem Weltraum gefunden zu haben, die mit verschlüsselten Botschaften in unbekannten Sprachen versehen seien, die nur sie dechiffrieren könnten. Eine Exzentrikerin fand ihren geheimnisvollen Stein auf dem Sunset Boulevard in Los Angeles, er war mit einer Vielzahl von Hieroglyphen und chinesischen Schriftzeichen bedeckt.

Laut Churchwards phantastischem Bericht über die Sprache, die man in Mu sprach, wurde der Buchstabe M durch ein Rechteck dargestellt und war gleichzeitig das Symbol für den versunkenen Kontinent. Kein Wunder, daß er folglich auf der ganzen Welt Belege für Mu fand. Seinen Büchern verlieh er durch Tabellen und elegante Karten, die er mit seiner spinnengleichen Hand selbst zeichnete und beschriftete, den Anstrich wissenschaftlicher Abhandlungen und rechtfertigte seine groteskeren Behauptungen durch so absurde Fußnoten wie «griechische Belegstelle», «diverse Belegstellen».

Churchwards Postulat eines zweiten versunkenen Kontinents war, wie fast alles in seinen Büchern, von jemand anderem übernommen. Helena P. Blavatsky, die Gründerin der «Theosophical Society», hatte in ihrem Lemuria genannten System, das sich vom Pazifik bis zum Indischen Ozean ergoß, die Existenz eines solchen bereits verkündet. Mit dem Okkultismus der Madame Blavatsky segeln wir einem Nimmerland entgegen, das sich zwischen den Träumern von goldenen Zeiten, unhaltbarer Geographie und Geschichte sowie exzentrischer Religion erstreckt. Madame Blavatsky war die Frau eines russischen Generals, von dem sie getrennt lebte, sie reiste in der Welt umher, hielt sich nacheinander als Wildpferdreiterin, Pianistin und Medium über Wasser, bis sie nach New York kam, wo sie 1875 die «Theosophical Society» gründete.

Die Theosophie ist ein unheimlich kompliziertes System, das auf Blavatskys übersinnlichen Offenbarungen beruht. Der Science-fiction-Autor L. Sprague De Camp faßt Blavatskys Kosmogonie in einer definitiven Darstellung dieses Themas, *Lost Continents*, so zusammen:

... eine gewaltige Synthese fernöstlicher und westlicher Magie und eine Sage über die sieben Existenzebenen, die Siebenerzyklen, aus denen sich alles entwickelt, die sieben Stammrassen der Menschheit, die sieben Körper, die jeder von uns mit sich trägt, und die Bruderschaft der Mahatmas, die die Welt von ihrem Hauptsitz in Tibet aus leiten, indem sie in ihren Astralleibern Ströme übersinnlicher Macht und Betriebsamkeit um die Welt senden.

Die Lemurianer, die dritte Stammrasse, waren anfangs eierlegende Hermaphroditen mit einem dritten Auge am Hinterkopf (nach Meinung der Theosophen ist die menschliche Zirbeldrüse ein Relikt dieses dritten Auges). Nachdem sie das Geschlecht entdeckt hatten, paarten sich die Lemurianer mit Tieren, woraus die Affen hervorgingen. Die Kunst des Feuermachens, der Metallurgie und des Ackerbaus wurden den Lemurianern von Weltraumfahrern des Planeten Venus beigebracht, wo es schon eine hochentwickelte Zivilisation gab. (Man könnte vermuten, daß Erich von Däniken Blavatsky gelesen hat, bevor er seine Theorie von den frühen Astronauten aufstellte, die der Erde die Zivilisation brachten.)

Nach dem Niedergang Lemurias tritt Atlantis mit einer verwirrenden Zahl von Unterrassen auf den Plan, die in ihrer Erscheinung immer bizarrer wurden und untereinander ständig Kriege ausfochten. Blavatskys eher dürftige Berichte über die zwischen den Rassen der Welt vor der Sintflut entbrannten Fehden wurden von ihren Nachfolgern, wie W. Scott-Elliot und Annie Besant (letztere trat auch ihre Nachfolge in der «Theosophical Society» an), mit Details ausgeschmückt. In diesen phantastischen Romanen geht die Geschichte über Millionen Jahre zurück in die Vergangenheit, Alchimie und Astrologie sind allgegenwärtig, und mit der Regelmäßigkeit eines Uhrwerks heben und senken sich die Kontinente wie Karussellpferde.

Unglaublich, daß derartiger Schund überhaupt ernst genommen wurde. Mehrfach wurde nachgewiesen, daß Blavatsky die meisten ihrer okkulten Visionen aus wohlbekannten heiligen Hindu-Schriften wie dem *Rigveda* stahl sowie von früheren Mystikern und Spiritualisten wie Louis Jacolliot, der behauptete, in Sanskrit-Manuskripten den Beweis für einen im Indischen Ozean versunkenen Kontinent namens Rutas gefunden zu haben, bei dem es sich – na, was wohl? – um den Ort handelte, wo die Zivilisation begann. 1884 erklärte die «Society for Psychical Research» Blavatsky für eine Schwindlerin, was aber ihre Anhänger nicht beeindruckt zu haben scheint, von denen es, als sie starb, mehr als hunderttausend gab. Ihr Geschreibsel und ihre Methoden dienten Myriaden «Mystikern» als Vorbild. Alice Bailey produzierte Dutzende von Büchern, um *ihre* Visionen mitzuteilen, und rief einen Kult ins Leben, den sie «Arcane School» nannte und der noch immer existiert. Auch im Baileyschen Universum residiert der Meister in Tibet, allerdings kommen die die Zivilisation spendenden Superwesen bei ihr nicht von der Venus, sondern vom Neptun.

Das Okkulte war zu einem prosperierenden, wenn auch zunehmend anrüchigen Geschäft geworden. Rivalisierende esoterische Gesellschaften produzierten konkurrierende Phantasien über Atlantis und Lemuria, alles Variationen über Themen, deren Inhalt man schon vorher kannte. Jeder beliebige Hochstapler, der genug Geld für eine Anzeige in einem Comic-Heft hatte, konnte als Mystiker auftreten und anbieten, für Geld die Weisheit der Ahnen mit seinen Mitmenschen zu teilen. Selbst der amerikanische Seelenheiler und Prophet Edgar Cayce profitierte vom Atlantis-Boom. Er behauptete, mit den umherirrenden Seelen der ehemaligen Bewohner von Atlantis in Kontakt zu stehen. Die Überreste des versunkenen Kontinents würden, so sagte er voraus, gegen Ende der sechziger Jahre unseres Jahrhunderts bei den Bahamas wieder aus dem Meer auftauchen. Diese Leute sind aber keine Exzentriker, sondern Scharlatane, der echte Exzentriker täuscht nichts vor.

1 Von 1859 bis 1880 war Joshua Abraham Norton der selbsternannte Kaiser der Vereinigten Staaten. Als er starb, war er so populär, daß 30 000 seiner «Untertanen» an seinem Begräbnis teilnahmen.

2 Ann Atkin teilt ihr Haus und Anwesen in Devon mit 7500 Gartenzwergen.

3 Der Erfinder John Ward beschreibt sich selbst als «Abfallverwerter, der es liebt, «Müll zu etwas Nützlichem zu verwenden», so wie bei seiner Kreation des Bod-Pod.

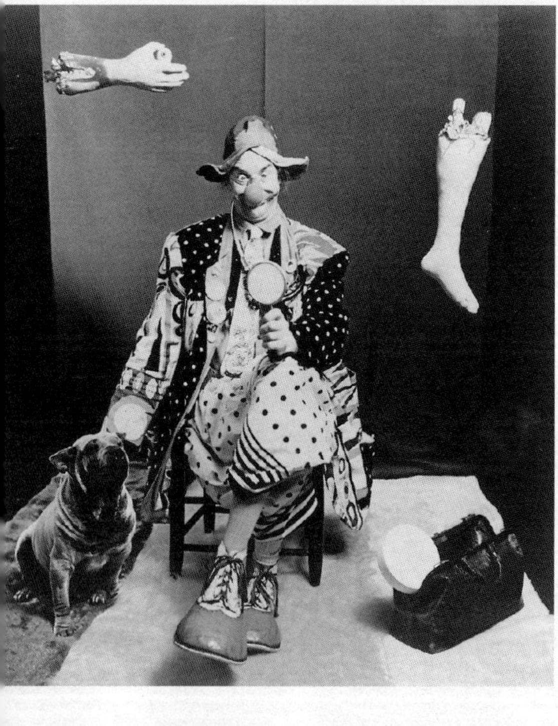

4 «Humor gehört integral zur Heilung», meint Dr. Patch Adams und beherzigt, was er sagt. Er führt zwar einen konventionellen Doktortitel der Medizin, verhält sich aber insofern höchst unkonventionell, als er von seinen Patienten keinerlei Bezahlung für seine Behandlung annimmt.

5 Gary Holloway ist Umweltplaner, aber sein eigentlicher Lebensmittelpunkt sind seine diversen Schrullen, insbesondere der Fan-Club, den er zum Gedenken an Martin Van Buren gründete, den 8. und am wenigsten geschätzten US-Präsidenten. Das Habit eines Franziskanermönchs findet er bequem und praktisch.

6 Victoria Claflin Woodhull (eine Karikatur von Thomas Nast) machte mit Glamour, Skandalen und Feminismus Karriere; sie setzte sich für die freie Liebe ein und kandidierte als erste Frau für das Präsidentenamt der USA.

7 Das Elixier des Lebens war für Jack Mytton nicht die Abwechslung, sondern die Gefahr, und er konnte nicht begreifen, daß andere Menschen nicht genauso empfanden. Als ein Freund ihm erzählte, noch nie mit der Kutsche verunglückt zu sein, reagierte Mytton prompt: «Was für ein verdammt langsamer Geselle bist du dann dein Lebtag gewesen!» und ließ die Kutsche umschlagen.

9 Die Künstler Peter McGough und David McDermott lassen in ihrer New Yorker Wohnung und ihrem Atelier das 19. Jahrhundert auferstehen und tragen nur Kleider aus dieser Epoche.

8 Den Kragen hochgeschlagen, um sich gegen tatsächlichen oder eingebildeten Zug zu schützen, beugt sich der Pianist Glenn Gould über die Tasten.

10 Robert Coates erwarb sich seinen Spitznamen «Romeo» durch ebendiese Rolle, die er so oft und so schlecht spielte, meist in der von ihm eigenhändig «verbesserten» Textfassung. Besonders berühmt war seine Sterbeszene.

12 Der schlechteste Dichter Großbritanniens war wohl William «der Große» McGonagall, er hatte keinerlei Gefühl für Rhythmus, Prosodie oder Syntax. Unbeeindruckt von Königin Viktorias Weigerung, bei ihm Gedichte in Auftrag zu geben, und eifersüchtig auf den Hofdichter Tennyson, gab er sich selbst als «Dichter Ihrer Majestät» aus.

11 Ihr Kleidergeschmack war genauso grotesk wie ihr Gesang: Dieses Bild zeigt die Sopranistin Florence Foster Jenkins, angetan mit einem Kostüm, das sie «Der Engel der Inspiration» nannte.

13 James Burnett, Lord Monboddo, hier in einer Karikatur von Ian Bailey, ist einer der vielen exzentrischen Wissenschaftler, deren Ideen später bestätigt wurden. In seiner Abhandlung *The Origin and Progress of Language*, die siebzig Jahre vor Darwins *Entstehung der Arten* publiziert wurde, postulierte er, daß der Mensch vom Affen abstammt.

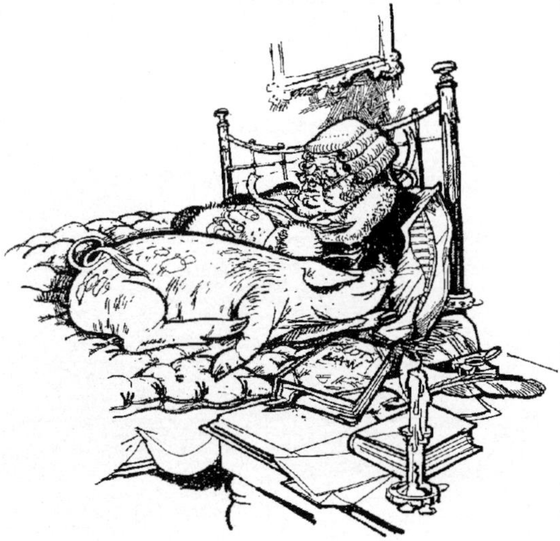

14 Franz Anton Mesmers Theorien wurden größtenteils widerlegt, aber noch heute wird die auch als Mesmerismus bekannte Hypnose in der Medizin benutzt.

15 «Die Damen von Llangollen», die Sehr Ehrenwerte Eleanor Butler und Fräulein Sarah Ponsonby. Sie zogen sich aus der Welt zurück, um gemeinsam in einem abgelegenen Landhaus in Wales zu leben.

16 John Slater ist die einzige Person, die je, nur mit einem Pyjama bekleidet, barfuß quer über die britische Insel wanderte. Seine Wohnung hat er sich in einer Höhle an der Küste der schottischen Highlands eingerichtet, unbeeindruckt von der Tatsache, daß sie bei Flut unter Wasser steht.

17 Dot Griffiths, hier mit ihrem Ehemann Reg, praktiziert und lehrt Wicca (Weiße Magie), ohne Angst haben zu müssen, in ihrem Haus in der Nähe von Milton Keynes, England, belästigt zu werden.

18 Lillie Hitchcock Coits Besessenheit gilt Feuerwehrautos und der Feuerwehr. Das begann schon in ihrer Kindheit in San Francisco. Als Teenager wurde sie zum Ehrenmitglied des Knickerbocker-Löschzuges Nr. 5 ernannt, dessen goldenes Abzeichen sie dann ihr Leben lang trug.

Dennoch übt exzentrische Metaphysik auf die Phantasie der Menschen eine nachhaltige Anziehungskraft aus, und sie setzt sich immer wieder durch. Madame Blavatsky kleidete ihre Gedankengebäude (falls es bei ihr so etwas war) in das Gewand eines mildtätigen Spiritualismus, wie er zu ihrer Zeit Mode war. Heute gibt es einen neuartigen Kult um exzentrische Metaphysik, der auf der gegenwärtigen Faszination der Computertechnologie basiert. Eine in Luxemburg angesiedelte internationale Gruppe, die sich «Cercle d'Etudes sur la Transcommunication» (CETL) nennt, behauptet, in direktem Kontakt zu den Toten zu stehen, und zwar nicht über hypnotisierte Medien oder Ouija-Tafeln, sondern über Computer und hochentwickelte elektronische Maschinen. Die CETL berichtet, daß eine Gruppe toter Wissenschaftler in einer Parallelwelt, genannt Varid, an einem Kommunikationssystem mit den Erdbewohnern arbeitet. Ihre Botschaften werden als Telefonanrufe, Computermitteilungen oder Videoeinspielungen empfangen, die dann in den Publikationsorganen der Gruppe veröffentlicht werden.

Die Gruppe der toten Wissenschaftler wird von Swejen Salter (1949–1987) geleitet, die der sogenannten ZeitStrom-Sendeanstalt in Varid vorsteht. In einem Telefonanruf schildert Salter ihre Todeserfahrung:

Ich starb mit 38 Jahren infolge eines Unfalls. Der Tod kam plötzlich und unerwartet. Ich war ganz unvorbereitet und kann mich an den Übergang nicht erinnern. Ich erwachte in einem Lehnstuhl, in einem freundlich eingerichteten Zimmer, das ich nie zuvor gesehen hatte. Bevor ich mich noch genauer umsehen konnte, betrat ein hochgewachsener, imposanter Mann den Raum und stellte sich als Richard Francis Burton vor. Er hieß mich willkommen und begann, mir die Welt zu zeigen, in der er seit 1890 nach eurer Zeitrechnung lebt. Ich fühlte mich glücklich und sicher. Jeder war freundlich und hilfsbereit. Trotzdem war die Umstellung schwierig.

Es ist nicht leicht, sich einem neuen Leben anzupassen, wenn man mitten aus der täglichen Routine gerissen wird.

Sir Richard Burton (1829–1890), der Entdecker des Tanganjikasees und Übersetzer von *Tausendundeiner Nacht*, ist Swejen Salters ständiger Begleiter auf der Seelenseite. Im Sommer 1988, ein Jahr nach ihrem Tod, reiste sie mit Burton an Bord der *Thrakka*, eines von der ZeitStrom-Gruppe gebauten Raumschiffs, zu einem Planeten namens Marduk. Der anonyme Verfasser der CETL-Publikation berichtet seinen Lesern, daß «die über Radio und Telefon übermittelte Beschreibung ihrer Reise sich wie eine Science-fiction-Geschichte liest». Die Videofilme, die diesen faszinierenden Reisebericht begleiten, wurden in einem defekten Fernsehapparat empfangen, was der Autor als Beweis für ihre Authentizität besonders hervorhebt.

Salter hat eine ganze Menge berühmter toter Wissenschaftler getroffen, die versicherten, gemeinsam mit ihr an dem großen Vorhaben zur Perfektionierung der transzendentalen Kommunikationstechnologie zu arbeiten – sowohl Marie Curie als auch Albert Einstein sollen ihre Mithilfe zugesagt haben. Andere haben sie abgelehnt, wozu auch Alexander Graham Bell gehört. «Seine Ablehnung bedauere ich besonders», meint Swejen Salter, «denn er hätte bei der Verbesserung unserer Telefonkontakte von großem Nutzen sein können.»

Salter bedient sich einer beeindruckend klingenden Fachsprache, um ihre Beschreibungen vom Leben im Jenseits zu bekräftigen. Es folgen einige Auszüge ihrer Erklärung, warum Menschen auf der Seelenseite nicht altern, aus einer am 14. Mai 1988 gesendeten, an die Hauptempfangsstation der CETL in Luxemburg gerichteten Computerbotschaft:

Die für das Altern relevanten Parameter können wie eine Wechselspirale in drei Quasidimensionen dargestellt werden. Das Leben eines Organismus beginnt durch Reproduktion auf der allgemei-

nen Basislinie. Es entwickelt sich in ständigem Anstieg entlang der Zeitlinie, schraubt sich höher und geht in eine konische Form über bis zu einem Punkt, der den Tod des Individuums anzeigt. Im Gegensatz zu einer geraden (endlosen) Linie entsprechen die zyklischen Windungen der Spirale den zyklischen Auswirkungen der innerlich-äußerlichen Umgebung, so wie die Auswirkungen des Jahres.

Die Signale eurer Sendestation [i. e. die aus der Lebenswelt] sind aufgrund der Schnelligkeit der Rückläufigkeit einer transfiniten Rotverschiebung unterworfen und kommen hier ohne Energie an. Euer Problem mit der Zukunft besteht darin, daß es sie für euch noch nicht gibt.

Ich weiß, ihr habt viele Fragen, und ich versuche, sie so gut wie möglich zu beantworten. Aber es wird größtenteils Theorie bleiben. Die Menschheit verfügt einfach noch nicht über die notwendigen Grundlagen, weder spirituell noch physikalisch. Einige Elemente wie Fermium oder das Hahn-Teilchen wurden im Gegensatz zum Planeten Varid auf der Erde noch nicht entdeckt. Wie kann ich euch Instruktionen zum Bau eines Apparates geben, wenn dazu noch nicht einmal die nötigen Metalle existieren?

Natürlich hat dieses pseudowissenschaftliche Kauderwelsch, das ungemein an schlechte Dialoge aus Science-fiction-Romanen oder aus Filmen über fliegende Untertassen aus den fünfziger Jahren erinnert, unverkennbar den Geruch des Schwindels an sich. Wenn kein finanzielles Motiv dahintersteckt, so muß man als Motiv Spaß annehmen. Untere Jahrgänge haben höhere Semester seit Jahrhunderten gefoppt. Die oben wiedergegebene Mitteilung von Swejen Salter tauchte in der Computerdatei eines Transkommunikationsforschers namens Ernst Sekowski Mainz in Luxemburg auf. Die Frage ist nur, wer sie dort unterbrachte?

Viele Computerhacker sind exzentrisch, zu ihnen gehören auch einige Probanden unserer Studie. Aufgrund ihrer angeborenen Innovationsgabe und ihres Hanges zum Unorthodoxen gelingt es vielen jungen Wissenschaftsnarren, in nächtlicher Abgeschiedenheit komplexe Computerprogramme auszutüfteln. Das ist genau die Kultur, in der der Swejen-Salter-Mythos gedeihen könnte. Selbst wenn sich ein Hacker einen Scherz erlaubt hat und die Botschaft in den Computer schmuggelte, könnte es für gestandene Wissenschaftler und Techniker, als welche die Mitglieder von CETL sich hinstellen, sehr wohl ein Zeichen für Exzentrizität sein, wenn sie ihr Leben und ihre Karriere einer solchen Bizarrerie widmen.

Die Frage, ob die Empfänger von Swejen Salters Mitteilungen es mit der Bekundung ihres Glaubens an deren Authentizität ernst meinen, ist eine weitere unwägbare Subjektivität: Es *scheint* so, als ob sie es tun, und ein Motiv, das einem Vorspiegeln dieses Glaubens zugrunde liegen könnte, ist schwer zu erkennen. Solange wir sie nicht – wie Toto den Zauberer von Oz an seinen Hebeln, als er den Vorhang zurückzieht – auf frischer Tat ertappen, wie sie mit «Swejen Salter» unterzeichnete Falschmeldungen eintippen, besteht kein Grund anzunehmen, daß ihre Beteuerungen vorgetäuscht sind. Und selbst wenn sie die ganze Sache erfinden, unterscheidet sich ihr Mythenkonstrukt wesentlich von dem Platons in seinen Schriften über Atlantis? Jeder träumt, nur den Exzentrikern unter uns gelingt es manchmal nicht, zwischen der Traumwelt und der Tagesrealität zu unterscheiden.

KAPITEL 6

EXZENTRIZITÄT UND PSYCHISCHE ERKRANKUNG

Niemand soll sich selbst betrügen: Der Versuch, das Gefühlsleben eines anderen Menschen zu verstehen, ist voller potentieller Irrtümer. Das ist bei gesunden Menschen der Fall und bei kranken noch viel mehr. Auf dem Gebiet der menschlichen Beziehungen und der poetischen Kreativität ist «Intuition» unverzichtbar, wird sie aber in der Forschung herangezogen, kann sie zu grober Selbsttäuschung führen. Da die Intuition von den eigenen Vorurteilen und Bedürfnissen außerordentlich beeinflußt wird, verleiht sie den Anschein trügerischer, aber mächtiger Plausibilität. Das ist besonders beunruhigend, da wir für ein solches Zutrauen keinen objektiven Maßstab haben. Es ist gefährlich, ein Lehrgebäude zu errichten, das sich einem anderen gegenüber nicht bestätigen läßt.

Emil Kraepelin

Während unserer Untersuchung bemühten wir uns ständig darum, zwischen Exzentrizität und Formen psychischer Erkrankungen, die ihr ähneln, zu unterscheiden. Doch sind auch Exzentriker nicht gegen psychische Krankheiten gefeit. Den Gesetzen der Logik zufolge müssen Exzentriker, die in allen übrigen Lebensbereichen einzigartig und exzessiv sind, auch in dieser Hinsicht einige extravagante Züge an den Tag legen. Jedenfalls haben wir uns schwergetan, die Demarkationslinie zwischen Exzentrizität und psychischer Erkrankung zu ziehen.

Zunächst einmal gab es wenige Präzedenzfälle, an die wir uns halten können. Die Begriffe «Exzentrizität» und «Wahnsinn» wurden früher beinahe wahlweise zur Beschreibung von jemandem verwendet, dessen Verhalten seltsam und unberechenbar war. Frühe, von Freud beeinflußte Psychiater konzentrierten sich auf die unüberbrückbare Kluft zwischen denjenigen, die eindeutig krank waren, und dem Rest der Menschheit. Sie glaubten an die Maxime: «Selbst ein Anflug von Schizophrenie ist immer noch Schizophrenie» und klassifizierten mildere Formen als Borderline-Störungen. Da Exzentrizität in die klassischen psychiatrischen Diagnosen nicht so recht hineinpaßte, dachten einige frühe Theoretiker irrtümlicherweise, daß es sich dabei um das psychologische *missing link* zwischen Normalität und ernstlichen Denk- und Persönlichkeitsstörungen handelte.

Heutige Psychiater sind, was Exzentrizität anbetrifft, nicht weniger ratlos als ihre Vorgänger. Mit der Zahl möglicher Diagnosen von psychischen Erkrankungen wachsen auch die Möglichkeiten zu Fehleinschätzungen. Die meisten Psychiater und Psychologen haben mit Exzentrikern nur sehr wenige direkte Erfahrungen. Es ist möglich, daß ein Psychiater in seiner ganzen Berufslaufbahn nur einige wenige Exzentriker trifft, und dies nur unter ungewöhnlichen Umständen. Moderne Exzentriker vermeiden geschickt eine Aufnahme in eine Nervenheilanstalt. Zweifellos kommen sie manchmal in psychiatrische Behandlung, da aber die für die psychische Gesundheit zuständigen Einrichtungen auf die Identifizierung und Behandlung von Krankheiten ausgerichtet sind, paßt die Diagnose einer harmlosen Exzentrizität, auch wenn sie vielleicht offensichtlich ist, nicht ins Bild. Genau wie bei dem Verkehrspolizisten, der für möglichst viele Strafzettel belohnt wird, ist es sehr viel wahrscheinlicher, daß Psychologen und Psychiater Krankheiten aufdecken und nicht gutartige Zustände, die keiner Behandlung bedürfen – und sich noch viel weniger mit einem Verhalten beschäftigen, das ausdrückliche Ermutigung verdient.

In einem großen Universitätskrankenhaus in Großbritannien wurden nur zwei von 23 350 Patienten mit der Hauptdiagnose einer exzentrischen Persönlichkeit entlassen. Eine Patientin wurde kurzzeitig wegen Schlafstörungen eingewiesen, die nicht mit ihrer Exzentrizität zusammenhingen. Der andere Patient, ein 21jähriger Studienabbrecher, kam zur Aufnahme, weil man in einer Beratungsstelle nicht wußte, was man mit ihm machen sollte, obwohl man den Verdacht auf Schizophrenie hatte. In letzterem Fall scheint die Diagnose Exzentrizität auf der Aussage seiner Mutter gegenüber dem behandelnden Psychiater zu beruhen: «Wenn ich deprimiert bin, frage ich mich, was ich getan habe, daß ich so exzentrische Kinder habe, fühle ich mich aber gut, bin ich froh, daß sie eine solche Individualität besitzen.» Dieser Patient ließ sich nach weniger als drei Tagen auf eigene Verantwortung entlassen.

Diese lächerlich geringe Anzahl von Diagnosen zeigt, daß Exzentrizität für die heutige Medizin praktisch nicht existiert. Selbst wenn sich ein Psychiater ziemlich sicher wäre, Exzentrizität diagnostizieren zu können, ist es wahrscheinlich, daß der Patient eine andere Etikettierung erhält, in der Regel eine der üblichen psychischen Krankheiten. Das mag nicht nur an der allgemein bekannten Unzuverlässigkeit psychiatrischer Diagnosen liegen, sondern auch an dem unter Ärzten empfundenen Bedürfnis, untereinander in einer esoterischen Fachsprache zu kommunizieren, die gemeinsame Perspektiven und Erwartungen reflektiert – hierin gründet auch das oft beobachtete Phänomen, daß bestimmte Krankheiten zur Modeerscheinung werden. Das alles mag wieder nur auf hierarchische Machtstrukturen und Karrieremotive zurückzuführen sein. Denn diejenigen, die sich mit der seelischen Gesundheit befassen, stehen wie die Angehörigen anderer Berufszweige unter dem Druck, mit ihren Vorgesetzten übereinstimmen und sie mit Daten versorgen zu müssen, die deren Theorien belegen.

Noch haben wir uns aber nicht die Kernfrage gestellt: Gibt es gemeinsame Merkmale, die Exzentriker mit an psychischen Störungen leidenden Kranken teilen? Um diese Frage zu beantworten, führten wir bei den Exzentrikern Standarduntersuchungen durch, die ein mögliches Vorhandensein verschiedener Formen der sogenannten Primär- und Sekundärsymptome von Schizophrenie bzw. anderer Anzeichen für Störungen belegen sollen.

Zu diesem Zweck benutzten wir dieselbe Interviewtechnik, die unsere Kollegen von der Psychiatrie zur Einschätzung des psychischen Zustandes anwenden. Verläßlich und gebräuchlich ist die «Present State Examination» (PSE), ein sorgfältig formulierter Fragenkatalog, der darauf abzielt, die Symptome einer psychischen Erkrankung zu ermitteln. Dieses Verfahren ist, bei Interviews mit etlichen hunderttausend Personen, seit zwanzig Jahren in Gebrauch und wird ständig weiterentwickelt und verbessert. Durch seine umfangreiche Verwendung konnte die Variabilität der psychiatrischen Diagnosen objektiviert werden, die in der Definition, dem Erkennen und der Klassifikation von Symptomen von subjektiven Elementen abhängt.

Die PSE ist ein halbstrukturiertes Interview mit vorgeschlagenen Sondierungen für alle Symptome. Es deckt die Symptome eines Probanden während der letzten vier Wochen ab sowie Sprach- und Verhaltensauffälligkeiten während der eigentlichen Befragung. Wir erkundigten uns auch noch nach ähnlichen Erfahrungen während der letzten sechs Monate, um etwaige Symptome eventuell mit datierbaren Ereignissen verknüpfen zu können. Zusätzlich stellten wir in unseren Interviews noch Fragen, die es uns ermöglichten, abnorme Symptome herauszulocken, die irgendwann im Leben eines Exzentrikers einmal aufgetreten waren.

Jedes Symptom wird nach einer Drei- oder Vierpunkteskala beurteilt. Ein ausführlicher Leitfaden liefert die Definitionen für die zu beurteilenden Symptome und zeigt den Schweregrad an, der für jeden Punkt der Skala erforderlich ist. Einige Fragen in der PSE betreffen offensichtliche Schizophreniesymptome – visuelle und akustische Halluzinationen und diverse Arten von Wahnvorstellungen. Andere Fragen stammen aus einem System des deutschen Psychiaters Kurt Schneider, der zehn von ihm als erstrangig eingestufte Schizophreniesymptome unterschied:

1 Eigene Gedanken werden laut wahrgenommen.
2 Halluzinatorische Stimmen in Form von Rede und Widerrede. Die Person hört Stimmen, die über sie in der 3. Person sprechen.
3 Halluzinatorische Stimmen in Form eines fortlaufenden Kommentars.
4 Körperhalluzinationen. Die Person hat körperliche Wahrnehmungen, von denen sie meint, daß sie von äußeren Triebkräften produziert werden.
5 Gedankenentzug. Die Person glaubt, daß ihr die Gedanken aus dem Kopf genommen werden, als ob eine andere Person oder eine externe Macht sie entfernt.
6 Gedankenbeeinflussung. Die Person meint, daß ihr Gedanken eingegeben werden, die nicht ihre eigenen sind.
7 Gedankenübertragung. Die Person meint, daß ihre Gedanken verbreitet werden, so daß andere Menschen wissen, was sie gerade denkt.
8 Gedankenabbruch. Der Strom des bewußten Denkens wird gestört, im Gedankenablauf entsteht eine Lücke. Die Person pausiert abrupt, und wenn sie wieder anfängt zu sprechen, ist sie plötzlich vom Gegenstand abgekommen, wie bei einer Tonbandaufnahme, bei der man eine Stelle gelöscht hat.
9 Wahnwahrnehmungen. Einer normalen Wahrnehmung wird ohne einsehbaren Grund eine abnorme, gewöhnlich auf sich selbst bezogene Bedeutung zugeschrieben. Beispielsweise hörte eine Patientin (keine Exzentrikerin) einen Nachbarn eine Tür schlagen und war sofort davon überzeugt, daß sie systematisch schikaniert werde, ohne den geringsten objektiven Anhaltspunkt für eine böswillige Absicht zu haben.

10 Alle Ereignisse im Gefühls- und Motivationsbereich und der Willensfreiheit werden als von anderen erzeugt oder beeinflußt erfahren.

Obwohl Schneiders erstrangige Symptome für eine strenge Definition der Schizophrenie nützlich sind, ist ihr diagnostischer Wert jedoch durchaus fragwürdig, da es sich in erster Linie um Symptome einer psychischen Störung handelt. Da sie aber auf spezifische, vornehmlich verbale Äußerungen Bezug nehmen, die die meisten Menschen für zu bizarr halten würden, um sie in die Vorstellung von einer gesunden menschlichen Natur zu integrieren, haben sie einen definitorischen Wert. Sie haben ihre Bewährungsprobe im Lauf der Zeit bestanden und dazu beigetragen, Schizophrenie und paranoide Psychosen von anderen psychischen Erkrankungen zu unterscheiden.

Der Urheber der Theorie, auf der die erstrangigen Symptome basieren, ist Victor Tausk (1879–1919), eine düstere, tragische Gestalt, die ein intuitives Gespür dafür hatte, den inneren Aufruhr in der Psyche Gestörter zu erfassen. In der Wiener Psychoanalytischen Vereinigung befaßte er sich als erster, zu einer Zeit, da sich Sigmund Freud selbst nur dafür interessierte, weniger gestörte Personen zu behandeln, klinisch mit Psychosen. Tausk war auch der erste, der das Konzept vom Verlust der Ichgrenzen beschrieb, den Glauben des Schizophrenen, daß alle anderen wissen, was er denkt, daß seine Gedanken nicht in seinem eigenen Geist verschlossen, sondern über die ganze Welt verbreitet sind und gleichzeitig im Geist anderer Menschen vorkommen. Eine Person, die an dieser Vorstellung leidet, kann sich nicht mehr als eine selbständige psychische Einheit begreifen. Jemand mit paranoiden Tendenzen würde zum Beispiel den Verlust der Ichgrenzen dahingehend auslegen, daß andere Menschen ihm seine Gedanken stehlen.

Die bittere Ironie besteht darin, daß Freud und Tausk sich mindestens sechs Jahre lang sehr wohl ihrer jeweiligen Originalität bewußt waren. Das ging bis zu dem Moment, an dem sie sich gefragt haben mögen, wer von wem die Ideen entlehnte, und beide anfingen, sich über die wissenschaftliche Originalität Gedanken zu machen, bevor diese zu einem allgemeinen Problem wurde. Schließlich fühlten sich beide in der Gegenwart des anderen gehemmt, aus Furcht, einer könnte dem anderen eine wichtige Idee unabsichtlich zuspielen.

Bei unserem Exzentrizitätsprojekt legten wir besonderen Wert darauf, Denkstörungen aufzudecken, und richteten unser Augenmerk auf PSE-Symptome, die auf ihr Vorhandensein hindeuteten. Der Hauptgrund dafür war, daß einige Forscher Exzentrizität als ein Hauptmerkmal der Schizophrenie bei Personen erwähnen, die zwar eine Prädisposition zur Schizophrenie haben, aber nicht notwendigerweise an ihr leiden, sowie bei schizoiden Persönlichkeitsstörungen. Darüber hinaus geht aus jeder Untersuchung seit Beginn dieses Jahrhunderts hervor, daß die häufigste gemeinsame Eigenschaft, die bei den gesunden, nichtpsychotischen Verwandten von Schizophreniepatienten festgestellt wurde, irgendeine Art exzentrischen Verhaltens war.

Wir drehten den Spieß um und wollten wissen, ob Symptome, die häufig bei Schizophrenen auftauchten, nicht auch bei Exzentrikern vorkamen. Dieses Verfahren würde zeigen, ob die beiden Zustände mehr verband als eine rein zufällige Beziehung. Es hätte ja gut sein können, daß Schizophrene zwar Exzentriker sind, zumindest gemäß der Lehrbuchdefinition, der Umkehrschluß aber nicht zutrifft. Die Feuerprobe bestand darin, die Häufigkeit und Schwere der charakteristischen erstrangigen Schizophreniesymptome unter den Exzentrikern zu ermitteln, indem wir die im PSE genannten Fragen und Kriterien verwendeten.

Häufigkeit der PSE-Schizophreniesymptome in Prozent

Symptom	*nicht vorhanden*	*teilweise vorhanden/ schwach*	*vorhanden/ stark*
Wahnvorstellung vom Gedankenlesen	62	38	0
Gedankenbeeinflussung	100	0	0
Gedankenübertragung	94	5	1
Gedankenabbruch	70	29	1
Wahnvorstellung von der Fremdbestimmung des Geistes	88	11	1
Akustische Halluzinationen	70	25	5
Visuelle Halluzinationen	65	26	9
Wahnhafte Fehlinterpretationen	69	26	5
Verfolgungswahn	57	41	2
Religiöse Wahnvorstellungen	55	41	4
Übersinnliche Wahnvorstellungen	70	27	3

Unsere Ergebnisse erbrachten den eindeutigen Beweis, daß das Seelenleben des Exzentrikers in nichts dem gleicht, was die Psychologie bisher beschrieben hat.

Symptome, die gemeinhin mit Schizophrenie in Zusammenhang gebracht werden, kamen im Exzentriker-Sample vor, wenn auch in milder Form. Die einzige Ausnahme war die Gedankenbeeinflussung, die überhaupt nicht zu ermitteln war. Jeder Proband des Projekts war in der für Exzentriker typischen Ichbezogenheit der Ansicht, daß alle seine Gedanken einzig und allein von ihm selbst stammten. Es war das erste Mal, daß diese Symptome in einem solchen Umfang in einer Bevölkerungsstichprobe, die direkt der Allgemeinheit entnommen war, aufgedeckt wurden, egal wie unorthodox das Sample auch war.

Daraus kann aber nicht abgeleitet werden, daß unter dem exzentrischen Teil der Bevölkerung die Schizophrenie grassiert. Tatsächlich haben die Untersuchungen ergeben, daß sie bei ihnen sogar etwas seltener vorkommt als bei anderen Menschen. In der Tabelle gibt die mittlere, «teilweise vorhanden/schwach» betitelte Spalte Symptome wieder, aufgrund derer niemals eine Diagnose auf Schizophrenie erstellt werden kann, bei denen es sich vielmehr um isolierte Fälle solcher Phänomene handelt. Mehr als alles andere zeigen die hohen Angaben in einigen Kategorien das Ausmaß, in dem sich die ungewöhnlich lebendige Vorstellungsgabe der Exzentriker dem Visionären nähert.

Unsere zweite, sogar noch signifikantere Entdeckung bestand darin, daß ein hoher Anteil in dem Sample zwar ein oder mehrere Symptome in schwacher oder teilweiser Ausprägung zeigte, aber nur eine Person zur Zeit des Interviews an einer voll entwickelten Psychose litt. Der 58jährige Brite Simon zeigte viele maßgebliche Symptome einer paranoiden Schizophrenie und ausgesprochene Größenwahnvorstellungen. Jeder seriöse Psychiater hätte ihn innerhalb von fünf Minuten als krank diagnostiziert. Das folgende Exzerpt aus dem Interview mit Simon zeigt nicht nur, wie er über sich selbst spricht, sondern auch, wie problemlos und eindeutig man unter Zuhilfenahme von PSE eine Diagnose erstellen kann:

Bei Monty war ich besser als Hauptkundschafter der britischen Armee bekannt. Nahm Cicero gefangen… verwendete britische Invasionspläne, änderte sie dann für unseren eigenen Gebrauch um. Alle Geschichtsbücher lügen, wenn sie sagen, daß Großbritannien unbesiegbar war. Als Deutscher tötete ich buchstäblich Rommel, habe General von Rundstedt übertroffen. Führte die Briten in die Ardennenschlacht, noch bevor sie stattfand. [Unkontrolliertes Lachen.] Bisher hat mich niemand erschossen! Außerhalb des Rampenlichts zu bleiben, hat ohne Zweifel gezeigt, daß man seine eigene Initiative und seinen Geist benutzen muß. Keine dummen Ideen aus Spionageromanen, kann dich nicht mit Briefen ertappen, bei der Aufnahme von Telefongesprächen, wie du Leute triffst, Papiere liest, aber sie kennen nur den Namen vom Enkel des Generals… Niemand weiß, wo er ist. Er schickt der Regierung komische Postkarten, in denen er ihnen offen mitteilt, was passieren wird. Nachrichten für jedermann!

Die Tatsache, daß wir in unserer Stichprobe nur diesen einen Fall einer voll ausgebildeten Psychose hatten, unterstützt die These, daß zwischen Exzentrizität und psychischer Erkrankung kein direkter Zusammenhang besteht. Überdies hat die neuere Forschung eine extrem weite Streuung abnormer psychiatrischer Symptome in der scheinbar normalen Bevölkerung nachgewiesen – ihr Anteil ist sogar noch höher als der der schwachen Symptome in unserem Exzentriker-Sample.

Eine Studie an der University of California erbrachte unter den Studenten in Berkeley Konstellationen von milden bis gemäßigten Symptomen in einer Höhe von bis zu fünfzehn Prozent, eine Schätzung, die von anderen Studien gestützt wurde. Unsere Exzentrikergruppe zeigte bei einem vergleichbaren Schweregrad demgegenüber eine Gesamtrate von acht Prozent. Die Exzentriker, die diese acht Prozent ausmachten, waren nicht unbedingt krank, sondern legten vielmehr bemerkenswert ungewöhnliche Denkprozesse an den Tag. In vielen Fällen war das seltsame Denkmuster absichtlich angenommen worden und in dem entsprechenden Kontext ganz verständlich. Noch viel wichtiger ist, daß es eher funktional als dysfunktional war und noch häufiger gelobt und belohnt als nicht gelobt und nicht belohnt wurde.

Wesentlich häufiger stießen wir in unserer Studie auf weniger ausgeprägte Wahnvorstellungen, die die meisten Menschen eher als normale Irrationalität denn als Wahnidee ansehen würden. Religiöse und übersinnliche Wahnvorstellungen könnte man oft auch als Aberglauben bezeichnen. Die Astrologie entbehrt jeglicher wissenschaftlicher Grundlage und ist faktisch vollkommen irrational, trotzdem glauben viele daran. Wenn wir all jene, die in der Morgenzeitung ihr Horoskop lesen, als schizophren bezeichnen würden, bräuchten wir eine Million zusätzliche Psychiater, um aus ihnen gleichförmig rationale Individuen zu machen. Aber wer will das schon?

Zugegeben, die Astrologie ist ein harmloses Beispiel für ein irrationales Gedankensystem. Einige unserer Exzentriker glaubten an viel bizarrere übersinnliche Phänomene. Ein Mann behauptete, Geister zu sehen: «Ich sehe... Gestalten. Nicht jeden Tag in der Woche. Ich bin hinter Gestalten hergelaufen, absolut Verrückte, und wenn ich in Geschichtsbüchern nachschaue, stelle ich fest, daß sich in dem Schloß Lady Soundso in genau diesem Raum aufhielt und auf dem Hügel eine Geistererscheinung hatte und so weiter, also hatte ich es mir nicht bloß eingebildet.» Eine andere Probandin berichtete uns, daß sie höchst unangenehme intuitive Reaktionen verspüre, wann immer sie sich an einem Ort aufhalte, an dem einmal eine Schlacht geschlagen oder eine Gewalttat verübt worden sei.

Als wir die Exzentriker fragten, wie sie zu solch ungewöhnlichen Vorstellungen kämen oder warum sie einen solchen Glauben hegten, bestand ihre spontane Antwort meistens in einem «Beleg», der von einer halluzinatorischen Erfahrung herrührte (die Antwort eines Mannes lautete: «Weil mich viele

Verstorbene um Hilfe bitten»), oder aus Erlebnissen von Todesnähe. Hier ist die ausführliche Schilderung einer Epiphanie von einer 48jährigen Frau:

Ich befand mich auf der richtigen Straßenseite, dabei fuhr ich nicht sehr schnell, und dieser Möbelwagen fährt ganz schnell den Hügel hinunter. Hier durfte man nur 40 Meilen in der Stunde fahren. Er kriegte die Kurve nicht und kam direkt auf mich zu. Ich befand mich in einem Kleinwagen, und der Möbelwagen raste direkt auf mich zu, und ich saß da, hatte kaum eine Sekunde lang Angst und dachte dann: «Ich weiß, das war's wohl, das war's wohl.» Ich sagte zu mir selbst: «Jetzt ist alles aus.» Als nächstes fragte ich mich, was nun wohl passieren werde, und dann war es, als ob ich das Auto verließe – ich fühle gar nicht mehr, daß ich noch im Auto sitze. Ich war in einer absolut seltsamen Art von Ekstase. Das ist unheimlich schwer zu beschreiben, aber ich schien geschmolzen zu sein – es war, als ob ich fast verschwunden wäre. Ich schien in einer wunderbaren Ekstase mit allem anderen verschmolzen zu sein.

In den übersinnlichen und religiösen Wahnideen von Exzentrikern liegt in der Regel ein großes Gewicht auf den Kräften der Harmonie, der Natur und der kosmischen Ordnung, die sich mit Worten allein nicht ausdrücken lassen. Diese Kräfte bekämpfen und besiegen schließlich die Anforderungen der Gesellschaft an das Individuum, ein konventionelles, eintöniges Leben ohne Idealismus zu führen. Das nannte man die Prometheus-Methode. Prometheussche Individuen verfügen über Wertmaßstäbe, die die Notwendigkeit des Wandels akzeptieren und an ihn glauben. Sie werden von dem überwältigenden Wunsch bestimmt, die Welt nach ihren eigenen aufgeklärten und oft mißverstandenen Vorstellungen neu zu gestalten. Beethoven gehörte zum Beispiel zu diesem Typ.

Einige Theoretiker haben die messianische Hingabe dieser Menschen als «einen Versuch, mit extremen Gefühlen der

Wertlosigkeit umzugehen», charakterisiert, was aber auf unsere Exzentriker nicht zutraf. Neben dem vorherrschenden Motiv, die Menschheit, die Erde oder Teile davon retten zu wollen, betonten sie auch den Wert erhöhten Selbstbewußtseins, der Einsicht und der tiefen Sympathie mit allen Lebewesen. Den Wunsch, andere Menschen zu beherrschen, stellten sie dennoch nicht in Abrede. Diese Sorte Exzentriker ist gegenüber ihren Mitmenschen weder sehr zugänglich noch aufgeschlossen und zieht es gewöhnlich vor, ihre guten Taten im verborgenen zu vollbringen und ihr Innenleben zu bereichern. Sie können «den irdischen Freuden und Wonnen», wie es einer von ihnen formulierte, entsagen oder aber genausogut begeistert an ihnen teilnehmen.

Auch Schizophrenie kann mit der Schaffung einer falschen Wirklichkeit beginnen. Objektive Fakten lassen sich nicht immer von subjektiven Intuitionen unterscheiden, auch nicht bei gewöhnlichen, gesunden Menschen. Das bedeutet, daß unter gewissen Umstanden das Verstandnis der Realitat einer bestimmten Person als falsch erscheinen oder zumindest in Frage gestellt und allmählich entwirklicht werden kann. Lieblos wurde gesagt, daß Neurotiker sich Luftschlösser erbauen und Psychotiker in ihnen wohnen. Das ist nicht nur herzlos, sondern auch falsch. Es läßt die wesentliche Rolle außer acht, die die Phantasie im Leben der Menschen spielt.

Normale Menschen, und Exzentriker noch viel mehr, benutzen die Imagination in ihrem Leben so oft, daß sie zu einer Art stummem Partner ihres Innenlebens geworden ist, über den selten bewußt nachgedacht wird, der aber trotzdem unverzichtbar ist. Wir scheinen zu vergessen, wie stark unsere Planung, unsere Berechnungsfähigkeit, unser Gedächtnis und unsere Voraussicht von unserem Vorstellungsvermögen abhängen. Die Macht der Imagination wird uns erst klar, wenn unsere Aufmerksamkeit auf die mit ihr in Beziehung stehenden Fertigkeiten gelenkt wird. Wird konkret über sie gesprochen, klingen sie absurd, hinter dieser scheinbaren Absurdität kann aber etwas Nützliches stecken – oder vielleicht etwas Unheimliches. Hier ist der Bericht eines Exzentrikers, eines 25jährigen Mannes namens Peter, über die Konstruktion seiner alternativen Realität. Wir geben ihn hier vollständig wieder, weil er ein ausgezeichnetes Beispiel für eine großangelegte, äußerst detaillierte Selbsttäuschung ist:

Als Antwort auf das Leben in der realen Welt habe ich eine unwirkliche Zweite Welt geschaffen. Diese Zweite Welt ist nicht dazu gedacht, ihren Erfinder in eine Zeit oder an einen Ort zu versetzen, der von den beängstigenden Realitäten der heutigen technisierten Gesellschaft weit entfernt ist, indem man die konventionellen Elemente des Mythos heraufbeschwört. Es ist vielmehr ein Ort, den ich strikt nach den gegenwärtigen Realitäten in der Welt modelliere. Es ist ein Ort, an dem reflektierte Versionen von Teilen der realen Welt leicht übertrieben sind, damit durch die Vorstellung, sie seien echt, ihre Wirkung auf mich größer ist. Dazu kommt, daß diese Zweite Welt mir hilft, Ereignisse in der realen Welt zu interpretieren und vorherzusagen.

Es gibt in der Zweiten Welt etwas, was mich sofort als Exzentriker ausweisen würde: Ich brauche immer etwas, an das ich mich halten kann. Meistens ist es etwas Architektonisches: Miniaturmodelle aller möglichen Gebäudearten, die ich zwischen Straßen stelle, Spielplätze, Straßenlaternen oder so etwas. Soweit ich es vermag, ist alles in genau demselben Maßstab. Ich lasse die Spielzeugautos die Einfahrten rauf und runter fahren und nehme Spielzeuglastwagen, um zum Beispiel Öllieferungen oder die Müllabfuhr nachzuahmen, alles nach einem festen Zeitplan.

Das Wetter spielt dabei eine große Rolle. Wenn es draußen unfreundlich ist, nehme ich kleine Fächer, um einen entsprechend starken Wind zu erzeugen. Bei Regen mache ich es so, daß ich in dem gewünschten Maß das ungefähre Geräusch in meinen eigenen Ohren hervorrufe, indem ich den Atem durch meine fest geschlos-

senen Lippen ausstoße. Ich produziere einen leise zischenden oder stürzenden Laut, den ich in Übereinstimmung mit dem Regen draußen in seiner Qualität und Intensität kontrolliere. Währenddessen projiziere ich ständig detailgetreue geistige Bilder auf den Set, *indem ich Menge und Muster der Nässe nachmache, so als ob ich reale Gebäude und Straßen vor mir hätte, die im Laufe eines regnerischen Tages oder einer Nacht naß werden.*

Die Anzahl der Bereiche, mit denen ich mich in der Zweiten Welt beschäftige, ist groß, denn ich fühle mich von vielen Dingen in der realen Welt betroffen und berührt. Dazu gehört die Verwaltung, Handel und Industrie, große künstliche Objekte (Flugzeuge, Schiffe, Waffen und so weiter), die lokale Umwelt und diverse großangelegte starke Trends und Tendenzen im sozialen Gepräge der Welt. All dies bedarf einer umfänglichen, aufwendigen Logistik in Form von guten, maßstabsgetreuen Karten, um die Details der Zweiten Welt zu beschreiben. Es erfordert ein enormes Engagement und eine Hingabe meinerseits. Wie Sie sich denken können, bin ich sehr beschäftigt.

Peters Phantasieleben hat zweifellos überhandgenommen. Die meisten Psychiater würden sich mit Freuden auf ihn stürzen, um eine Diagnose zu stellen und ihn zu heilen. Seine Zweite Welt erscheint dem sachlichen, nichtexzentrischen Beobachter als eine bemitleidenswerte Zeitverschwendung oder als neurotischer Versuch der Lebensflucht, doch gibt es keinen nachvollziehbaren Grund für die Annahme, daß sein Leben besser wäre, wenn man ihn von seiner gewählten Beschäftigung als Sachwalter eines parallelen Universums abbringen würde. Nur weil es wie Nortons Reich imaginär ist, bedeutet das noch nicht, daß sein Leben angenehmer verliefe, wenn er es aufgäbe. Die Tatsache, daß andere Menschen Peters Zweite Welt nicht verstehen können, setzt ihre Vorzüge für Peter in keiner Weise herab.

Peter berichtete uns auch, daß er einsam sei und Schwierigkeiten habe, Freundschaften zu schließen. Im Gegensatz zur

Mehrheit der Exzentriker im Projekt war er kein glücklicher Mensch. Aber das Leben birgt keine Garantie zum Glücklichsein: Viele normale, gesunde Menschen führen ein unglückliches Leben. Man beachte, wie klar, intelligent und kraftvoll Peter dem Interviewer seine Zweite Welt präsentierte. Obwohl er sein Leben der Pflege einer Illusion widmet, ist er nicht schizophren. Er hat sein Leben einfach nur auf einer besonders seltsamen Schiene nach alternativen Koordinaten ausgerichtet.

Peter verlangt nicht, daß andere Menschen an seine Zweite Welt glauben, viele zur Selbsttäuschung neigende Exzentriker setzen gleichwohl allzusehr auf die Leichtgläubigkeit der Welt und strapazieren sie zu sehr. Die spezifischen Behauptungen, die sie aufstellen und die ihren eigenen Weg, das Unvereinbare in sich selbst zu vereinbaren, darstellen mögen, klingen oft unglaubhaft und absurd. Dennoch überzeugen die Versuche, diese quasilogischen Vorstellungen als Symptome einer leichten psychischen Erkrankung hinzustellen, niemals so recht: Symptome allein bilden noch kein Syndrom, und noch weniger können eine oder mehrere isolierte Überzeugungen dazu benutzt werden, eine Krankheitsdiagnose zu stellen.

Nur einer unserer Probanden hatte zur Zeit des Interviews eine eindeutige Psychose, das war Simon, der Mann, der Rommel tötete und die Ardennenschlacht schlug, bevor sie stattgefunden hatte. Urteilt man nach dem Eindruck seiner Darstellung, befand er sich seit langer Zeit im fortgeschrittenen Stadium von Persönlichkeitszerfall, dennoch war er, soweit wir wissen, nie in Behandlung. Niemand in der festgefügten Gemeinschaft seiner Bergarbeitersiedlung bemerkte, daß mit ihm irgend etwas nicht stimmte. Aber beim Interview, in einem Zustand massiver Denkstörung, versuchte er, seine Behauptung, ein moderner James Bond zu sein, zu bekräftigen, indem er, meine Forschungsassistentin Kate Ward als überraschtes «Feindopfer» nutzend, den Routinebefehl zum Halsabschneiden demonstrierte.

Eine weitere wichtige Erkenntnis war, daß zwar 36 Prozent aus der Stichprobe auf eine Familiengeschichte offenkundig exzentrischen Verhaltens zurückblicken konnten, doch der Anteil von psychischen Erkrankungen unter ihren Verwandten lediglich um ein Geringes höher lag als bei der übrigen Bevölkerung, eine Abweichung, die noch innerhalb der vertretbaren Fehlergrenze lag. Drei Probanden mittleren Alters, zwei Männer und eine Frau, hatten jeweils schizophrene Söhne, eine weitere Frau hatte eine Mutter, die eine einzige manisch-depressive Phase durchlitten hatte. Diese vier waren die einzigen exzentrischen Probanden mit einem Verwandten ersten Grades, bei dem definitiv eine schwere psychische Störung diagnostiziert worden war. Drei weitere exzentrische Probanden, zwei Männer und eine Frau, hatten Verwandte zweiten Grades mit schweren psychischen Störungen, bei zweien war Schizophrenie diagnostiziert worden. Der andere Proband hatte mindestens vier Verwandte mit pathologischen Depressionen.

Allerdings leiden die Verwandten von Schizophrenen vergleichsweise häufiger an schweren psychischen Erkrankungen als die von Exzentrikern. Obwohl Untersuchungen von Schizophreniepatienten gezeigt haben, daß bei ihnen die Chance, auf Verwandte ersten Grades zu treffen, die ein exzentrisches Verhalten an den Tag legen, sehr viel größer ist als bei seelisch gesunden Menschen, trifft dies andersherum nicht zu. Menschen, die sich selbst als exzentrisch bezeichnen, verfügen keineswegs über eine erhöhte Anzahl Verwandter ersten Grades mit Schizophrenie oder einer anderen Psychose. Gleichzeitig ist die Wahrscheinlichkeit aber erheblich höher – eins zu drei bei Exzentrikern, im Gegensatz zu annähernd eins zu tausend bei Nicht-Exzentrikern –, daß sie einen Verwandten haben, der exzentrisch ist. Meist ist es ein Großelternteil, eine Tante, ein Onkel oder ein weiter entfernter Verwandter.

Dieser Befund ist sehr schwer zu erklären. Die angedeutete Beziehung zwischen Schizophrenie und Exzentrizität kann leicht entkräftet werden. Erstens, das exzentrische Verhalten von Schizophrenen und ihren Verwandten kann sich qualitativ von dem von Exzentrikern unterscheiden, die ein glückliches, geordnetes Leben führen, wie die meisten Probanden unserer Studie. Auch ist es möglich, daß Psychiater, die Schizophrenie erforschen oder sie behandeln, bei ihrer Einschätzung dessen, was exzentrisches Verhalten ist, eine niedrigere Meßlatte anlegen als die meisten anderen Menschen. Sie sind darauf trainiert, ständig auf der Hut zu sein, um abnormes Verhalten und abnorme Sprache zu erkennen. Allerdings hat die Mehrheit der Psychiater niemals, oder nur sehr selten, glückliche Exzentriker getroffen, und sie haben sie gewiß niemals im Detail studiert. Dieser Umstand wird durch das Fehlen von signifikanten publizierten Berichten negativ bestätigt.

Man könnte deshalb folgern, daß zwischen Exzentrikern und Schizophrenen keine Artverwandtschaft besteht und alle erkennbaren Ähnlichkeiten rein zufällig sind aufgrund ihrer Seltsamkeit. Es ist schwer, wenn auch nicht unmöglich, unterschiedliche Arten sonderbaren Verhaltens zu beschreiben – denn abgesehen davon, daß sie statistisch gesehen zu selten vorkommen, sind die Formen zu verschieden voneinander.

Zu Beginn der Studie hatten wir unterstellt, daß es unwahrscheinlich ist, auf Exzentriker zu treffen, die miteinander verheiratet sind oder zusammenleben. Dafür sprach zunächst einmal die statistische Seltenheit: Wenn unsere Schätzung von 1 zu 10 000 auch nur annähernd zutraf, bestand bei der Zurückgezogenheit, in der viele Exzentriker lebten, kaum eine Chance, daß sie sich auch nur begegneten. Darüber hinaus schien es fast unmöglich, daß sich jemand, der den größten Teil seines oder ihres Lebens damit verbracht hatte, eigentümlich zu werden, von jemand anderem angezogen fühlen würde, der einer ganz unterschiedlichen Sammlung von Steckenpferden nachging. Dennoch erwiesen sich diese Annahmen als falsch oder zumindest voreilig.

Wir machten nicht weniger als drei Ehepaare ausfindig, von denen beide gleich exzentrisch waren. Zwei weitere weibliche Probanden berichteten, daß ihre Ehemänner exzentrisch seien, die selbst für die Befragung aber nicht zur Verfügung standen. Wenn wir diese beiden nicht verifizierten Fälle mitrechnen, stehen die Chancen einer Heirat unter Exzentrikern, ausgehend von unserem Sample in Großbritannien, 1 zu 26. Die Angabe schien viel zu niedrig, aber sie war so. Diese fünf Ehepaare haben insgesamt sieben Kinder gezeugt, von denen bis auf eines alle noch viel zu klein waren, um in der Studie berücksichtigt zu werden. Bei der einen Ausnahme handelt es sich um einen mittlerweile jungen Mann, dessen Reaktion darin bestand, extrem konservativ zu werden und zu versuchen, so normal wie möglich zu sein.

Es wird interessant sein, die Kinder aus diesen Exzentrikerehen zu beobachten, da sie uns vielleicht helfen können, einige vorläufige Einsichten über mögliche Ursachen der Exzentrizität zu gewinnen. Falls für diesen Zustand prädisponierende Gene verantwortlich sind, werden die Kinder sie erben, und ihre häusliche Umgebung ist reich an guten Beispielen für exzentrisches Verhalten. Doch es kann auch sein, daß genetische Vererbung kaum erfolgt und der hohe Anteil von Exzentrikern mit exzentrischen Verwandten lediglich darauf hindeutet, daß es sich um erlerntes Verhalten handelt. Der Kontakt mit einem exzentrischen Onkel oder einer exzentrischen Großmutter dient vielleicht als Vorbild für eine ganz andere Lebensführung und läßt den Zweig sich in die nonkonformistische Richtung neigen.

Diese Milieutheorie bringt eigene Schwierigkeiten mit sich. Trotz der Tatsache, daß die überwiegende Mehrheit der exzentrischen Probanden Kinder hatte, haben bis jetzt nur sehr wenige von ihnen Anzeichen von Exzentrizität erkennen lassen. Es scheint, als ob die meisten Kinder von Exzentrikern dem widerstrebten, so wie der junge Konservative, dessen Eltern beide

Exzentriker sind. So wie das Kind eines Alkoholikers schon den bloßen Geruch von Wein verabscheut, entwickeln diese Kinder die feste Absicht, so konventionell wie möglich zu werden. Exzentrizität der beständigen Art kann, so will es scheinen, nur unter ganz besonderen Umständen entstehen und gedeihen.

KAPITEL 7
EXZENTRISCHE KINDHEIT

Wie ja allerdings wahrscheinlich alle Erziehung nur zweierlei ist, einmal Abwehr des ungestümen Angriffs der unwissenden Kinder auf die Wahrheit und dann sanfte, unmerklich-allmähliche Einführung der gedemütigten Kinder in die Lüge.

Franz Kafka

Exzentrizität ist auch eine Sache der freien Entscheidung, einer Entscheidung, die eine gehörige Portion Mut erfordert. Das gilt insbesondere für den Zeitpunkt, an dem das exzentrische Verhalten seinen Anfang nimmt. Wir alle haben schon einmal den Moment erlebt, in dem wir uns von der Masse abheben, sei es, daß wir unpassend angezogen waren oder eine andere Meinung vertraten als die anderen, und wir kennen dieses furchtbare Gefühl der Verlassenheit, wenn wir merken, daß alle gegen uns sind. Exzentriker schwelgen in ebendiesem Gefühl. Es wird ihnen zur zweiten Haut. Anfangs riskiert der eben flügge gewordene Exzentriker allerdings Spott und Verachtung, ohne das positive, angenehme Gefühl kennengelernt zu haben, das ihm seine Andersartigkeit einmal verleihen kann und in der Regel auch verleihen wird.

Wie wir herausfanden, wußten mindestens zwei Drittel der Exzentriker unserer Studie bereits mit acht Jahren, daß sie sich von allen anderen unterschieden. Doch sie behielten dieses Wissen dann jahrelang für sich, bis sie die ausreichende Selbstsicherheit erworben hatten, es auszudrücken. Diese Verschlossenheit teilen sie mit intellektuell begabten Kindern, die das ganze Ausmaß ihrer Begabung verschleiern, um nicht als merkwürdig angesehen und zurückgestoßen zu werden. Frauen neigten eher als Männer dazu, ihre Exzentrizität zu verstecken, bis sie erwachsen waren. Der exzentrische Science-fiction-Autor Isaac Asimov erinnerte sich an den Augenblick, als ihm klarwurde, daß er anders war:

Als ich sechs war, stand ich an der Ecke und starrte während eines Schneesturms in den Himmel hinauf. Ich beobachtete die Schneeflocken, die hoch in den Wolken dunkel waren, aber sofort weiß wurden, wenn sie auf die Gebäude herunterfielen. Meine Mutter rief mich ins Haus und hielt mir eine endlose Strafpredigt darüber, daß ich mein eigentümliches Verhalten aufgeben solle. Als ich älter wurde, hielt man mich allerdings für einen, im schmeichelhaften Sinne, ungewöhnlichen Menschen.

Es ist schwer, den genauen Zeitpunkt in der Entwicklung eines Kindes zu bestimmen, an dem sich dieses Selbstbewußtsein zeigt. Bis zum Alter von sechs oder acht Jahren fehlt den meisten Kindern die intellektuelle Erfahrung, die Merkmale und Fähigkeiten ihrer eigenen Persönlichkeit mit denen anderer Kinder zu vergleichen. Sie sind mit einfacheren Vergleichen beschäftigt, dem mit den Eltern, Lehrern und anderen Erwachsenen. Psychologen haben herausgefunden, daß die Anpassung in der Mitte der Kinderjahre zunimmt, da der Sozialisationsdruck – Kafkas «unmerklich-allmähliche Einführung in die Lüge» – ständig steigt.

Der Hauptdruck zur Anpassung geht von der Familie aus, durch die Konzentration von Autorität und Macht in den Händen zweier liebevoller, gütiger Menschen, die stets das letzte Wort haben. Eltern wollen, daß ihre Kinder normal sind, daß sie im Sinne der gesellschaftlichen Wert- und Moralvorstellungen aufwachsen. In der Regel werden Kinder dazu erzogen, Instabilität und Wandel zu fürchten und die Bequemlichkeit einer soliden Ordnung und einer festgefügten Routine zu schätzen.

Nur wenige Kinder können sich die Konsequenzen ihrer Handlungen vorstellen, nicht weil sie zu jung oder noch nicht weit genug entwickelt sind, sondern hauptsächlich wegen der Art und Weise, wie man mit ihnen umgeht. Einige Familien fördern Abhängigkeit und Hilflosigkeit, insbesondere bei Mädchen, die erwiesenermaßen Gruppendruck eher nachgeben als Jungen.

Einer der ersten Trends, den wir bei der statistischen Analyse unseres Samples entdeckten, war das deutliche Übergewicht erstgeborener Kinder, sie machten etwas mehr als siebzig Prozent aus. Erstgeborene haben sich in den meisten Kulturen der Welt schon immer einer privilegierten Stellung erfreut: bei den Nomaden, den Jägern und Sammlern und den Ackerbauern ebenso wie bei den traditionellen Schriftkulturen, wie denen der Inder und Chinesen.

Zudem ist jede Art von Verwandtschaftssystem betroffen, ob die Deszendenzlinie nun über die Mutter oder den Vater verläuft oder ob auf beide Verwandtschaftsgruppen dasselbe Gewicht gelegt wird. In manchen Kulturen wird die Zeugung des erstgeborenen Kindes als religiöse Pflicht aufgefaßt und in anderen ist der Glaube verbreitet, daß die Geburt des ersten Kindes den Eltern Unsterblichkeit verleiht. Nach altem jüdischem Recht stand dem erstgeborenen Kind, das auch der älteste überlebende Nachkomme war, der doppelte Anteil am väterlichen Besitz zu. Nach traditionellem polynesischem Recht war der Häuptling der Erstgeborene aus einer Reihe Erstgeborener.

Volksglaube, Sitte und Tradition, gesetzliche Bestimmungen und einfache Familiengewohnheiten verschmelzen im Alltag und tragen zu der Bedeutung des Erstgeborenenstatus bei. Untersuchungen haben gezeigt, daß der Anteil Erstgeborener unter Studenten und berühmten Wissenschaftlern groß ist. Viele dieser Kinder werden allerdings allzu gewissenhaft und konformistisch. Für das ältere Kind kann die Geburt eines Geschwisterkindes zum Ansporn oder zur Quelle endloser Eifersucht und Rivalität werden.

Kommt ein zweites Kind in die Familie, durchlebt das ältere Kind zunächst den von Alfred Adler als «Entthronung» bezeichneten Schock. Das Verhalten beider Elternteile gegenüber dem Erstgeborenen ändert sich nach der Geburt des zweiten Kindes. Das erste Kind steht nun nicht mehr im Mittelpunkt der elterlichen Aufmerksamkeit, möglicherweise wird ihm einige Zeit sogar eine geringere Priorität eingeräumt. Erstgeborene Kinder entwickeln Machtstrategien gegenüber ihren neuen Geschwistern, die sie oft bis zur Aggression provozieren. Das älteste Kind wird darum stets bemüht sein, sich weiter zu profilieren und sich von dem neuen Bewerber um die elterliche Zuneigung erkennbar abzuheben. Das kann sie nachdrücklicher fordernd werden lassen und sie manchmal zu verstiegenen Ambitionen verleiten. In diesem Stadium kann vieles total schiefgehen.

Das Verhältnis zu ihren Geschwistern, das eine exzentrische Frau aus unserer Studie nun beschreibt, läßt diese Bälger in ganz neuem Licht erscheinen:

Wir wollten alle zusammen in den Zoo gehen, und meine Schwester war unten und weinte. Ich hatte gesehen, wie mein Vater meiner Mutter einmal eine Zigarette gab, um sie zu beschwichtigen, als sie verstimmt war, und es kam mir in den Sinn, daß dasselbe vielleicht auch bei meiner Schwester helfen könnte. Ich fand eine Schachtel und versuchte, ihr eine Zigarette in den Mund zu stecken. Meine Mutter dachte, ich wollte sie ersticken, und dann schlug mich mein Vater so arg mit einem Golfschläger, daß ich kaum laufen konnte. Was mich ärgerte, war die Ungerechtigkeit dabei. Von da an gab es ein geistiges Kräftemessen zwischen mir und meinem Vater, meine Mutter spielte keine Rolle mehr für mich. Meine Schwester war für mich wie eine Fremde. Meine Hauptpriorität war Platz *– ich bestand auf meinem eigenen Schlaf-*

zimmer und bekam es, indem ich meine Schwester so lange terrorisierte, bis sie starke Beunruhigung zeigte, wenn man sie mit mir allein ließ. Antisoziales Verhalten hat mir sehr viel genützt.

Als ich zwölf war, hatte ich die Oberhand gewonnen. Meine Familie hatte mehr Angst vor mir als ich vor ihr. Um nicht mit der undankbaren Aufgabe der Beaufsichtigung von Geschwistern behelligt zu werden, entwickelte ich die Gewohnheit, «mich nicht erinnern zu können» – insbesondere nicht zu wissen, wo ich meine Schwester gelassen hatte, und ich ließ den Kinderwagen samt Inhalt an diversen Stellen zurück. Weil ich herausbekommen hatte, daß meine Mutter Landstreicher nicht leiden konnte, widmete ich mich ihnen eifrig und genoß so eine nützliche, nicht gerade standesgemäße Erziehung. Normalerweise war ich ohne Aufsicht alleine zu Hause. Eines Nachmittags ging ich nach draußen, traf einen Landstreicher und lud ihn nach Hause zum Tee ein. Ich bereitete ihm Tee und benutzte dabei das beste Service. Während wir noch dabei waren, kam meine Mutter zurück und war ziemlich ärgerlich, besonders wegen des Teeservices.

Mit sieben oder acht Jahren entwickeln Kinder gewöhnlich ein Gespür für die Ähnlichkeit und Verschiedenheit zwischen ihrer eigenen Persönlichkeit und der anderer. Ihre Motivation, soziale Vergleiche zwischen sich und anderen zu ziehen, wird bereits mit vier Jahren erkennbar und erreicht mit sieben bis neun Jahren ihren Höhepunkt. Auch die meisten Exzentriker, mindestens zwei Drittel aus unserer Stichprobe, bemerkten in diesem Alter, oder es wurde ihnen später erzählt, daß sie anders waren. Wie das geschah, warum sie es fühlten und wie sie darauf reagierten, ist im Leben eines Exzentrikers fast ausnahmslos an ein einschneidendes Ereignis gebunden.

Es kann ganz zufällig passieren. Eine Britin aus der Studie war zur Zeit des Zweiten Weltkrieges noch ein Kind. Als sie während der schweren Luftangriffe aus London evakuiert wurde und bei ihrer Großmutter wohnte, ging sie in dem Dorf auch zur Schule und lernte schreiben. Im nächsten Jahr zog die Großmutter um und als unsere Probandin erneut evakuiert wurde, benutzte man in der Schule des neuen Dorfes eine andere Sorte Schreibpapier, mit einer Hilfslinie, die den Kindern die Buchstabenführung erleichtern sollte. «Deshalb sagte ich: ‹Bitte, Fräulein, kann ich auf den normalen Linien schreiben?› Alle anderen Kinder kicherten, und die Lehrerin bestand darauf, daß ich noch einmal schreiben lernen sollte wie alle anderen.» Heute ist sie der Meinung, daß diese frühe Erfahrung tyrannischer Willkür der Gesellschaft in der Schule ihr den Weg in die Exzentrizität wies.

Manchmal kann ein zufälliges Zusammentreffen der Auslöser sein. Eine andere englische Dame berichtete, daß eine einzige, mit Überzeugung ausgesprochene Bemerkung ihr Leben als Exzentrikerin besiegelte: «Es gab da ein älteres Ehepaar, das bei uns in Bath in der Nähe wohnte. Sie waren Spiritisten. Eines Tages legte die Frau ihre Hand auf meinen Kopf und sagte zu meinen Eltern: ‹Ihr Kind ist wahrhaftig übersinnlich veranlagt.› Obwohl ich nicht wußte, was das Wort bedeutete, erinnere ich mich an das Gefühl, daß es mich als anders seiend auswies.»

Eine dritte Frau unserer Studie erzählte uns, daß sie mit neun Jahren entschied, anders zu sein als alle anderen, weil sie Salome hieß: «Ich traf die Entscheidung, daß ich, wenn ich schon so einen ungewöhnlichen Namen habe, verdammt noch mal auch anders sein wollte.»

In einigen Fällen war eine Verwirrung der Geschlechterrolle das auslösende Moment. Die Eltern einiger Exzentriker behandelten diese in ihrer Kindheit, als ob sie es lieber gesehen hätten, wenn sie dem anderen Geschlecht angehört hätten. Das führte zu einer Verwechslung der Geschlechterrolle, obwohl es tatsächlich viel öfter positive, androgyne Gefühle stimulierte als eine homosexuelle oder bisexuelle Orientierung. Die folgenden Äußerungen einer exzentrischen Frau beziehungsweise eines Mannes veranschaulichen, wie ein solcher Geschlechterrollentausch dazu beitragen kann, ein exzentrisches Leben einzuleiten:

Ich war kein typisches Mädchen. Ich wurde wie ein Junge erzogen. Als mein Vater aus dem Krieg heimkam, freute er sich unheimlich, weil ich mich für alles interessierte und alles konnte, was er machen wollte. Ich wurde dazu erzogen, wie ein Junge zu denken und zu handeln und einfach ein Junge zu sein. Es gefiel mir. Ich hätte nicht tauschen wollen. Ich mag noch immer gerne schießen und angeln.

Die Schwierigkeit, die ich seit dem zweiten Lebensjahr hatte, war, den strengen, völlig unangebrachten Normalitätsansprüchen meines Vaters, was das angemessene Verhalten eines Jungen betrifft, zu genügen. Um ihm zu gefallen, hätte ich dem Einfluß meiner Mutter vollkommen unzugänglich sein müssen. Ich hätte sogar ungehorsamer sein müssen, als ich überhaupt wollte.

Viele Exzentriker durchlebten in ihrer Kindheit Phasen der Isolation. Sie wurden aufgrund ihrer Andersartigkeit von Gleichaltrigen ausgegrenzt oder waren aufgrund von Umständen isoliert, die mit der Ausbildung der Exzentrizität zusammenhängen. In dieser Zeit griffen sie auf ihre eigenen Mittel der Unterhaltung und des Trostes zurück und experimentierten mit ihrem einsamen Umfeld. Dieser Zeitvertreib erwies sich für sie als recht lohnend und fesselnd und entfernte sie noch weiter von der normalen Kindheit. Eine Frau, die in Texas in der Nähe der NASA aufwuchs, war vom Weltraum besessen:

Habe ich schon meinen Freund vom Mars erwähnt? Etwa seit meinem achten Lebensjahr hatte ich einen imaginären Freund vom Mars. Ich überlege manchmal noch, ob er nicht doch existierte. Daß wir zur Zeit des Rennens im All gerade dort lebten, hat natürlich dazu beigetragen. Meine Güte, einmal war Scott Carpenter bei uns zum Abendessen eingeladen. Er brachte mir ein Modell der Raumkapsel Mercury mit. Ich habe mich oft in meine Phantasiewelt auf dem Mars geflüchtet. Zwischen meinem achten und vierzehnten Lebensjahr habe ich mehr Zeit auf dem Mars verbracht als auf der Erde. Beim Erledigen von solchen Sachen wie dem Anziehen war ich sehr langsam. Ich habe immer geträumt. Auf dem Mars gefiel es mir.

Die meisten Menschen sehen die emotionale Atmosphäre zu Hause für die Entwicklung der Persönlichkeit als besonders wichtig an. Dafür werden gemeinhin die Eltern verantwortlich gemacht, obwohl neuere Studien zum Familienleben auch die Bedeutung von Interaktionen mit anderen Generationen und das eigene Verhalten des Kindes betonen. Die Forschung über Kindererziehung ist bisher fragmentarisch gewesen, und die Psychologen beginnen erst, die komplexen Zusammenhänge der aufeinander einwirkenden Kräfte zu verstehen.

Eltern sind keine reibungslos funktionierenden Kind-Indoktrinationsmaschinen, und sie sollen es auch nicht sein. Dennoch steht ihnen eine ganze Menge wirkungsvoller und überzeugender Mittel zur Verfügung, um das Verhalten ihrer Kinder zu beeinflussen. Allen voran ihre Macht, das Kind zu belohnen und zu bestrafen, die nicht allein auf ihrer Kontrolle der Besitztümer basiert, die ihr Kind für erstrebenswert hält, sondern auch auf der emotionalen Bindung an die Eltern und der Abhängigkeit von ihnen. Bestrafung kann als Mittel zur Eliminierung und Modifizierung unerwünschter Reaktionen effektiv sein, dieselbe Strafe wird sich aber bei verschiedenen Kindern unterschiedlich auswirken. Psychologische Studien haben gezeigt, daß positive Bestätigung als Mittel zur Änderung eines Verhaltens sehr viel verläßlicher und deshalb voraussagbarer ist als Bestrafung. Doch das hindert viele Eltern nicht daran, körperliche Züchtigung anzuwenden, wenn sie meinen, ihre Kinder hätten sich kraß danebenbenommen.

Obwohl das Verhältnis des exzentrischen Kindes zu seiner Familie genauso stark prägend ist, wie das bei einem normalen Kind der Fall ist, gibt es keinen Beweis dafür, daß Nonkonformismus dem Kind allein durch die Erziehung eingepflanzt werden kann. Die meisten Exzentriker werden von normalen, angepaßten Menschen erzogen, die das abweichende Verhalten ihrer Kinder fast immer verblüfft. Umgekehrt können die Kinder von Exzentrikern zum Entsetzen ihrer Eltern einen Zwang zur Anpassung an den Tag legen.

Das Hauptmittel elterlicher Kontrolle über exzentrische Kinder ist feindselige Kritik. Rückblickend hegen nur wenige Exzentriker ihren Eltern und Geschwistern gegenüber innige und positive Gefühle. Ihr Verhältnis zu anderen Familienmitgliedern war in der Regel unglücklich und gespannt, sie gaben gleichermaßen häufig Vater oder Mutter als Quelle kritischer Kommentare und Einwände an. Immer wieder beschwerten sich unsere Exzentriker über höchst repressive und sogar mißhandelnde Eltern. Hier sind ein paar Schilderungen dessen, was es heißt, das Objekt einer solchen Kindererziehung zu sein:

In meiner Familie wurden außer Zorn nur sehr wenige Gefühlsregungen gezeigt. Meine Familie hält mich für einen Taugenichts und hat das schon immer getan. Meine Eltern wurden in den frühen fünfziger Jahren geschieden und haben seitdem den Dritten Weltkrieg geführt. Megatonnen von Kritik wurden über mir ausgeschüttet. Als ich klein war, sagte mein Vater: «Ich bezweifle, ob er überhaupt intelligent ist.» Deshalb ließen sie mich einen Intelligenztest machen. Danach hieß es dann: «Wir wissen, daß du klug bist, aber…»

Als Teenager hatte ich niemanden, mit dem ich reden konnte. Man kam sich vor wie Treibholz und kam gar nicht auf die Idee zu fragen. Das machte man nicht. An mir wurde nur herumkritisiert.

Ich erinnere mich daran, daß ich als kleines Mädchen einmal die Zweitbeste in der Klasse war, und anstatt mich zu loben, sagte meine Mutter: «Ah, Zweite...» Ich weiß noch genau, was ich darauf antwortete: «Und was hättest du gedacht, wenn ich 22. gewesen wäre?» Ich glaube, sie war so kritisch mit mir, weil sie mich mit meinem Vater zu vergleichen pflegte, den sie nicht mochte: «Er lügt, und du tust es auch.» Ich log in Wahrheit aber gar nicht.

Selbstverständlich geben diese Äußerungen nur die eine Seite wieder. Immerhin muß es für ein Elternteil ungeheuer anstrengend sein, ein Kind zu haben, das der kleinen Schwester eine Zigarette gibt und sie auf der Straße zurückläßt. Einige Exzentriker deuteten selbst an, daß sie den Zorn und die Enttäuschung ihrer Eltern heraufbeschworen hätten. Das Gefühl, die ganze Welt gegen sich zu haben, mag zu ihrem sich herausbildenden Sinn für Originalität und Kreativität beigetragen haben.

Das Empfinden von Isolation und Frustration aufgrund ungerechter Behandlung nimmt bei exzentrischen Kindern noch zu, wenn sie in die Schule kommen. Schulen sind von Natur aus Einrichtungen, die Anpassung belohnen und vom Schüler verlangen, sich der Pädagogik des Lehrers unterzuordnen. Noch schlimmer ist, daß der junge Exzentriker häufig vom Lehrer erniedrigt wird. Die Exzentriker hinterfragten als Kinder nicht nur Erziehungsmethoden und Schulvorschriften, sondern auch den Lehrstoff und manchmal sogar die diesem zugrunde liegende Philosophie. Der folgende Kommentar stammt von einer exzentrischen Professorin, deren Intelligenzquotient, wie wir feststellten, bei 150 lag.

Ich bemerkte zuerst, daß ich sonderbar war, als ich mit fünf Jahren zur Schule kam. Die Lehrer fand ich dumm. Am ersten Tag fragten sie mich, ob ich gerne Milch trinken möchte. Ich sagte: «Nein, danke.» Sie bestanden darauf, daß ich es trotzdem tue. Ich dachte, wie dumm die Lehrerin ist, da sie mich doch zuvor gefragt hatte. Ich konnte meinen Namen schon schreiben, aber sie bestand darauf, daß ich mein Namensschild auf dem Tisch stehenlassen sollte. Das wäre in Ordnung gewesen, wenn sie das damit begründet hätte, so meinen Namen lernen zu können oder den anderen Kindern kein Gefühl von Minderwertigkeit vermitteln zu wollen, aber eine einsehbare Begründung wurde mir nicht genannt. Die Lehrer bestanden immer darauf, daß man zur Toilette ging, wenn man gar nicht mußte, solche Sachen waren es. Ich fühlte mich so seltsam, weil die anderen Kinder zu akzeptieren schienen, daß all dies normal sei, und ich es nicht tat.

Derartige Überlegenheitsgefühle sind typisch für junge Exzentriker, die deswegen bei ihren Klassenkameraden auch selten beliebt sind. Die Exzentriker unserer Studie gaben an, daß sie sich in Bücher oder in Phantasiewelten flüchteten und diese einsamen Interessen lohnender empfanden als Gemeinschaftsspiele, die ihnen vergleichsweise banal und sinnlos erschienen. Diese Sensibilität für Banalität und Langeweile setzte sich auch im Erwachsenenalter fort und wurde etwas, was sie tunlichst vermieden.

Konkurrenz ist für den jungen Exzentriker nichts weiter als unnötige Zeitverschwendung, und Zusammenarbeit bedeutet ihnen eine Behinderung durch die weniger Begabten. Bei dieser Haltung verwundert es nicht, wenn andere Kinder junge Exzentriker als Querulanten und Eigenbrötler betrachten – meistens verhielten sie sich auch so. Viele Kindheitserinnerungen hörten sich ähnlich an wie diese:

Ich fand es sehr schwierig, mit anderen Kindern auszukommen. In der Schule verbrachte ich die Pausen meistens allein in einer Ecke auf dem Schulhof. Sooft ich versuchte, mich mit meinen Schulkameraden anzufreunden, verblüffte mich ihre Kleinlichkeit, ihr Egoismus und am meisten von allem ihre Heuchelei. Ich weinte oft, und Kinder, die leicht weinen, sind in der Schule nie beliebt. Meine vier Jahre in der Grundschule waren vermutlich die unglücklichsten in meinem ganzen Leben. Ich war auch vorher schon arg gepiesackt worden, aber dort wurde ich verprügelt, getreten, bespuckt und tagtäglich auf hunderterlei Arten gedemütigt. Deshalb bin ich auch niemals aufs College gegangen.

Auch dieser Bericht gibt nur die eine Seite wieder, und soviel Mitleid wir mit einem Kind haben, das viel weint, ist das doch keine umgängliche Eigenschaft.

Gelegentlich ist ein junger Exzentriker ein beliebter Unruhestifter, ein charismatischer Rädelsführer. Eine Frau berichtete uns, daß sie sich während der ersten Schuljahre langweilte, weil sie bereits lesen und schreiben gelernt hatte. In der Vorschule forderte sie, nur zum eigenen Vergnügen, die anderen Kinder auf, die Tinte aus dem Füllfederhalter zu trinken. Als sie krank wurden, verlangte die Lehrerin von ihrer Mutter, sie zur Rechenschaft zu ziehen, was diese aber nicht konnte und bei dem Mädchen wiederum dazu führte, daß sie ihre Mutter und ihre Lehrerin verachtete. Später zog sie mit einem Trupp Kinder los, meistens Jungen, die Passanten von ihrem Vorgarten aus mit Wasserpistolen naß spritzten.

Nachdem sie wegen ihres zersetzenden Einflusses die Schule hatte verlassen müssen, wurde sie auf eine Klosterschule geschickt. Schon im ersten Jahr bat man ihre Eltern, sie auch von dort wieder herunterzunehmen. Ihr Sündenregister las sich wie ein Lexikon der Ungezogenheit: Sie kam barfuß in die Schule, schwatzte während der Stunde, rannte auf den Fluren, versäumte es, die Nonnen entsprechend anzureden, stand für die Mutter Oberin nicht auf und, was am schlimmsten war, sie verleitete ihre Schulkameradinnen zu offener Rebellion und Sünde. Hinter der zuletzt genannten Anschuldigung «verbarg sich lediglich, daß ich sie gefragt hatte, ob sie – unerhört – wirklich an die unbefleckte Empfängnis glaubten und so weiter. Eine Strafe, auch harte Schläge, war bei mir nutzlos. Ich lachte nur, und natürlich ärgerte das denjenigen, der die Strafe vollzog, noch mehr.»

Die Pubertät bricht mit einer siedend heißen Intensität aus, die Eltern erschrecken kann, und die diese oft als grundlose Rebellion auffassen. Es ist bekanntlich ein derart allgemeines Phänomen, daß Anna Freud einst so weit ging zu behaupten, jugendliche Aufsässigkeit sei unentbehrlich, um ein gefestigter Erwachsener zu werden. Das war übertrieben, wenn nicht sogar ein Irrtum. Die neueste Forschung hat gezeigt, daß vierzehn bis zwanzig Prozent aller Jugendlichen sich niemals auflehnen und aus ihnen trotzdem normale Erwachsene werden. Auch die ethnologische Feldforschung von Margaret Mead und anderen zeigt, daß Jugendliche in einigen Kulturen nicht rebellieren.

Viele junge Exzentriker haben ihre pubertären Kämpfe bereits ausgefochten und gewonnen, bevor sie ins Teenageralter kommen. Diejenigen, die gegenüber ihren Eltern und Lehrern in der Kindheit aufbegehrten, haben ein gut entwickeltes Gefühl für ihre Einzigartigkeit und sind stolz auf ihre Unabhängigkeit. Ihre schwer errungene Freiheit wiegt mehr als die Strafen, die sie erhalten haben, und ihr Mut hat sie mit der Fähigkeit ausgestattet, für unpopuläre Anliegen einzutreten. Manchmal beschließen exzentrische Teenager einfach, sie selbst zu sein, ob mit oder ohne Billigung von Eltern oder Gleichaltrigen.

Ein Heranwachsender, der auch nur ein bescheidenes Maß an Selbstbewußtsein erlangt hat und seinen eigenen Weg geht, ohne sich darum zu kümmern, ob er beliebt ist oder nicht, stellt möglicherweise fest, daß seine Altersgenossen ihn für einen Ausbund an Stärke halten. In den ersten Jahren des Erwachsenwerdens steigt der Druck, sich zu einer gefestigten Persönlichkeit zu entwickeln, zu der sowohl eigene Werte als auch sich verschiebende Gruppenbindungen gehören. Der unabhängige exzentrische Jugendliche erreicht dieses Ziel eher als der

Durchschnitt. Demgegenüber werden junge Exzentriker, die schüchtern und introvertiert sind, von Gleichaltrigen nicht beachtet und sind nach dem Reifungsprozeß sozial isoliert.

Die frühe Entwicklung sexueller Merkmale und Gefühle ist für zusätzlichen Streß und aufmüpfiges Verhalten gegenüber den Eltern verantwortlich. Wenn das körperliche Erscheinungsbild sich verändert, sind die Jugendlichen von großer Sorge darüber erfüllt, wie die Reaktionen anderer auf sie sein werden. Wer die physischen Veränderungen in einem frühen Alter durchmacht, durchbricht häufiger Regeln. Eine frühe biologische Geschlechtsreife kann, insbesondere was die Erziehung und persönliche Beziehungen betrifft, Langzeitfolgen nach sich ziehen. Das zeigt der Fall einer jungen Frau aus unserer Studie:

Mit elf Jahren fühlte ich mich sexy, wie ich mich erinnere. Ich ging in meinem neuen Sommernachthemd ins Wohnzimmer, als wir Besuch von einem zwölfjährigen Jungen und seiner Mutter hatten. Prompt wurde ich von meiner Mutter gerügt, stolzierte aber einige Wochen später vor demselben Jungen im Büstenhalter herum. Meine Eltern waren wütend auf mich, als ich von der Schule flog, weil ich mit Chorknaben ausging. Ich riß aus und tat alle möglichen Dinge, die meine Eltern nicht guthießen. Meine Mama hätte es gerne gesehen, wenn ich einen reichen Mann geheiratet hätte, früh. Das wäre nett gewesen, aber sie waren alle so dumm, daß ich sie nicht ertragen konnte. Das größte Problem in meinem Leben waren Männer – im Plural – und meine totale Unfähigkeit, nein zu sagen. Wenn ein Mann mit mir ins Bett gehen will, sage ich ja, weil ich dumm bin.

Jugendliche Exzentriker können aus vielen Gründen eine große Anpassungsfähigkeit entwickeln. Diese Teenager mögen es vorziehen, lieber ausgelacht als ignoriert zu werden. Verhalten sie sich nonkonformistisch, ist ihnen einige Aufmerksamkeit gewiß. Ein Verhalten, das sich über Konventionen hinwegsetzt und Autoritätspersonen frustriert, eignet sich gut zur Stärkung des eigenen Selbstvertrauens und zur Erkenntnis dessen, was man möchte. Ein eindeutiger Weg, diese Autonomie zu demonstrieren, ist, gegen den Strom zu schwimmen, andere gegen sich aufzubringen, zu opponieren, wo immer es geht, auch wenn kein triftiger Grund vorliegt. Dieser Drang zur Selbstbehauptung führt zu selbstbestätigenden Handlungen und einer unvermeidlichen Unabhängigkeit des Geistes und des Denkens. Diese Art Autonomie zu besitzen, heißt in einem elementaren Sinne, frei zu sein.

Eine berühmte exzentrische Kindheit erlebten die Mitford-Mädchen, die von Nancy, der ältesten, in ihren Romanen *Ein Segen für die Liebe* und *Liebe unter kaltem Himmel*, und von der jüngsten Schwester, Jessica, in der Denkschrift *Hons and Rebels* (in den USA unter dem Titel *Daughters and Rebels* erschienen) verewigt wurde. Die sechs Schwestern und ihr Bruder Tom waren die Kinder von Lord und Lady Redesdale, die von den Kindern Farve und Muv genannt wurden.

Farve war ein ungeheuer gutaussehender Mann voll charmesprühendem Schwung, ein nur mit beschränkten Mitteln ausgestatteter, wenig belesener Aristokrat, der nur für den Sport lebte. Selbst beinahe ein Kind, bot Farve den Mädchen immer ein interessantes Leben. Die Familie unterhielt eine wahre Menagerie, wozu Mungos, Vögel, Schlangen, Kröten und Frösche, Mäuse, Küken, vielerlei Hunde und ein Pony gehörten. Alle paar Jahre ging Farve zum Goldschürfen nach Kanada, stets ohne Erfolg.

Bücher verabscheute er ebenso offen, wie aus ihnen zu lernen. Tom wurde zur Schule geschickt, weil er ein Junge war, die Mädchen wurden, wie Nancy beschrieb, zu Hause nicht erzogen. Als Farve im Ersten Weltkrieg an der Front diente, schrieb er ihr einen Brief, der lediglich die Worte enthielt: «Liebe

Koko, vielen Dank für Deinen letzten Brief. Alles Liebe, Farv.» Lady Redesdale unternahm einmal den Versuch, ihren Mann zu zivilisieren, und las ihm *Tess von den D'Urbervilles* vor. Thomas Hardys trauriger Roman rührte ihn zu Tränen, und seine Frau tröstete ihn: «Sei nicht traurig, es ist ja nur ein Roman.» Er fuhr sie an: «Was! Nicht die *Wahrheit*! Der verdammte Kerl hat das nur erfunden?» Danach konnte er nicht dazu überredet werden, jemals wieder in ein Buch zu schauen, bis Nancy ihn in ihren Romanen literarisch porträtierte. Später behauptete sie, daß er wütend wurde, als er erfuhr, daß er in ihrer Biographie der Madame Pompadour nicht vorkam.

Lady Redesdale war eine sanfte, entrückte Person, die nach Nancy «in ihrer eigenen Traumwelt lebte». Über Kindererziehung hatte sie einige sehr sonderbare Ansichten, insbesondere was Gesundheit und Ernährung betraf. Obwohl sie sich der Anglikanischen Hochkirche bis ins Innerste verbunden fühlte, bestand sie darauf, daß die Mädchen die alten jüdischen Speisevorschriften einhielten. Als ihr Bruder Tom nach Eton geschickt wurde, stellte er in seinem ersten Brief nüchtern fest: «Wir bekommen jeden Tag Wurst.» Seine koscher lebenden Schwestern wanden sich in eifersüchtiger Qual, aber die Regel «kein Schweinefleisch» wurde nicht gelockert. Muv rief den Arzt nur in äußersten Notfällen, jegliche Medizin wurde aber weggeschüttet, sobald dieser nur den Rücken kehrte.

Farve war ein liebevoller Vater, aber sehr launisch. Eines der Kinder war immer sein Liebling, während ein anderes für alles getadelt wurde. Diese Zeit der Schmach nannten die Kinder die «Rattenwoche». Wann eine von ihnen mit der Rattenwoche dran war oder Vatis Liebling wurde, kam plötzlich und ohne ersichtlichen Grund über sie – diese Situation ähnelte den Kindheitserfahrungen elterlicher Launenhaftigkeit, die viele der Exzentriker unserer Studie beschrieben.

Von frühester Jugend an übten die Mitford-Mädchen die Opposition. Als sie im Theater *Peter Pan* ansehen durften und

Peter die Kinder im Publikum bat zu sagen, daß sie an Feen glaubten, um so Glöckchens Leben zu retten, riefen die Mitford-Mädchen laut: «Nein!» Ständig führten sie untereinander einen Vernichtungskrieg, in dem Nancy die grausamste Peinigerin war. Nach Meinung ihrer Biographin Selina Hastings hat sich Nancy nie von dem Schock der Entthronung erholt, als Pam, das zweite Kind, geboren wurde, und ihre Kindheit der Aufgabe gewidmet, Pam das Leben schwerzumachen. Ebenso erbarmungslos drangsalierte sie ihre jüngeren Schwestern. Die zartbesaitete Deborah war besonders empfindlich. Nancy verfaßte ein trauriges Gedicht über ein armes kleines, schutzloses Zündholz, das seine Wirkung nie verfehlte und Deborah zum Heulen brachte:

Ein heimatloses Streichhölzlein
Hat weder Haus noch Dächelein
Ist's auch allein, fängt's nicht an zu schrei'n
Das heimatlose Streichhölzlein.

Nancy beherrschte den Psychoterror so gut, daß sie am Abendbrottisch nur zur Zündholzschachtel greifen und sie Deborah mit traurigem Blick zeigen brauchte, um diese zum Weinen zu bringen.

Später waren es allerdings die «Opfer», Pam und Deborah, die ein ruhiges und normales Leben führten, gut heirateten und Familien gründeten. Deborah heiratete den Herzog von Devonshire, einen der reichsten Männer Englands, und wurde Herrin über den prächtigen Landsitz Chatsworth. Die vierte Schwester, Diana, verließ ihren Ehemann um eines verheirateten Mannes willen, Sir Oswald Mosley, des Führers der British Union of Fascists, und saß während des Zweiten Weltkriegs wegen ihrer Unterstützung des Faschismus im Gefängnis. Unity, das fünfte Kind, ging noch weiter und wurde Nazi, die persönliche Freundin und vielleicht sogar die Geliebte von

Adolf Hitler. Als Großbritannien in den Krieg eintrat, brach sie zusammen und erschoß sich. Jessica, die Jüngste, zog es genau in die andere Richtung – alles, nur nicht das Übliche paßt für Exzentriker –, sie wurde eine überzeugte Kommunistin. Sie brannte mit einem Vetter durch und ging mit ihm nach Spanien, wo gerade der Bürgerkrieg wütete. Als der Zweite Weltkrieg begann, zog sie weiter nach Kalifornien, wurde amerikanische Staatsbürgerin und Mitglied der Kommunistischen Partei. In Nancys Augen machte sie sich zumindest so zum exzentrischsten der Mitford-Mädchen.

KAPITEL 8
DIE EXZENTRISCHE PERSÖNLICHKEIT

Akenside war ein junger Mann,
der mit jedem Gedanken, der irgendwie mit Freiheit
in Zusammenhang stand, bestens vertraut war und von
einer Exzentrizität, die sich bei derartigen Anlagen
kaum vermeiden läßt, er liebte den Widerspruch und
war kein Freund von irgend etwas Feststehendem.

Samuel Johnson in *Lives of the English Poets*

William James äußerte einmal: «Ein Mensch hat so viele soziale Ichs, wie es Personen gibt, die von ihm Notiz nehmen.» Richtig ist auch, daß es ebenso viele Theorien über die menschliche Persönlichkeit gibt wie Psychologen, die über dieses Thema jemals nachgedacht haben. Da es allerdings keine Theorie bisher zu einem universalen Modell der normalen Persönlichkeit gebracht hat, ist es wenig wahrscheinlich, daß eine von ihnen auf die exzentrische Persönlichkeit paßt. Letztlich kann «nicht passen» fast als Definition des Exzentrikers gelten: der eckige Nagel für das runde Loch.

Die Art und Weise, wie der Exzentriker mit der Welt interagiert, kann so grundlegend anders sein, daß der Standardapparat der Psychologie für die Evaluierung der exzentrischen Persönlichkeit fast nutzlos ist. Zu den Haupteigenschaften, die die Psychologen zur Bewertung der Persönlichkeit eines Individuums heranziehen, gehört beispielsweise die Selbstdarstellung. Fünf grundlegende Taktiken der Selbstdarstellung sind beschrieben worden: Sich beliebt machen, einschüchtern, Vorbild sein, hilfsbedürftig erscheinen und Eigenwerbung betreiben. Exzentriker verfolgen außer der zuletzt genannten, die bei ihnen in normalem Maß vertreten ist, keine dieser Strategien. Typischerweise verwenden sie ihre mentalen Energien auf Aktivitäten, die Selbstdarstellung gar nicht nötig haben, wie die sie ganz und gar vereinnahmenden intellektuellen Herausforderungen. Doch kann die Kategorie der Selbstdarstellung für die Exzentriker als grundsätzlich «unzutreffend» abgetan werden. Als uns immer klarer wurde, daß es sinnlos war, Persönlichkeitstheorien, die auf der Fähigkeit des Individuums zur Anpassung beruhen, zur Evaluierung von Personen zu benutzen, die sich gar nicht anpassen wollen, entwickelte ich einige neue experimentelle Kriterien.

Da die Auffassung von Exzentrizität ein subjektives Phänomen ist, schien es logisch, es, so gut wir konnten, mit den Augen eines normalen Menschen zu betrachten und zu versuchen festzulegen, welche Qualitäten es sind, die eine Person zu etwas Besonderem machen. Ein solches Vorgehen heißt zugegebenermaßen, einer subjektiven Konstruktion einfach eine objektive überzustülpen, aber das ist der Kern der Psychologie. Es war das erste Mal, daß sich ein Psychologe damit befaßte herauszufinden, was eine außergewöhnliche Persönlichkeit ausmacht. Ich formulierte fünf als grundlegend für die exzeptionelle Persönlichkeit empfundene Eigenschaften, die wir dann überprüften, indem wir die Exzentriker unseres Samples mit bestehenden Normen verglichen. Ich bezweifle, daß diese Kriterien vollständig sind oder eine Zusammenstellung dieser Art es jemals sein wird, denn Exzeptionalität ist sowohl als Konzept als auch als Weg, die menschliche Natur zu betrachten, schwer zu fassen. Wir erkennen Ausnahmen guten Glaubens an oder meinen es zumindest, aber unsere Beurteilungen basieren oft lediglich auf Teilwissen oder gar nur auf Intuition.

Die fünf Kriterien der Exzeptionalität sind Seltenheit, Extremsein, besondere Eigenschaften, ungewöhnliche Kombinationen von Eigenschaften und die Angewohnheit, gewöhnliche Dinge auf ungewöhnliche Weise zu tun.

Seltenheit

Es dürfte naheliegend erscheinen festzustellen, daß Seltenheit ein Merkmal von Exzeptionalität ist – im Lexikon werden beide als Synonyme angegeben –, wir aber wollen Exzeptionalität dingfest machen. Letztlich muß sie selten genug sein, um … nun ja, außergewöhnlich zu sein, und trotzdem handelt es sich um ein Phänomen, dem wir alle schon einmal begegnet sind. Wie bereits erwähnt, haben wir mittels der üblichen statistischen Analysen festgestellt, daß das Vorkommen klassischer Exzentriker in der Allgemeinbevölkerung bei annähernd 1 zu 10 000 liegt, mit einer Fehlerspanne, die bis zu plus/minus 50 Prozent betragen kann.

Außerdem gibt es vermutlich noch sehr viel mehr Menschen, die einige, aber nicht alle Eigenschaften eines waschechten Exzentrikers aufweisen. Exzentrizität ist mehr als ein Zufallsprodukt oder eine Laune der menschlichen Natur – es ist eine angeborene menschliche Neigung, die in unterschiedlichem Ausmaß in jedem von uns steckt. Möglicherweise tragen viel mehr Menschen das Potential und die Anlage zur Exzentrizität in sich, als sie Gelegenheit, Unverfrorenheit und Mut haben, das nach außen zu zeigen. Diese zweite, gewiß verbreitetere Variante kann gut und gerne hundertmal häufiger vorkommen und vielleicht auf mehr als zwei Millionen Amerikaner und eine halbe Million Menschen in Großbritannien zutreffen.

Extremsein

Die meisten Menschen entsprechen, was die normalen Persönlichkeitsdimensionen betrifft, dem Durchschnitt: Deswegen heißt es ja auch Durchschnitt. Überdies erreichen nur sehr wenige, wenn sie standardisierte Persönlichkeitstests machen, bei einem der Wesenszüge extrem hohe oder niedrige Werte. Obwohl es stimmt, daß derartige Tests zur Evaluierung der exzentrischen Persönlichkeit praktisch nutzlos sind, hielten wir es doch für eine gute Idee, versuchsweise einen solchen in das Sample zu integrieren, um daraus einige Rohdaten über das Ausmaß zu gewinnen, in dem Exzentriker die für den Rest von uns geltenden Normen übertreffen. Wir wählten den 16-PF-Test, den am besten bestätigten Persönlichkeitstest, der zur Zeit international in Gebrauch ist. Er wurde von dem amerikanischen Psychologen Raymond Cattell konzipiert und besteht aus 187 Beschreibungen mit jeweils drei möglichen Antworten. Er erfaßt alle wesentlichen Persönlichkeitsfaktoren, von denen es in Cattells System 16 gibt.

Die Ergebnisse des 16-PF-Tests werden auf einer Zehnpunkteskala gemessen, auf der eins das Nichtvorhandensein einer Eigenschaft markiert und zehn den Sättigungspunkt. Diese extrem niedrigen oder extrem hohen Werte in jeder Persönlichkeitsdimension werden von nur 2,3 Prozent der Testpersonen erreicht. Psychologen hielten derartig extreme Persönlichkeitsmerkmale lange Zeit für äußerst selten. Obwohl zur Unterstützung dieser Annahme strenge mathematische Prinzipien ins Feld geführt wurden, wurde weder dafür noch dagegen jemals ein empirischer Nachweis erbracht. Eine solche Analyse war seit langem überfällig, und sei es auch nur, um sicherzustellen, daß sich gewisse Grundlagenkonzepte der Statistik, wie Normalverteilungen und Wahrscheinlichkeiten, auf das Nichtgreifbare der menschlichen Natur anwenden lassen.

Die ruhige Geschlossenheit der Ballung im Mittelfeld des Kurvenbildes sollte wildwuchernde Vielgestaltigkeit an den Extremen nicht ausschließen. In den Naturwissenschaften ist allgemein bekannt, daß sich dort merkwürdige Dinge abspielen – in der Hochenergie-Teilchenphysik, der Tieftemperaturphysik, bei der Wirkung der Schwerelosigkeit und so weiter. Warum sollte diese Tendenz zu bizarren und exotischen Vorgängen nicht ebensogut für das Funktionieren des menschlichen Geistes gelten?

Wie Sie aus der Tabelle ersehen können, überboten die Exzentriker die 2,3-Prozent-Marke für extreme Werte mühelos um ein Vielfaches. Bedenken Sie, daß diese Angaben nur die äußersten Enden des Spektrums widerspiegeln. Probanden, die bei einer dieser Eigenschaften Werte von zwei oder neun erreichten und die man auch noch als extrem bezeichnen könnte, sind gar nicht eingeschlossen:

Exzentrische Probanden mit extremen Persönlichkeitsmerkmalen (in Prozent)

16-PF-Persönlichkeitsfaktor	*Männer*	*Frauen*
dominant, sich durchsetzend	14	39
intelligent, gescheit	15	15
geradeheraus, spontan	15	14
mißtrauisch	11	10
phantasievoll, unkonventionell	11	8
mutig, kühn	7	11
reserviert, distanziert	5	5
selbstbewußt, gelassen	3	10
unabhängig, einfallsreich	10	7
radikal	5	6
hartgesotten, zäh	4	5
den eigenen Trieben folgend	1	8
entspannt, ruhig	4	6
eigennützig, Regeln mißachtend	6	6
schüchtern, scheu	7	1
gefühlsbetont	7	3
ernsthaft	3	5
impulsiv	6	2
emotional stabil	5	4
empfindsam, feinfühlig	6	3

Fast jedes Persönlichkeitsmerkmal war bei den Exzentrikern in extremem Ausmaß vorhanden, entweder in positiver oder negativer Hinsicht. Beim Durchsetzungsvermögen lagen die Werte besonders hoch, was nicht verwunderlich ist, da es ein außergewöhnliches Maß an Mut und Selbstvertrauen erfordert, um Vollblutexzentriker zu sein, besonders bei einer Frau.

Besondere Eigenschaften

Nicht nur in den Extremen der Persönlichkeit, die klinisch mit dem 16-PF-Test gemessen wurden, auch in ihrer Lebensführung tendieren Exzentriker zum Extremismus. Nichts machen sie halb, sie entfalten einen grenzenlosen Enthusiasmus, der dazu führen kann, daß sie besondere Eigenschaften annehmen und daher als exzeptionell dastehen.

Dies ist oft eine Folge ihrer schier unersättlichen Neugier. Möchte sich beispielsweise ein normaler Mensch über Elektrizität informieren, wird er höchstwahrscheinlich ein Buch zu diesem Thema lesen oder vielleicht einen Dokumentarfilm im Fernsehen ansehen. Ein Exzentriker wird sehr viel mehr lesen und sich intensiver damit auseinandersetzen. Auch wird er vielleicht die ortsansässige Elektrizitätsgesellschaft anrufen und vereinbaren, einen Generator in Betrieb zu beobachten, um zu sehen, wie er funktioniert. Dann klingelt er womöglich an der Tür eines Professors der Ingenieurwissenschaften oder der Physik, um ihm abwechselnd naiv und gelehrt klingende Fragen zu stellen.

Ein solches vollständiges Aufgehen in einem Thema, manchmal unter Ausschluß alles anderen, kann ein Individuum dazu führen, sich ganz mit dem Thema und den damit verbundenen Persönlichkeiten zu identifizieren, ein Einfühlungsvermögen, das an Besessenheit grenzt. Etliche unserer britischen Exzentriker gingen zum Beispiel ganz in der Robin-Hood-Legende auf.

Ein Mann identifizierte sich mit diesem Helden, der die Reichen bestahl und die Armen beschenkte, so weitgehend, daß er in den Sherwood Forest zog und auch offiziell den Namen seines Heroen annahm. Jetzt trägt er die originalgetreue mittelalterliche Kleidung eines Waldbewohners – ist ganz in Grün gekleidet, ausgerüstet mit Langbogen, Köcher mit Pfeilen und grünem Hut – sieben Tage in der Woche. Bevor er zu Robin Hood wurde, verdiente er seinen Lebensunterhalt ironischerweise, indem er Geldautomaten aufstellte.

Auch begegneten wir der Feministin Robina, einer Frau mit festen Überzeugungen, die das Image von Robin Hood benutzte, um Stellung zu beziehen. Die erfolgreiche Akademikerin interessiert sich mehr für das Tragen von Männerkleidern als für die Umverteilung von Reichtümern. Robina genießt die Wirkung, die sie erzielt, wenn sie ihr grünes Habit anlegt und zielbewußt in der Stadt umhergeht. Auch Robin St. Claire wandelt auf Robin Hoods Spuren, er lebt zusammen mit seiner Freundin, Lady Marian, in einem Wohnwagen am Ufer des Sees von Windermere in der englischen Grafschaft Cumbria. Beide sieht man in den Pubs des Lake District, wie sie in vollem Ornat zechen und ihre Gefolgschaft ergötzen.

Weniger ostentativ verhält sich John Goodheart, der auf die entsprechende Ausstaffierung in der Regel verzichtet, statt dessen aber darauf besteht, mit Robin Fitzodo de Locksley verwandt zu sein, der historischen Gestalt, auf die die Robin-Hood-Legenden zurückgehen. Nach jahrelangen geduldigen heraldischen Forschungen im British Museum hofft nun Goodheart, ein höchst respektabler Staatsbeamter, seinen Fall vor den Europäischen Gerichtshof für Menschenrechte zu bringen und für sich den Titel Lord John Pope-de-Locksley, K. O. T. O. einzuklagen (wir haben nie herausbringen können, wofür diese Initialen stehen).

Es ist wichtig, hier zwischen einer Person zu unterscheiden, die an Persönlichkeitsspaltung leidet – dem verbreiteten Bild des phantasierenden Verrückten, der meint, er sei Napoleon – und einem Exzentriker. Letztere wissen, daß sie in Wirklichkeit nicht Robin Hood sind. Sie sind durchaus fähig, sich umzuschauen und festzustellen, daß sie sich nicht in einem mittelalterlichen Abenteuerroman befinden. Sie gehen mit ihrer lebhaften Phantasie nur einen Schritt weiter: Statt müßig zu träumen, wie schön es wäre, ihrem öden Alltagseinerlei zu entfliehen und das romantische Leben eines Robin Hood zu führen, tun sie es einfach. Das mag nur Spiegelfechterei sein, aber ihre produktive, gewaltige Einbildungskraft erlaubt es ihnen, den Glauben daran auf eine höhere Ebene zu ziehen.

Andere Exzentriker identifizieren sich nicht mit einer Person, sondern mit einer Sache. Alan Fairweathers allumfassendes Interesse gilt der Kartoffel – ihrer Geschichte, wie man sie klont und anbaut, jedem nur denkbaren Aspekt dieser Pflanze. Jede Mahlzeit, die er zu sich nimmt, besteht ausschließlich aus Kartoffeln, zwei Pfund davon, gekrönt von einem Riegel Schokolade, wozu gelegentlich eine Vitaminpille kommt, und vielen Tassen Tee. «Kartoffeln enthalten alles, was ich zur Ernährung brauche», sagt er. «Mich kann man nicht dazu bringen, etwas anderes zu kochen.» Er bedarf wenig Ermunterung, sich über die soziopolitischen Auswirkungen dieses Knollengewächses auszulassen oder wie man ihre hundert oder mehr Sorten am besten zubereitet. (Sein Lieblingsrezept: die Kartoffeln ungeschält in kochendes Wasser tauchen; nach 20 Minuten in einer heißen, trockenen Pfanne schwenken, bis sie flockig sind.)

Fairweather ist für seine Stellung als Kartoffelinspekteur im Ministerium für Landwirtschaft, Fischerei und Lebensmittel prädestiniert, ein Beruf, den er offensichtlich mit großem Enthusiasmus ausübt. Jedes Jahr verbringt er seinen Urlaub in Südamerika, wo die Kartoffel seiner Ansicht nach herstammt. Er schläft in einem Schlafsack auf dem Fußboden seines Arbeitszimmers und vermietet alle vier Schlafräume seines Hauses: «Ich sehe nicht ein, warum ich einen Extraraum reservieren soll, nur um darin bewußtlos zu werden.»

Die meisten Exzentriker verfügen über einen ungewöhnlichen, typischerweise auch unberechenbaren, Sinn für Humor. Dieser kann sie allerdings manchmal zu Entgleisungen verleiten, die den guten Geschmack verletzen, wenn sie sich bemüßigt fühlen, spitze Bemerkungen über soziale Konventionen zu machen. Ein in Oxford erzogener Jamaikaner mit einer surrealen Lebensphilosophie wollte beispielsweise zu Vorstellungsgesprächen im Frack mit Zylinderhut und weißer Krawatte erscheinen. Er erklärte dazu: «Um zu verhindern, daß man die Toilette hinuntergespült wird, darf man sich niemals nach den strengen gesellschaftlichen Wertmaßstäben richten.» Er erzählte, ein Freund habe ihm gesagt: «Würde sich jeder so verhalten wie du, ginge die Welt zugrunde.» Worauf er antwortete: «Es sind die Spießer, die die Welt zugrunde richten.»

In der Ausgelassenheit, mit der sie ihren Sinn für Humor bekunden, können Exzentriker extrem sein. Auch richtet sich die Art und Weise, wie normale Menschen einen Exzentriker sehen, oft danach, was sie lustig finden. Nicht jeder kann über die Späßchen dieses Exzentrikers lachen, dessen Hang zum Schabernack einer seiner Freunde wie folgt beschreibt:

Er sammelt Ritterrüstungen und indische Nippsachen, wohnt in einer riesigen georgianischen Villa und pflegt einige seltsame Gewohnheiten. Einer der harmlosesten Scherze ist noch, einem seiner weiblichen Gäste eine Schale mit Baisers ins Gesicht zu drücken, nicht ohne sie vorher um ein Urteil zu bitten, ob sie aufgegangen seien. Unter einem Eßzimmerstuhl befindet sich eine kleine Falltür – ist ein Langweiler eingeladen, wird er dort plaziert und in den Weinkeller expediert, wenn er nicht mehr zu ertragen ist. Den Vogel hat er mit der Miniaturbombe abgeschossen, die er in der Geburtstagstorte seines Sohnes versteckte und die losging, als der Junge die Kerzen anzündete, all seine kleinen Freunde waren mit

Zuckerguß bedeckt. Seine schon seit langem genervte Frau mußte alle säubern und nach der Einladung die Sache gegenüber den Eltern erklären und sich entschuldigen.

Exzentrischer Humor zeigt eine große Bandbreite und reicht von Sanftheit bis zu Explosivität. Auntie Barbara Hovanetz aus Winter Park, Florida, ist Präsidentin und Gründungsmutter der «National Frumps of America». Ein *Frump* ist, nach Hovanetz, eine *Frugal* (genügsame), *Responsible* (verantwortungsvolle), *Unpretentious* (anspruchslose), *Mature* (reife) *Person.* «Wir schleppen Büchereiausweise und einen Koffer voller Bilder von unseren Kindern und unserem Hund mit uns herum», erklärte sie. «Wir essen Mettwurst auf Weißbrot und halten in der Billigabteilung von Supermärkten nach Sonderangeboten Ausschau.» Alles begann in ihrem Freundeskreis an der University of Iowa. «Meine Freunde und ich waren zu nett zur Rebellion. Wir spielten Bowls und Minigolf und züchteten auf unseren Zimmern in leeren Margarinebehältern Veilchen.»

Hovanetz und ihre Freunde gaben ihre frumpische Lebensweise nie auf und gründeten anläßlich ihres zwanzigsten Klassentreffens beim Hackbraten im Howard Johnson's die «NFA». Sie meinte, daß sie an ihrem Mann, Onkel Ed, nicht sein Geld und gutes Aussehen angezogen habe, sondern vielmehr «seine Sammlung nicht zusammengehöriger Schnürbänder und ausgetrockneter Kugelschreiber». Das meinte Hovanetz offensichtlich ironisch, trotzdem haftet ihrer Hingabe an die Genügsamkeit etwas Ernsthaftes an. Ein gewöhnlicher Mensch könnte sich spaßeshalber als *Frump* bezeichnen, wer aber so weit geht, eine Gesellschaft zu gründen, Mitgliedsausweise zu verteilen und ein eigenes Nachrichtenblatt herauszugeben, kann schon als außergewöhnlich gelten.

Die amüsantesten Exzentriker sind diejenigen, die mit todernster Miene Dinge tun, die – ohne daß sie es merken – andere Menschen sich vor Lachen ausschütten lassen.

Zu ihnen gehört auch die gutbetuchte Dame, die in dem folgenden Auszug beschrieben wird:

Bei meiner Mutter konnte man sich immer darauf verlassen, daß sie etwas Unerwartetes tun würde. Ihre eigentliche Passion waren Treppen. Sie riß sie heraus und setzte sie mit unbekümmertem Eifer wieder ein. Fünf Jahre lang hat sie die Haupttreppe hin und her geschoben – ohne sie natürlich je wieder einsetzen zu lassen. Der einzige Zugang zum zweiten und dritten Stock war eine Außenleiter. Noch in meinen Sechzigern kann ich über eine drei Stockwerke hohe Leiter klettern. Sie nahm das Haus vollständig auseinander, bevor die Treppe schließlich einstürzte, und als sie das Haus verkaufte, nahm sie sie mit. Ich glaube nicht, daß ich jemals Möbelpacker dazu überreden könnte, einen Konzertflügel eine Wendeltreppe hinaufzubugsieren, aber sie überzeugte sie, daß es machbar sei – und nach jedem mißlungenen Versuch nötigte sie sie, teuren Malt Whisky zu trinken. Als sich alle geschlagen geben mußten, hatten wir drei betrunkene Möbelpacker und einen Flügel, dem die Beine, der Deckel und die Pedale fehlten.

Dann fing der Spaß erst richtig an. Sie wollte einen Bauunternehmer anrufen und wieder die Treppe rausreißen. Wie er es fertigbrachte, weiß ich nicht, aber gegen neun Uhr am nächsten Morgen hatte mein Vater einen Zimmermann und einen Kran herbeigeschafft. Das Fenster wurde herausgenommen und der Flügel aufgestellt. Warum sie diesen Flügel herumschleppte, war, wie alles andere, vollkommen unklar. Nur eins war sicher, auf ihm zu spielen, lernte sie nie.

Ungewöhnliche Kombinationen von Verhaltensweisen und Eigenschaften

Auf den ersten Blick sieht es so aus, als ob Exzentriker früher darin besser gewesen sind als die heutigen. Fast die Hälfte aus der historischen Stichprobe scheinen in mehr als einer Hinsicht exzentrisch gewesen zu sein, das ist ein viel höherer Anteil als bei ihren heutigen Pendants. Gerald Tyrwhitt-Wilson, der 14. Lord Berners (1883–1950), gab sich jeder Grille hin, die ihm einfiel. Abgesehen davon, daß er ein begabter Komponist war, dessen Ballettstücke von Diaghilew und Ashton aufgeführt wurden, und ein Schriftsteller von Rang dazu, färbte er seine Lieblingstauben in allen Regenbogenfarben, schrieb obszöne Verse und bewirtete einmal ein Pferd als Gast bei einer offiziellen Teeinladung im Salon seines Familienstammsitzes in Berkshire. Im Garten dort war eine weitere Narretei von ihm zu bestaunen, ein 45 Meter hoher Turm mit dem Hinweisschild: «Angehörige der Öffentlichkeit, die von diesem Turm aus Selbstmord begehen, tun dies auf eigene Gefahr.» (Er war ein Nachbar der Mitfords. Nancy Mitford setzte ihm mit Lord Merlin in *Ein Segen für die Liebe* ein Denkmal.)

Wie viele Exzentriker war auch Lord Berners ein Sammler und ausgemachter Spaßvogel. Unter anderem sammelte er Visitenkarten. Als er seine Villa in Rom einmal einem Hochzeitspaar für die Flitterwochen überließ, schickte er dem Butler zuvor einen Stapel Visitenkarten von den berüchtigtsten Langweilern, von denen keiner in der Nähe Roms lebte. Immer wenn das junge Paar ausging, präsentierte ihnen der Diener einige auf einem Tablett, damit es sie bei seiner Rückkehr vorfinde. Lord Berners' Freund, der Komponist Constant Lambert, beschrieb, wie er es anstellte, ein Eisenbahnabteil für sich allein zu haben: «Eine Brille mit schwarzen Gläsern auf der Nase, nickte er den Vorbeigehenden mit einem Ausdruck teuflischer Erwartung zu. Die wenigen, die es trotzdem wagten, wurden durch seine Angewohnheit, die Zeitung verkehrt herum zu lesen und alle fünf Minuten seine Temperatur zu messen, so verstört, daß sie an der nächsten Station unweigerlich ausstiegen.»

Lord Berners' Grabinschrift, die er übrigens selbst verfaßte, könnte als Elogium auf viele Exzentriker passen:

Hier ruht Lord Berners
Der Lernenden einer.
Seine große Liebe fürs Lernen
Bringt ihm ein Fegefeuer ein
Aber Dank sei dem Herrn,
Er lebte gern!

Diejenigen, die ihre Exzentrizität nicht gleich auf mehrfache Weise zur Schau trugen, waren von einem einzigen zielgerichteten Anliegen beseelt, das sie bis auf die äußerste Spitze trieben, sei es nun Genügsamkeit, Suche nach Einsamkeit oder allgemeine Freundlichkeit. Unabsichtlich zogen sie dabei wegen ihres exzeptionellen Verhaltens die Aufmerksamkeit auf sich. Thomas Birch, im 18. Jahrhundert Bibliothekar in London, wollte beispielsweise nur Izaak Walton nacheifern und ein optimaler Angler werden. Sein Ehrgeiz trieb ihn dazu, sich als Baum zu verkleiden, wobei sein Kostüm so raffiniert entworfen war, daß die Arme wie Zweige und die Angelschnur wie eine schwimmende Blume aussahen. Wie erfolgreich er beim Fischefangen war, darüber schweigt sich die Historie aus, sehr wohl wird aber berichtet, daß er die Vorübergehenden zu Tode erschreckte, wenn er sprach oder sich bewegte.

Heutige Exzentriker konzentrieren ihre Energien sogar auf ein noch vielfältigeres Repertoire empörenden Verhaltens. Einige unserer Probanden waren geradezu erfinderisch darin, wie sie ihre Freunde und Bekannten mit ihrem exzeptionellen Verhalten in Erstaunen versetzen könnten. Sie scherten sich nicht einen Deut darum, was irgend jemand wohl denken mochte.

Ein solcher Mann ist John Slater. Er lebt zur Zeit an einem entlegenen Ort in den Western Highlands und ist der einzige, der jemals barfuß quer über die britische Insel, von Land's End nach John O'Groates, gegangen ist, nur mit einem gestreiften Pyjama bekleidet und von seinem Lieblingslabrador Guinness begleitet. Anders als sein Herr war der Hund beschuht, er trug zwei Paar Damenstiefeletten aus Wildleder.

Slater hat eine abwechslungsreiche berufliche Laufbahn hinter sich: Musiker bei der königlichen Marine, Angehöriger einer Art schneller Eingreiftruppe, Lastwagenfahrer, Steward auf einer Luxusyacht, Sozialarbeiter bei geistig Behinderten, Vertreter, Versicherungsmakler, Kellner, Treibholzkünstler, Maler und Dekorateur, öffentlicher Redner und Fundraiser. Einmal erbot er sich, sechs Monate als menschliches Ausstellungsstück in einem Käfig im Londoner Zoo zu verbringen, um bei der Beschaffung von Geldmitteln zum Schutz der Pandas mitzuwirken. Die maßgeblichen Leute des Zoos, sagte er, «hätten dummerweise abgelehnt». Zu der Zeit lebte er unter Pennern in London, so daß er anderen helfen und viel über sich selbst erfahren konnte. Als er wieder nach Hause kam, ernannte er seinen 250 Pfund schweren Schäferhund Tiny zum Direktor seiner Agentur für Fremdenführer. Während der letzten zehn Jahre hat Slater meistens in einer Höhle gelebt, die bei Flut unter Wasser steht (siehe Abbildung 16). Er meint:

In Höhlen herrscht eine Stille wie in einer Kathedrale, sie hilft mir beim Denken und Pläneschmieden. Ich gebe mich der Harmonie, dem seelischen Frieden und der Ruhe hin. Man legt so viel Wert auf die Qualität des Todes, aber keinen auf die des Lebens. Ich hege diesen großartigen Idealismus, dabei denke ich immer daran, was ich als nächstes tun kann. Für die Vollkornbäckerei meines Freundes erfand ich den Markennamen – Thoroughbread, *Echtbrot. Und warum hat noch niemand ein Damen- und Herrendeodorant mit dem Namen* Every Body *vermarktet?*

Als Slater zum drittenmal heiratete, bestand seine neue Frau darauf, daß er das Höhlenleben aufgebe und mit ihr in einem modernen Steinhaus wohne. Tapfer bemühte er sich, sich zu bessern, aber wie Huckleberry Finn entwischte er immer wieder. Schließlich stellte seine Frau ihn vor die Wahl: «Entweder ich oder die Höhle.» Zuletzt verließ er sie und kehrte in die Höhle zurück. Sein Lebensziel, sagt Slater, sei es, eine Million Pfund für wohltätige Zwecke aufzutreiben. Sein Motto lautet: «Wedle vor jedem, den du triffst, mit dem Schwanz.»

Einige Exzentriker schaffen sich im geheimen eine sie ausfüllende Nische, die ihren intellektuellen Bedürfnissen entspricht, in der sie friedlich und brillant verbleiben und die sie lange Zeit in Anspruch nimmt. Helga Schiller verfährt nach diesem Muster. Seit ihrer frühesten Kindheit in Deutschland wurde ihr erzählt, daß sie besonders und ungewöhnlich sei. Bis zu ihrem zwölften Lebensjahr war sie das einzige Kind. «Mir wurde stets das Gefühl vermittelt, erwünscht, geliebt, umsorgt und geschätzt zu werden», sagte sie. Als sie dreizehn war, verheiratete sich ihre Mutter wieder, und ihr Stiefvater versuchte, sie – erfolglos – zuerst mit schönen Worten und dann mit Drohungen zum Geschlechtsverkehr zu zwingen. Aufgrund ihrer geistigen und sportlichen Fähigkeiten wurde ihr nahegelegt, in die nationalsozialistische Partei einzutreten, was sie aus moralischen und ethischen Gründen aber ablehnte. «Wie konnte es irgend jemand wagen, mich kontrollieren zu wollen? Meine Lehrer versuchten es, mein Mann versuchte es, der Staat versuchte es. Ich bin die einzige, die mich kontrolliert.»

Schiller legte später an den Universitäten von Köln, Dundee, London und Edinburgh Examina in Sprachen und Pädagogik ab. Jeden Tag studiert sie von morgens bis abends, und ihr IQ beträgt über 165. Sie berichtete uns:

Wenn ich die Wahrheit kenne, kann ich es mit ihr aufnehmen. Ich wäre voller brillanter Ideen … dann würden sich die Leute meiner annehmen und meine Gedanken einengen. Geistig sprühe ich aus allen meinen 2559 Zylindern. Die 24 Stunden des Tages genügen mir nicht zum Leben – ja, wäre ich ein Zwillingspaar! Oder Vierlinge! Oder könnte ich mich selbst klonen, was hätte ich dann für einen Spaß!

Über die Hälfte der Frauen und drei Viertel der Männer aus unserer Studie verfügten über eine ganze Reihe besonderer Talente und Eigenschaften und drückten ihre Exzentrizität auf vielerlei Arten aus. Etwas mehr als ein Drittel von ihnen beschrieb das Gefühl, in sich mindestens noch eine weitere Persönlichkeit zu bergen, die sich von ihnen unterschied. Dieses Gefühl einer weiteren Persönlichkeit darf nicht mit Schizophrenie oder multipler Persönlichkeitsspaltung verwechselt werden – eher ist es so etwas wie ein geheimer Wunsch. Die Frauen definierten ihr anderes Ich zumeist als enthemmt, sexy und erfolgreich. Die Männer charakterisierten ihr Alter ego vorzugsweise als selbstbewußt, abenteuerlustig und erfolgreich. Für die Exzentriker mag das ein Weg sein auszudrücken, daß sie eigentlich noch extravertierter wären und sich am liebsten noch stärker verausgaben würden. Die weiblichen Probanden drückten so möglicherweise auch den Wunsch aus, weniger durch die Diktate der Konvention und des Gewissens behindert zu werden.

Gewöhnliche Dinge auf ungewöhnliche Weise tun

Schon seit der römischen Republik betrachteten es Arbeitgeber als ihre Aufgabe, ihre Untergebenen zu bilden, ein britischer Farmer namens John Alington (1795–1863) trieb diese Absicht ins exzentrische Extrem. Er verwandelte einen Teich auf seinem Hof in ein maßstabsgetreues Modell der Welt und unterwies seine Arbeiter, während diese ihn um die Länder seines Mikrokosmos ruderten, in der Geographie. 1851 wollte er sie zur Weltausstellung nach London mitnehmen, zuvor verlangte er von ihnen, ein großes Holzmodell der Londoner Straßen zwischen Hyde Park und King's Cross anzufertigen. Dieses Vorhaben geriet zu einer solchen Katastrophe, daß Alington seine Leute für zu dumm erklärte, um nicht verlorenzugehen, und die Fahrt absagte.

Francis Waring (1760–1833), der Pfarrer von Heybridge in Essex, erfüllte wohl alle seine Amtspflichten, aber auf ungewöhnliche Art und Weise. Seine Gottesdienste hielt er im Eiltempo ab, seine Predigt war äußerst kurz und nicht länger als ein oder zwei kurze Aphorismen, dann rannte er den Gang entlang, schwang sich auf ein schnelles Pferd und ritt im Galopp davon, um seine Bemühungen noch in zwei anderen Kirchen zu wiederholen. Auch bei ihm zu Hause ging es eigentümlich zu. Obwohl er nicht arm war, möblierte er das Pfarrhaus statt mit Stühlen lieber mit grob zugehauenen Holzklötzen; seine Kinder nahmen ihre Mahlzeiten an einem Trog neben dem aus einem Baumstamm zurechtgezimmerten Eßtisch ein, und mit seiner Frau schlief er in einem riesigen Weidenkorb, der von der Decke herunterhing.

Gewöhnliche Dinge auf ungewöhnliche Weise zu tun, ist stets ein Merkmal des Exzentrikers gewesen. Auch die heutigen Pendants zu Alington und Waring verhalten sich noch so, bei ihnen kann man sich darauf verlassen, daß sie andere Mittel und Wege finden, um Dinge zu tun, über die jeder andere gar nicht erst lange nachdenkt. Manchmal sind es ungewöhnliche Eß- und Schlafgewohnheiten, die Wohnung, die Art zu schreiben, Fortbewegungsmittel, die Pflege zwischenmenschlicher Beziehungen – im Grunde das ganze Spektrum menschlicher Aktivitäten.

Ein solches Verhalten tritt oft im Zusammenhang mit einem absichtlich veränderten Lebensstil auf. David McDermott, der New Yorker Künstler auf Zeitreise, sagt, daß er nur Bücher lese, die vor 1900 erschienen seien. «Ich lese gerne zweibändige Werke. Manchmal lese ich den zweiten vor dem ersten. Wenn einer der Bände fehlt, stört mich das nicht weiter. Wir hatten nur den zweiten Band einer dreibändigen Ausgabe von *Robinson Crusoe*, also habe ich nur den gelesen.»

Andy Bruce-Wallace beschloß mit vierundzwanzig Jahren, das Stadtleben aufzugeben. Jetzt lebt er in der ausgebombten Ruine eines Hauses in Nordirland, dessen ehemaliger Besitzer Polizist in der Royal Ulster Constabulary gewesen war und von der IRA ermordet wurde. Alle notwendigen Lebensmittel zieht er selbst in einem großen Biogarten. Wohin auch immer er reist, stets fährt er mit einem hohen, seltsam aussehenden Dreirad eigener Bauart, das mit sämtlichen Camping- und Kochutensilien bepackt ist. «Die Entfernung spielt keine Rolle», sagt er. Vorzugsweise lebt er als Einsiedler, und als Umweltschützer folgt er einigen Lehren des Taoismus.

Bruce-Wallace' Exzentrizität offenbarte sich zum erstenmal, als er dreizehn Jahre alt war und im Lake District und den Tälern Yorkshires aufwuchs. Die Garage seines Elternhauses funktionierte er zu einem Raum für sich selbst um, schottete sich von seiner Familie und allen anderen Menschen ab und weigerte sich sogar, fotografiert zu werden. Zur Schule ging er barfuß, um sich abzuhärten. Später zog er ganz aus dem Haus aus, in ein Zelt im Garten seiner Eltern. In Etappen näherte er sich dem Punkt, an dem er die meiste Zeit nur noch im Freien verbrachte und sich den Unbilden der Berge Nordenglands und des schottischen Hochlands aussetzte. Er legte weite Strecken zu Fuß zurück und schlief unter freiem Himmel. In Irland wird er jetzt von seinen Freunden «der Yeti» genannt. Außer sich um seine Feldfrüchte und Küchenkräuter zu kümmern, schreibt Bruce-Wallace unter Namen wie P. Kropotkan und Gerald Winstanley auch hintersinnige Briefe an Zeitungen.

Einige Exzentriker aus dem Sample zeigten die ersten offensichtlichen Anzeichen ihrer Exzentrizität, indem sie gegen Errungenschaften des modernen Lebens protestierten, etliche von ihnen erwiesen sich als vehemente Automobilgegner. Zwanzig Probanden lehnten die Lehren und Praktiken der modernen Medizin ab, zehn von ihnen praktizierten selbst alternative Heilmethoden.

Exzentriker können auch zu rührigen Moralisten und eifrigen Proselyten werden. Zu ihnen gehört Stanley Green, der berühmteste Plakatträger im Londoner West End. In der Sonntagsschule beeindruckte ihn ein Lehrer tief, der der Klasse erzählte: «Lauscht nicht schmutzigen Witzen. Haltet euch von ihnen fern.» Green ging weiter und wurde extrem moralisch. «Ich habe mir mein Leben damit verdorben, zu ehrlich zu sein. Bei zwei Gelegenheiten habe ich es abgelehnt, etwas Unehrenhaftes zu tun, als gerade dies von mir erwartet wurde, und ich habe auf diese Weise gute Jobs verloren.» Er arbeitete im Staatsdienst und in der Gemeindeverwaltung, beschloß aber als 53jähriger, seine Theorie «Weniger Proteine bedeuten weniger Lust» zu verbreiten.

Annähernd ein Viertel der Exzentriker aus der Studie erfüllt alle diese Exzeptionalitätskriterien. Die große Mehrheit der Probanden zeigt mindestens zwei dieser Kriterien, und viele weisen mehr als drei auf.

Die allgemeinste Schlußfolgerung, die aus dieser Analyse gezogen werden kann, ist die, daß es keineswegs ein Nachteil ist, außergewöhnlich zu sein. Tatsächlich kann es eine positive Eigenschaft sein. Widersprüche und Inkonsequenzen in der Persönlichkeit spiegeln einen oder mehrere mögliche Charakterzüge eines Individuums wider. Unsere potentiellen Ichs schweben in einem freien Raum, wo alles möglich ist. Ein selbsterfundenes Individuum zu werden, heißt, ein einzigartiges Privileg im Leben wahrzunehmen. Es ist eine brillante Egomanie, die These zu vertreten, daß man seinem Selbst gehört. Ichsein hängt von der Behauptung von Identität ab, ob sie dazu benutzt wird, den Kräften der Macht, der Kontrolle oder sogar denen der Langeweile die Stirn zu bieten. Deshalb ist es beinahe eine Notwendigkeit, sich Ordnung und Gleichförmigkeit zu widersetzen und dadurch die Grenzen der Persönlichkeit zu erweitern. Ein Exzentriker tut dies, egal wie indifferent oder feindselig sein soziales Umfeld auch auf ein solches Experiment in Sachen Subjektivität reagieren mag.

Die Übersteigerung des Ichseins kann manchmal bedeuten, sich nicht der Menge anzuschließen oder es nicht ruhig hinzunehmen, in eine Welt vorgegebener sozialer Regeln integriert zu werden. Eine solche Entscheidung kann den Exzentriker ins Schwimmen bringen: Ein Individuum ist letztlich bei der Interpretation seiner Handlungen nur von sozialen Konventionen begrenzt. Sich über diese Zwänge hinwegzusetzen und diese Schranken zu durchbrechen, ist an sich schon eine kreative Tat, und sie kann einem Individuum, das dazu genügend Mut besitzt, die Schleusentore der Kreativität weit aufstoßen.

KAPITEL 9
DIE PSYCHOLINGUISTISCHE ANALYSE

«Aber was hat Glück mit dem Faß in der Krone zu tun?»
wandte Alice verwirrt ein.
«Wenn ich ein Wort verwende», sagte Humpty Dumpty
betont herablassend, «dann hat es zu bedeuten,
was ich will – nicht mehr und nicht weniger.»
«Die Frage ist nur», sagte Alice, «ob die Wörter
das bedeuten wollen, was Sie *wollen?»*
«Die Frage ist nur», sagte Humpty Dumpty, «wer bestimmt –
und das ist der, der oben sitzt.»
Lewis Carroll, *Alice im Spiegelland*

Es ist sinnlos, einen Exzentriker zu fragen, warum er so ist, wie er ist. Es ist nicht dasselbe, wie Menschen zu fragen, warum sie glücklich oder unglücklich sind, denn normale Menschen haben gewöhnlich gute Gründe für ihren Gemütszustand: Glücklich sind wir, wenn uns eine Gehaltserhöhung gewährt wird, unglücklich, wenn unser Auto zusammenbricht.

Man käme der Sache schon näher, wenn man kluge Menschen fragt, warum sie klug, kreative Menschen, warum sie kreativ sind. Entweder werden sie wahrheitsgemäß antworten, daß sie keine Ahnung haben – «So bin ich nun einmal» –, oder sie werden sich in ihrer Antwort Formulierungen bedienen, die selbst kennzeichnend für die in Frage stehenden Qualitäten sind. Der Kluge wird Ihnen vielleicht einen Vortrag über die neuesten Forschungen zur menschlichen Intelligenz halten, sich gelehrt über Synapsen und Neurotransmitter auslassen und dabei seine Fähigkeit demonstrieren, wissenschaftliche Untersuchungen zu verstehen – ein Zeichen seiner Intelligenz. Der Kreative wird die Frage vielleicht mit einer eindrucksvollen

Metapher oder einer Geschichte beantworten – und so ein Zeichen seiner Kreativität abgeben. Trotzdem ist es keiner Person möglich, die in ihr vorgehenden geistigen Prozesse objektiv zu beurteilen, denn der einzige Weg, dies zu tun, besteht darin, genau diese Prozesse in Gang zu setzen. Man wird also vermuten können, daß die Antworten von Exzentrikern, wenn sie gebeten werden, ihre Exzentrizität zu beschreiben … nun, ziemlich exzentrisch ausfallen.

Aldous Huxley hat einmal geschätzt, ich weiß nicht wie, daß 70 Prozent des menschlichen Seins von der Sprache und vom verbalen Denken bestimmt werden. Alle Exzentriker unserer Studie hatten eines gemeinsam: Sie beherrschten die englische Sprache. Also bot sich die Sprache als mögliches Medium an, einige der subjektiven Fragen, die die Exzentrizität umgeben, zu objektivieren. Wir hatten dann die Idee, auf die von uns bei den Interviews aufgenommenen Sprachbeispiele eine standardisierte psycholinguistische Analyse anzuwenden. 1986 wurde von der Psychiaterin Nancy Andreasen, Professorin an der University of Iowa, eine neue Methode zur Bewertung des Denkens, der Sprache und der Kommunikation (TLC – *Thought, Language and Communication*) publiziert. Ursprünglich war die TLC-Skala als Hilfe zur Diagnose und Messung der Schizophrenie gedacht. Die Ergebnisse durch die PSE hatten uns gezeigt, daß schwere Schizophreniesymptome bei Exzentrikern sogar seltener vorkamen als bei der übrigen Bevölkerung. Daher waren wir auch sehr zögerlich im Hinblick auf die Frage, TLC als Hilfsmittel zur Untersuchung der Exzentriker heranzuziehen.

In der Psychologie ist es ein offenes Geheimnis, daß Schizophrenie ein bloßes Konstrukt ohne Substanz ist, eine künstliche Diagnosekategorie, deren Grenzen nicht dem entsprechen, was tatsächlich vorliegt. Obwohl es stimmt, daß es Menschen gibt, die in ihrer Wahrnehmung, ihrem Denken und Handeln schwer gestört sind, ist sich die Wissenschaft in bezug auf die Ursachen und sogar die Pathologie ihrer Krankheit oder Krankheiten noch ziemlich unsicher. Deshalb grenzt es an intellektuelle Selbstüberschätzung, wollte man auf eine solche Gruppe objektive Kriterien der Psycholinguistik anwenden. Auch ihre Anwendung auf ein vollkommen anderes Phänomen wie Exzentrizität könnte sich wissenschaftlich als Schuß ins Blaue erweisen.

Bis zu einem gewissen Grad war es das auch. Aber wir glaubten, daß Exzentriker in diesem Fall eine gute Vergleichsgruppe darstellen könnten: denn obwohl sie in der Sprache und im Denken einige für Schizophrene typische Charakteristiken aufweisen, sind sie leichter verständlich. Trotz all ihrer Schrulligkeit sind Exzentriker doch nicht krank, und wie unorthodox ihre individuellen Anpassungen auch sein mögen, sind sie in der Regel funktionierende Mitglieder der Gesellschaft. Schizophrene sind sich ihrer Inkonsequenzen im Sprachgebrauch gewöhnlich nicht bewußt, Exzentriker aber sehr wohl – entweder kümmert es sie nicht, oder sie pflegen ihre sprachlichen Eigenheiten regelrecht. Hinzu kam noch die verführerische Möglichkeit, daß die psycholinguistische Analyse einige neue Einsichten über die Natur der Exzentrizität beisteuern könnte.

Die TLC-Skala, für die ein spezielles Computerprogramm zur Analyse gesprochener Sprache benutzt wurde, stellt eine Zusammenarbeit von Linguisten und Psychiatern dar. Sie definiert zwanzig verschiedene Denk-, Sprach- und Kommunikationsstörungen, die im Vergleich zu einer sorgfältig bestimmten Norm identifiziert und gemessen werden können. Fünf Störungen beziehen sich ausschließlich auf Schizophrenie, weswegen wir hier nicht weiter auf sie eingehen. Sprachverhalten involviert meistens eine Interaktion von Angesicht zu Angesicht zwischen einem Sprecher und einem Zuhörer. Störungen treten auf, wenn der Sprecher nicht in der Lage ist, die formellen und informellen Regeln zu beachten, die Menschen dazu befähigen, einander zu verstehen. Versagt der Sprecher darin, die Bedürfnisse des Zuhörers zu berücksichtigen, hat das gewöhnlich eine leichte Kommunikationsstörung zur Folge. Bei Sprachstörungen des zweiten Haupttyps verletzt der Sprecher die gängigen syntaktischen und semantischen Konventionen, die für den Gebrauch der Sprache maßgeblich sind. Der fundamentalste Typ, die Denkstörung, ergibt sich aus der Unfähigkeit, klar genug zu denken, um richtig kommunizieren zu können. In den Sprachbeispielen der Exzentriker suchten wir nach den folgenden fünfzehn Störungen:

- Spracharmut; man hat wenig oder gar nichts zu einem Thema zu sagen;
- Inhaltsarmut der Sprache; die Sprache ist vage und die Ausdrücke wiederholen sich, mit vielen Worten wird wenig gesagt;
- Sprachdrang oder erhöhte Sprechgeschwindigkeit;
- zerstreute Sprache; das Thema wird abrupt gewechselt;
- Streifen eines Themas; Beantwortung einer Frage in indirekter oder nicht zur Sache gehöriger Weise;
- vom Thema abkommen; von einem Gedankengang zu einem anderen springen, der damit nur indirekt oder überhaupt nicht in Zusammenhang steht;
- Unlogik;
- Gleichklang; ein Sprachstil, bei dem mehr der Laut als die Bedeutung die Wortwahl bestimmt;
- Wortschöpfungen; gewöhnliche Wörter werden in neuer und unkonventioneller Weise verwendet oder es werden neue Wörter oder Ausdrücke geprägt (ein Stift wird beispielsweise «Papiergleiter» oder eine Uhr «Zeitgefäß» genannt);
- Umständlichkeit; eine in die kleinsten Einzelheiten gehende und unnötigerweise detaillierte Sprache oder auf das Ziel gesehen übertrieben weitschweifig;

- Ziellosigkeit; Unfähigkeit, einen Gedankengang bis zu seinem tatsächlichen Ende zu verfolgen;
- Perseveration; das dauernde Wiederholen von Wörtern oder Ideen, manchmal außerhalb des Kontextes;
- Blockierung; Unterbrechung des Sprachflusses, bevor der Gedanke abgeschlossen ist;
- gestelzte Sprache und
- Bezugnahme auf sich selbst; das Thema immer wieder oder in unangemessener Weise auf sich selbst bringend.

Zur Auswertung aller unserer neunzigminütigen Tonbandaufzeichnungen unserer Interviews benutzten wir diese Einteilung. Es ist unmöglich, bei so etwas wie Spracharmut exakt zu sein. So manches von dem, was wir heute im Radio oder Fernsehen hören, wird vielen von uns als verarmte Sprache erscheinen. Wie auch immer, beim Vergleich der Sprachbeispiele der exzentrischen Probanden mit der Bandbreite unserer normalen Sprache fällten wir unser Urteil so objektiv wie möglich. Mit anderen Worten, wir legten den breitesten Maßstab an, suchten den niedrigsten gemeinsamen Nenner und enthielten uns jeglicher Werturteile über die intellektuelle Qualität der Äußerungen unser Probanden.

Das folgende wörtliche Exzerpt aus dem Interview mit einem 66jährigen britischen Exzentriker namens Brendan, der eine höchst geheimnisvolle Theorie über die menschliche Natur aufstellte, zeigt mindestens sieben verschiedene Arten von Sprachstörungen (die Pünktchen markieren Pausen):

Inzwischen habe ich beschlossen, tatsächlich ein Manuskript zu sherlock-holmen, vorsorglich, keiner aus der praktizierenden Psychiatrie, diesem mutmaßlichen Berufsstand, hat sich bisher an den kognitiven Fähigkeiten des Geistes versucht, die ... Ich vermute ... ist ... es wäre eher eine hohe Oktanzahl als das typische Durchschnittsbenzin ... daß die äußeren Umstände, IQ und Ge-

sundheit für die Neurose verantwortlich ist. Ist das ein Schlüssel zur wunderbaren Erfüllung dieses Geschenks des Lebens? Helleres Licht benötigt dunklere Schatten. Die düstere Spalte in der Psychiatrie ist, daß sie akzeptieren muß, kreative Menschen in ihrem eigenen Saft schmoren zu lassen, um ihre Exzentrizität ohne Hilfe herauszuarbeiten.

Ihr geschulter Geist könnte meine Wirkungslosigkeit des Wissens tolerieren ... Sie können gerne die Knochen meiner Lebensreise haben ... Die Biologie hat aus mir eine schwache Geistkreatur gemacht, die über Chaos brütet. Ich wollte gerne Schauspieler werden. Meine Sensibilität verwandelte sich in 100prozentigen Pazifismus, wie es sich für meine physische Unmännlichkeit, genannt Feigheit, gehört. So ist es nun mal ... Ich habe mich nicht selbst gemacht... Meine Fehler mögen meinen naiven Mangel an Weltklugheit verwischt haben. Der Furcht die Furchtsamkeit hinzuzufügen, ist Grausamkeit. Denken ist ein ständiger Freund gewesen ... und ein Feind ... zu versuchen und mit der lebenslangen Reue über die Ignoranz des Lebens und wie es gelebt wird zu hadern. Warum trifft es immer mich. Inflationär reicher an Ersatzgeld und gelernt zu haben, wie wenig Einfluß der angeborene introvertierte Geist auf die Gesellschaft hat, kann sich der Exzentriker mit seinem bijou-*Teil durchs Leben trösten, das die Geselligen noch unsicherer gemacht haben als die Einfalt meiner Kindheit. Keine Welt könnte wunderbarer sein, kein Altruismus von der sich dem Frieden* (peace) *widersetzenden nackten Gewalt so niedergetrampelt ... und die Harmonie ... die der gewöhnliche Geist für sein Recht hält. Warum ich überhaupt in den Zivilisationstopf für schlechte Erbsen* (peas) *geriet, weiß allein der Himmel.*

Vom subjektiven Standpunkt aus enthalten Brendans tiefempfundene Ergüsse eine reizvolle Poesie, an manchen Stellen haben sich die assoziativen Fäden aber verwirrt (Abkommen vom Thema). Seine Sprechgeschwindigkeit war auf dem Band erhöht (Sprachdrang). Der zweite Absatz zeigte einen mäßig abnormen Grad an Bezugnahme auf sich selbst. Eine gestelzte Sprache kam im Gebrauch antiquierter Viktorianismen wie *bijou* zum Ausdruck, und die Verwendung von «Sherlock Holmes» als Verb ist beispielhaft für Wortschöpfungen. Einige unvollständige Sätze gingen, ohne daß ein richtiger logischer Zusammenhang zwischen ihnen bestand, in neue über (Unlogik). Es gab sogar ein vereinzeltes, wenn auch ziemlich dürftiges Beispiel von Gleichklang in den letzten beiden Sätzen (*peace* und *peas*).

Diese Passage zeigt, wie die Sprache eines Individuums im Zusammenspiel schwacher und moderater sprachlicher Besonderheiten einen deutlich seltsamen Anstrich bekommt. Außerhalb der künstlichen Situation eines Interviews zu Forschungszwecken könnten normale Menschen bei einem solchen Redner schon die Geduld verlieren und sich vielleicht sogar über ihn lustig machen. Wie einige unserer Probanden selbst bemerkten, wird eine extrem originelle und blumige Sprache heutzutage nicht besonders geschätzt.

Nachdem wir die Tonbandaufnahmen analysiert hatten, verglichen wir die Ergebnisse mit den Werten normaler Testpersonen, die von der Urheberin der Skala als Kontrollgruppe herangezogen worden waren. Dieser Vergleich brachte Verblüffendes zutage.

Die folgende Tabelle zeigt die Häufigkeit von Denk-, Sprach- und Kommunikationsstörungen in der Sprache von Exzentrikern und der von normalen Menschen:

Häufigkeit von Sprach- und Kommunikationsbesonderheiten (in Prozent)

	Normale Menschen	*Exzentriker*
Spracharmut	5	10
Inhaltsarmut der Sprache	1	0
Sprachdrang	6	35
zerstreutes Sprechen	3	0
Streifen eines Themas	2	33
Abkommen vom Thema	32	4
Unlogik	0	4
Gleichklang	0	1
Wortschöpfungen	2	0
Umständlichkeit	6	32
Ziellosigkeit	18	6
Perseveration	8	2
Blockierung	1	2
Gestelzte Sprache	1	2
Bezugnahme auf sich selbst	1	28

Diese Angaben sollten nicht überbewertet werden, denn 64 Prozent der Exzentrikerinnen und 48 Prozent der Exzentriker zeigten sprachlich überhaupt keine Besonderheiten, und auch wenn ihre Ausdrucksweise extrem verschachtelt war, konnten wir dem, was sie sagten, fast immer folgen. Trotzdem waren die Punkte, an denen die Exzentriker entschieden von der Norm abwichen, äußerst aufschlußreich. Die zwei Störungen, die bei Exzentrikern *weniger* häufig vorkommen als bei normalen Menschen – Abkommen vom Thema und Ziellosigkeit – spiegeln ihre Neigung zur Besessenheit wider. Die Aufmerksamkeit eines normalen Menschen wird sich sehr viel leichter ablenken lassen, wohingegen ein Exzentriker unbarmherzig weiterfaseln wird, ohne auf irgend etwas Rücksicht zu nehmen, und sollte sein Gesprächspartner den Raum verlassen, so wird er ihm folgen.

Es ist offensichtlich widersinnig, Sprachmuster, die bei normalen Menschen, der Kontrollgruppe, häufiger vorkommen als bei Exzentrikern, als Störungen zu bezeichnen. Sinnvoller wäre es, es positiv zu formulieren und zu sagen, daß Exzentriker beim üblichen Abschweifen ein leichtes Defizit zeigen, eine Eigenschaft, die einen positiven, kooperativen sozialen Wert hat. Die an der Sorbonne tätige belgische Linguistin Patricia Niedzwieki hat überzeugende experimentelle Belege zusammengetragen, die diese Hypothese unterstützen. Sie hat das Abschweifen mit dem unterschiedlichen Geschlecht verknüpft (Männer schweifen seltener ab), mit emotionaler Empfänglichkeit und konstruktivem nichtlinearem Denken. Judith Hall von der Johns Hopkins University hat durch die Überprüfung von 125 früheren psychologischen Untersuchungen ebenfalls diesen Gedanken stützende Belege geliefert. Falls diese Annahmen richtig sind, ist es wohl so, daß einigen Exzentrikern ein Hang zum normalen Abschweifen fehlt.

Die höheren Werte beim Streifen eines Themas und in der Umständlichkeit sind zwei weitere für Exzentriker signifikante sprachliche Abweichungen. Beide Bezeichnungen klingen wie zwei verschiedene Ausdrücke für dieselbe Sache, und bis zu einem gewissen Grad sind sie es auch. Mit dem Streifen eines Themas ist gemeint, daß auf eine Interviewfrage eine scheinbar irrelevante Antwort gegeben wird, wohingegen Umständlichkeit benutzt wird, um ein weitschweifiges Sprachmuster zu beschreiben – um den heißen Brei herumreden. Oberflächlich betrachtet mag es so scheinen, als ob die Tendenz des Exzentrikers zur Umständlichkeit zu ihren niedrigeren Werten beim Abschweifen im Widerspruch steht. Dieses offensichtliche Paradox liefert in Wirklichkeit eine treffende Beschreibung vieler Exzentriker: Auch wenn sie in der Art und Weise, wie sie ihre

Ziele zu erreichen suchen, bizarr und eklektizistisch sein mögen, arbeiten sie doch verbissen darauf hin, egal wie beschwerlich und ungewöhnlich der Weg dorthin auch sein mag. Ihre Verrücktheit hat System.

Hier sind wörtliche Auszüge aus Interviews mit Exzentrikern unserer Studie, die diese Eigenschaften illustrieren. Der erste stammt von Felix, einem 40jährigen Exzentriker aus London:

Ich ließ die Haut meines Husky-Welpen gerben, und das Fell hängt jetzt in meiner vorderen Veranda … Ich habe festgelegt, daß mein eigener Leichnam gefriergetrocknet und über dem Kamin aufgehängt werden soll … ich lebe nach der Philosophie, daß jeder von uns das Zentrum seines eigenen Universums und alles *dessen ist, was wir sind, dessen bin ich mir bewußt, ich bin dafür verantwortlich. Da gibt es keine Zufälle. Da gibt es keine Schuld. Da gibt es nur die Wahl.*

Nachdem er weitausholend vom Besonderen zum Allgemeinen übergeht, kommt er schließlich zu seinem konzeptionellen Ziel, einer erstaunlich expansiven und überschwenglichen Vorstellung seiner Position im Universum.

Das zweite Beispiel stammt von Leo Shelley, einem Dichter aus Edinburgh, der seine eigenen Werke und die anderer Lyriker in einer informellen Sendung eines Stadtradios liest. Wie ein moderner Oscar Wilde ist er davon überzeugt, daß es seine Aufgabe ist, Schönheit und, wie er es nennt, «Glückseligkeit im Denken» zu vermitteln, vor allem den einfachen Menschen, Lastwagenfahrern, Arbeitslosen und Behinderten.

Interviewer: Sind Sie Sammler?

Shelley: Ja. Das bin ich … Die Sammlung ergibt sich hieraus … Wenn jemand zu mir sagt: Ich habe ein Gedicht für Ihre CB-Sendung … würde meine erste Antwort sein … tatsächlich? … oder ich würde fragen … Haben Sie es selbst verfaßt? Jetzt interessiert mich, ob er oder sie es selbst verfaßt hat ... Wie es klingt, ist egal, was interessiert mich, wie es klingt, wichtiger ist aber, ob sie es selbst gemacht haben. Wenn es etwas ist, sagen wir mal Wordsworth ... dann tut es mir leid, das interessiert mich nicht. Ich bin nur an Unmittelbarem interessiert ... was der und der selbst erfahren hat. Wollte ich Wordsworth, dann würde ich vermutlich zu ihm gehen und ihn holen und es mir auf die eine oder andere Weise auslegen, aber das will ich nicht, aber so etwas will ich nicht. Das ist der Unterschied ... Das sammle ich ... Wordsworth sammle ich nicht, aber ich sammle Hochstrebendes oder Kluges.

Ich pflege alles zu nehmen – wirklich das prosaischste Ding, und ich kann daraus eine Geschichte machen, zum Beispiel, Gedichte sind für mich in Wirklichkeit kleine Geschichten, es kommt so, daß ich daraus Verse mache, vielleicht einen Vers. Wenn ich das mache, dann sind das die schwersten, weil man einen Anfang finden muß, eine Mitte und einen Schluß, alles in einem Vers – falls man mehr hat – jedes Thema behandle ich so.

Beide Auszüge wurden in einem verwirrend schnellen Tempo vorgebracht – einer Qualität, die auf der TLC-Skala dem Sprachdrang gleichkam, der einzigen Sprachstörung, die bei den Exzentrikern am häufigsten vorkam. Ihr Drang zum Sprechen und ihr Hang zur Umständlichkeit sind Komponenten eines Phänomens, das die Psychologen als *fluent disorganization*, fließende Desorganisation, bezeichnen; der Ausdruck soll die für Exzentriker charakteristische Langatmigkeit beschreiben. Schon Mark Twain hat sie erkannt: Nachdem er einem revolutionären Fanatiker zugehört hatte, der die Amerikaner aufhetzte, Kanada zu überfallen, bemerkte er: «Dieser Mensch könnte sich wirklich nützlich machen, wenn man ihn auf irgendeinen Leuchtturm oder irgendeinen anderen sturmumtosten Vorsprung setzen würde, denn es braucht einen solchen Wind, um ihn anzutreiben, daß er sich vermutlich inmitten einer Flaute bewegt, wo immer er herumreist!»

Eine andere extreme Abweichung von der Norm war der hohe Anteil derjenigen Exzentriker, die einen ungewöhnlichen Selbstbezug erkennen ließen, bei dem der Sprecher die Unterhaltung wiederholt auf sich selbst bringt, auch wenn das eigentliche Thema des Gesprächs in keinem offensichtlichen Zusammenhang mit seiner Person steht. Dieses Kennzeichen exzentrischer Sprache kann auf der Grundlage eines psychodiagnostischen Interviews nicht angemessen bewertet werden, da der Sinn des ganzen Interviews der ist, den Probanden über sich selbst erzählen zu lassen. Allerdings kann Bezugnahme auf sich selbst auch in einer informellen Unterhaltung über ein neutrales Thema beobachtet werden, und dazu boten viele unserer Fragen Gelegenheit.

Noch seltsamer war, daß sich bei etlichen Exzentrikern aus der Studie ein auffallender Selbstbezug damit verband, daß sie von sich durchweg in der dritten Person sprachen. Dies stellten wir bei männlichen Exzentrikern fest, nicht aber bei weiblichen, zudem bestand zwischen Selbstbezug und Intelligenz eine vielsagende reziproke Beziehung. Mit anderen Worten, je intelligenter ein männlicher Exzentriker war, desto mehr tendierte er zur Bezugnahme auf sich selbst und umgekehrt. Noch eigentümlicher war, daß bei Exzentrikerinnen, aber nicht bei Exzentrikern, zwischen Selbstbezug und Kreativität ein signifikanter direkter Zusammenhang bestand. Kreative exzentrische Frauen tendierten eher dazu, auf sich selbst Bezug zu nehmen, wohingegen diejenigen, deren Exzentrizität sich nicht in kreativer Weise äußerte, seltener auf sich selbst verwiesen.

Exzentriker beziehen sich nicht nur öfter auf sich selbst als normale Menschen, sondern auch sehr viel häufiger als andere klinische Gruppen psychisch Kranker, die die Psychiater bei der Entwicklung der TLC-Skala untersuchten. Dazu gehörten gesichert diagnostizierte Patienten, die an Wahnideen, schizoiden Störungen und Schizophrenie litten. Tatsächlich sind vermutlich Kinder die einzige Gruppe, die sich genauso häufig wie Exzentriker auf sich selbst bezieht. Sie verwenden noch mehr Pronomen der ersten Person als Schizophrene. Kann es sein, daß der hohe Anteil von Egozentrismus und Selbstbezug in ihrer Sprache lediglich ein Ausdruck ihrer unschuldigen, geradezu kindlichen Vorstellung von sich selbst und ihren Welten ist?

Eigentlich ist es unmöglich, psycholinguistische Forschungen an historischen Personen vorzunehmen, einfach weil wir nur selten Tonbandaufnahmen von ihnen haben (und wenn dem so ist, handelt es sich meistens um offizielle öffentliche Reden, die sich für diese Art Analyse nicht eignen). Doch ist es der Mühe wert, im Lichte der psycholinguistischen Einsichten einen Blick auf ihre intimeren, spontanen Schriften zu werfen. William Blake war ein produktiver Briefeschreiber, und der folgende Auszug aus einem Brief an seinen Händler Thomas Butts vom 22. November 1802 hat eine Spontaneität, die dem gesprochenen Wort nahekommt. Der Brief ist nicht nur wegen seiner religiösen Aussagen bemerkenswert, sondern auch wegen der Art, wie diese ausgedrückt werden. Er zeigt den starken Eigenbezug und die getriebene Aufrichtigkeit exzentrischer Sprache. Man könnte sogar sagen, daß er ein wenn auch nicht gesprochenes, so doch geschriebenes Beispiel von Sprachdrang darstellt, so zwanghaft sprudeln die Worte hervor:

Obwohl ich sehr unglücklich gewesen bin, bin ich es nicht mehr. Ich bin wieder zum Tageslicht Emporgestiegen. Ich tue es noch & werde bis in alle Ewigkeit am Christentum Hängen und ihn Bewundern, der der Ausdruck des Gottesbildes ist. Aber ich habe mich, wie ein Kampfer, durch Gefahren & Dunkelheit begeben: Ich habe Gesiegt und Werde weiter Siegen. Nichts kann dem Ungestüm meines Laufs zwischen den Sternen Gottes & in den Abgründen des Anklägers widerstehen. Meine Begeisterung ist noch so wie sie war, nur Größer und Gefestigter.

Nach einem letzten Absatz, der geschäftliche Dinge betrifft, unterschrieb Blake den Brief und fügte folgendes Postskriptum hinzu: «Etwas Seetang dient als Barometer, es wird naß & trocknet wieder, so wie das Wetter.»

Aus der psycholinguistischen Analyse der Exzentriker kann man folgern, daß ihre Kommunikationsstörungen eher als Kommunikationsbesonderheiten zu verstehen sind. Das ist keine bloße semantische Verschleierung: Obwohl Exzentriker mehr dazu neigen, ihre Gedanken auf merkwürdige und andere Art und Weise auszudrücken, sind sie deswegen noch lange nicht weniger eloquent. Das könnte ungefähr für die überwiegende Mehrheit aller interessanten sprachlichen Äußerungen gelten. Gäbe es so etwas wie eine rein logische und aller Kommunikationsstörungen bereinigte Sprache, so litte sie an dem schlimmsten sprachlichen Übel: Langweiligkeit. Auch wenn Exzentriker manchmal vielleicht nervend, absurd und rätselhaft sind, langweilig sind sie mit Sicherheit nie.

KAPITEL 10
EXZENTRISCHE FRAUEN

Frauenliebe ist nach allgemeiner Auffassung
exzentrisch: Ihre beiden Extreme sind Leidenschaft
und Unbeständigkeit.
Baker's Chronicles

Launen wurden mir nicht zugestanden.
Zuerst hieß es, es seien prämenstruelle, später,
es seien präklimakterische Mätzchen.
Veronica, eine heutige Exzentrikerin

Fast alle psychologischen Phänomene lassen ein gewisses Maß an Geschlechtsdimorphismus erkennen, und die Exzentrizität bildet da keine Ausnahme. Im Verlauf unserer Studie stießen wir auf einige wesentliche Unterschiede in der Exzentrizität von Männern und Frauen. Obwohl ihr Vorkommen an sich in etwa gleich verteilt ist, unterscheidet sich die Art und Weise, wie sich Exzentrizität bei beiden Geschlechtern äußert, doch erheblich und läßt große psychologische Unterschiede zwischen Männern und Frauen erkennen.

Die erste bemerkenswerte Ungleichheit ergab sich aus der historischen Analyse, nach der männliche Exzentriker mehr als 85 Prozent ausmachten. Hierbei mußte eine Vielzahl einleuchtender Faktoren berücksichtigt werden, die sich alle auf die sich wandelnde Stellung der Frau in der Gesellschaft bezogen. Fast während der gesamten Zeitspanne, die unser historisches Sample abdeckte, von 1550 bis 1950, spielten Frauen in der Öffentlichkeit kaum eine Rolle, weswegen in den von uns herangezogenen öffentlichen Aufzeichnungen auch nur selten über sie berichtet wurde. Ihre Domäne war hauptsächlich das Haus, und nur wenigen von ihnen stand es frei, ein anderes als das unterwürfige und untergeordnete Leben zu wählen, das die Gesellschaft ihnen vorschrieb.

Gut ein Viertel der historisch belegten exzentrischen Frauen war wegen ihrer auffallenden Schönheit und ihres Reichtums berühmt. Ersteres mag die Männerlastigkeit der Quellen reflektieren, nur selten fanden wir heraus, ob die männlichen Exzentriker gut aussahen oder nicht. Letzteres ist ein Hinweis auf die Macht und die Unabhängigkeit – und den Schutzwall gegen Kritik –, die Reichtum gewährt, alles Bedingungen, die zum Entstehen der Exzentrizität beitragen.

Bis ins 17. Jahrhundert hinein wurden Frauen, die anders waren, meist als Hexen bezeichnet, gefoltert und getötet. In neuerer Zeit wurden sie eher als verrückt abgestempelt und in Anstalten gesperrt. War ein Mann der einzige Hüter des Familiennamens und Vermögens, so war es undenkbar, den Haushaltsvorstand in einer Anstalt unterzubringen, da dies für die Familie oft Schande und Not nach sich zog. Um ein solch verheerendes Stigma abzuwenden, wurden viele der Männer aus dem historischen Sample zu Hause behalten, wo sie ihrer Exzentrizität, ohne Schaden anzurichten, freien Lauf lassen konnten. Selbst einem offenkundig verrückten Adligen oder reichen Grundbesitzer hätte man nachsichtigere Bezeichnungen zukommen lassen, wie «indisponiert» – oder «exzentrisch». Unbequeme Ehefrauen, Mütter und Töchter waren hingegen eher zu entbehren. Sie konnte man durch Abschieben in eine Anstalt leichter loswerden. In reichen Häusern waren Gouvernanten für die Kindererziehung zuständig, und Diener übernahmen einen Großteil der Haushaltspflichten, so daß es keine besonderen Schwierigkeiten bereitete, sich lästiger weiblicher Verwandter zu entledigen.

Diese geschlechtsspezifische Ungleichheit in der Toleranz von abweichendem Verhalten seitens der Gesellschaft gibt es auch heute noch. Statistiken aus Studien zur Alkoholabhängigkeit zeigen, daß nur eine von zehn mit einem Alkoholiker verheiratete Frauen sich von ihrem Ehemann trennt, wohingegen neun von zehn Ehemännern ihre alkoholkranke Frau verlassen. Auch die Psychiatrie hält dasselbe abweichende Verhalten bei Frauen noch immer für behandlungsbedürftiger als bei Männern. Schlägereien, tagelanges Fernbleiben von zu Hause oder eine Sauftour werden beispielsweise stillschweigend hingenommen, wenn es sich um einen Mann handelt. Läßt sich aber eine Frau ein solches Verhalten zuschulden kommen, wird sie vermutlich Befragungen, Quälereien und sogar eine stationäre «Behandlung» gegen ihren Willen über sich ergehen lassen müssen.

Eine neue Studie über Krankenhauseinweisungen zeigte, daß Männer in staatlichen Anstalten den Frauen zahlenmäßig überlegen waren, während Einweisungen von Frauen in privat geführten Nervenkliniken unverhältnismäßig häufiger vorkommen. Eine mögliche Erklärung für diese Zahlen ist, daß es in staatlichen Krankenhäusern straffe, festgelegte Kriterien für eine Einweisung gibt, wohingegen die privaten auch Menschen akzeptieren können, deren Krankheiten nicht gravierend sind oder gar keine Einweisung erforderlich machen. Der Überhang von Frauen in privaten Anstalten könnte darauf hindeuten, daß bei ihnen geringfügigere Symptome einer psychischen Erkrankung, die man bei einem Mann nicht weiter beachten würde, häufiger für behandlungsbedürftig angesehen werden – eine elegante moderne Variante, unbequeme Damen in einer Anstalt abzuladen.

So ist uns wahrscheinlich ein großer Teil unserer historischen Exzentrikerinnen durch verschlossene Tore und Gummizellen verlorengegangen. Und das heißt zudem, daß die Doppelmoral in der Psychiatrie, die sie dorthin gebracht hat, noch immer praktiziert wird.

Heute weiß jeder, daß die Gesellschaft auf Frauen einen

größeren Druck zur Anpassung ausübt als auf Männer. Traditionell orientierte Eltern erziehen eine Tochter zur perfekten Ehefrau und Mutter, während sie sehr viel weniger Wert darauf legen, aus Jungen gute Ehemänner und Väter zu machen. Schon immer wurden Jungen ermutigt, Originalität, Aggressivität und Initiative zu zeigen, wohingegen von Mädchen erwartet wurde, daß sie folgsam und hilfsbereit sind. Obwohl sich dies Muster in vielen Teilen der Gesellschaft zu verschieben beginnt, ist es nichtsdestotrotz wahr, daß für eine Frau eine ganze Menge Mut dazugehört, ihre exzentrischen Neigungen zum Ausdruck zu bringen, insbesondere wenn sie in einem traditionsbewußten Haus aufgewachsen ist.

Dieser Mut, der Gesellschaft zu trotzen, wird von Yvonne X gut veranschaulicht. Bevor ihr Perpetuum-mobile in die Luft ging, sagte sie zu mir: «Warum soll eine Frau keine Erfindung machen? Wenn wir Babys zustande bringen können, können wir auch so was machen. Ich weiß, daß meine Theorien manchem als weit hergeholt erscheinen, aber das Recht, verrückt zu sein, ist schon in der Verfassung verankert. 1990 erklärte der Präsident das kommende Jahrzehnt zum Jahrzehnt des Gehirns. Wen, denken Sie, hat er damit wohl gemeint?»

Die Zeiten und die Reaktionen der Gesellschaft haben sich geändert. Die Weiße Magierin Dot Griffiths ist dafür ein Beispiel. Früher hätte man sie zur heidnischen Ketzerin erklärt und dem Gottesurteil unterzogen, als «Unschuldige» wäre sie ertrunken, als «Schuldige» oder renitent Reuelose auf dem Scheiterhaufen verbrannt worden. Heute lebt sie mitten unter uns, hat sich im freundlichen Milton Keynes, England, niedergelassen, gleich neben der Open University. Dort kann sie nicht nur zusammen mit ihrem Mann Reg Wicca-Magie praktizieren, sondern auch als verehrte Mentorin auftreten, ihre Anhänger in geheimnisvollen Zaubersprüchen und -tränken unterweisen und ihr Wissen an jeden weitergeben, der es erlernen möchte (Abbildung 17).

Aus unserer Studie ergab sich, daß Männer schon in ihrer Jugend zum Exzentrischsein tendieren, wohingegen Frauen ihre Seltsamkeit erst später im Leben zu erkennen geben. Ist eine Frau verheiratet – vor allem, solange sie kleine Kinder hat –, paßt sie sich den herrschenden sozialen Verhältnissen an, um das Alltagsleben nicht zu gefährden. Sobald die Kinder aber aus dem Haus sind, fühlt sie sich frei, ihre exzentrische, kreative Seite zu zeigen, und läßt sich nicht selten von ihrem Mann scheiden, um sich ganz ihren Steckenpferden widmen zu können. Dieser Prozeß geplanter Erfüllung individueller Bedürfnisse, Wünsche und Phantasien wird allgemein als «Aufblühen» oder «Erblühen» bezeichnet. Männliche Exzentriker dagegen bleiben eher Junggesellen und gehen zahlreichere und kürzere romantische Beziehungen ein. Auch Heiraten, Trennungen und Scheidungen sind bei ihnen häufiger zu verzeichnen. Die Männer geben selbst zu, auch für die toleranteste und verständnisvollste Frau einen schwierigen Lebenspartner abzugeben.

Die Exzentrikerinnen unserer Studie sind in der Tendenz neugieriger, radikaler, experimentierfreudiger und verschlossener als die Männer. Nur wenige von ihnen konnten der Kategorie der Wissenschaftler zugerechnet werden und die meisten gehörten nachvollziehbarerweise dem reichen, zurückgezogenen Typ an, denn sie konnten es sich leisten, sich ihren Grillen hinzugeben. Viele der einsiedlerischen Frauen im historischen Sample würde man heute vermutlich als agoraphobisch diagnostizieren. Die modernen Frauen aus unserer Studie sondern sich mehr aus freien Stücken denn aus Furcht ab. Einige von ihnen betonten, daß anscheinend mit zweierlei Maß gemessen werde und die soziale Akzeptanz des Einsiedlertums bei einem Mann höher sei als bei einer Frau, insbesondere wenn es sich, wie man früher sagte, um eine Frau im «heiratsfähigen» Alter handelte. Die Künstlerin Anita erzählte uns:

Die Leute meinen, daß ich, nur weil ich eine Frau bin, sorgend, pflegend und «auf Menschen eingestellt» sein muß. Sie wollen nicht glauben, daß ich meine eigene Gesellschaft vorziehe. Sie merken nicht, daß es meine glücklichsten Stunden sind, wenn ich mit meiner Musik und Malerei allein bin. Sie meinen, daß ich mich auf die Arbeit stürze, um mein Nichtverheiratetsein zu kompensieren. Meine Freunde und meine Familie sagen mir, daß sie sich Sorgen um mich machen, weil ich nicht ausgehe. Ich glaube nicht, daß männliche Künstler derart über ihr Sozialleben ausgefragt werden. Die Leute respektieren ihr Einsamkeitsbedürfnis. Sagt ein männlicher Künstler, daß er sich zurückziehen und schöpferisch tätig sein will, heißt es, er nimmt seine Arbeit ernst. Wenn ich dasselbe tue, bin ich entweder egoistisch oder habe ein psychisches Problem.

Eine Frau habe ich richtiggehend schockiert, als ich ihr erzählte, daß ich keine Kinder haben wolle. Sie wurde ärgerlich und sagte, daß sie zwei reizende Töchter habe und sie für nichts auf der Welt hergebe. Eine ganze Weile brütete sie darüber und meinte dann, daß sie mich jetzt durchschaut habe – meine Werke wären meine «Kinder». Was sagen Sie dazu? Ob sie es wohl gerne gehört hätte, wenn ich ihr gesagt hätte, daß sie nur Kinder habe, um die Tatsache aufzuwiegen, daß sie nicht malen könne?

Am deutlichsten zeigte sich der Geschlechtsdimorphismus im Grad der Aggressivität. Die Männer unseres Samples waren aggressiver als normal, aber die Frauen erreichten außergewöhnlich hohe Werte: Nahezu vierzig Prozent bewegten sich bei dieser Eigenschaft im obersten Bereich (siehe die Tabelle, Seite 197).

Möglich, daß eine Frau eine besonders aggressive Persönlichkeit braucht, um dem sozialen Druck, dem sie ausgesetzt ist, standzuhalten und gegen die weiblichen Stereotypen angehen zu können. Vielleicht ist der Geschlechtsdimorphismus so tief verankert, daß das Verhalten der Frauen einfach aufgrund ihres Geschlechts als extrem aggressiv eingestuft wurde. Dann wäre an diesem Punkt der Allgemeinplatz zum Tragen gekommen, daß, wenn sich Männer und Frauen vor allem im Beruf aggressiv verhalten, der Mann als dynamisch und initiativ gelobt und die Frau als penetrant und ätzend kritisiert wird.

Ebensogut kann es sein, daß manche Frauen nur wegen ihrer Aggressivität in den Ruf von Exzentrikerinnen geraten sind. Gerade die älteren Frauen aus unserer Studie wurden sozial ausgegrenzt, weil sie früh in ihrer Biographie Entscheidungen trafen, die heute akzeptiert sind und gar als normal gelten, damals aber als Zeichen aggressiven, unweiblichen Eigensinns interpretiert wurden, der Familie und Freunde schockierte:

Ein exklusiver Damenklub lud mich ein beizutreten. Ablehnungen waren bisher noch nicht vorgekommen. Ich lehnte ab.

Ich ließ mich von einem Mann scheiden, den meine Familie mochte, und heiratete einen, den sie haßte. Ich glaube, sie waren besonders erbost, weil ich mich nicht um ihre Meinung scherte. Meinen Kindern sagte ich immer, daß mir egal sei, was sie aus ihrem Leben machten, solange es nichts Unrechtes sei.

Nachdem sie für Handlungen, die zwar nonkonformistisch, in ihren eigenen Augen aber durchaus in Ordnung waren, verurteilt wurden, trafen diese Frauen bewußt die Entscheidung, noch exzentrischer zu werden. Die Welt stellte Haltungen, die sie vernünftig fanden, wiederholt so dar, daß sie, angeregt durch ihr frisch erworbenes Gefühl von Freiheit und Unabhängigkeit, das Seltsamsein zu mögen begannen. Die soziale Ächtung empfanden sie nicht als Strafe, sondern zogen daraus ein Gefühl der Befreiung, was sie wiederum inspirierte, noch merkwürdiger zu werden. Ihr Benehmen verriet die Haltung: «Ihr wollt mich sonderbar? Das könnt ihr haben!»

So werden Frauen, die anfangs vielleicht lediglich für exzentrisch gehalten wurden, weil sie traditionelle Frauenrollen ablehnten, allmählich in eine vollentwickelte Exzentrizität gedrängt. Hätte Lillie Hitchcock Coit heute gelebt, wäre sie zweifellos eine Feuerwehrfrau geworden. Aber bei einem kleinen Mädchen, das zur Zeit des Goldrausches in San Francisco aufwuchs, hielt man ihre Besessenheit von Feuerwehren und dem Leben als Feuerwehrmann für bizarre Auflehnung. Mit zehn Jahren jagte sie den Feuerwehrautos nach. Als Teenager wurde sie Ehrenmitglied des Knickerbocker-Löschzuges Nr. 5 (siehe Abbildung 18). Bis an ihr Lebensende fügte sie ihrem Namen stets eine «5» hinzu und trug das goldene Emblem des Zuges. Nach einem Brand lud sie die noch rußverschmierten Feuerwehrmänner zu einem verschwenderischen Mahl ins vornehmste Restaurant der Stadt ein. Es war die Ära von Kaiser Norton, Oofty Goofty und dem Großen Unbekannten, und Lillie Hitchcock wurde zum Liebling der exzentrischsten Stadt Amerikas.

Sie heiratete einen reichen Geschäftsmann namens Benjamin Howard Coit, aber die Ehe scheiterte bald an den schroffen Klippen ihres exzentrischen Verhaltens. Eines Tages bleichte sie ihre Haare mit Wasserstoffsuperoxyd grellgelb. Als ihr Mann dagegen protestierte, rasierte sie ihren Kopf und trug je nach Lust und Laune eine rote, schwarze oder blonde Perücke, eine ihn noch mehr schockierende Demonstration ihres Individualismus. Mr. Coit ging mit ihr auf Weltreise, in der Hoffnung ihre Widerspenstigkeit so zu zähmen, doch als sie zurückkehrten, eilte sie schnurstracks wieder zu den Knickerbockers Nr. 5.

Nun war ihr Vater mit dem Versuch an der Reihe, ihre Extravaganz zu zügeln. Von ihren Possen in Verlegenheit gebracht, etablierte er sie auf einem Landsitz im Napa Valley, viele Meilen von der Stadt entfernt. Sie reagierte darauf, indem sie den Besitz zu einem Zufluchtsort für Künstler und Schriftsteller umfunktionierte, die gerade Kalifornien bereisten. Robert Louis Stevenson war häufig dort bei ihr zu Gast, während er *The*

Silverado Squatters schrieb. (Stevensons Frau, Fanny Osbourne, ähnelte Lillie in vielerlei Hinsicht. Sie war zehn Jahre älter als Stevenson, drehte Zigaretten, ein schießwütiges amerikanisches Mädchen mit einem Gesicht wie «Napoleon mit irren schwarzen Augen».)

Mr. Coit mißbilligte diese Bohèmeclique und suchte gekränkt das Weite. Endlich allein – sie hätte auch sagen können: endlich frei –, kehrte Lillie nach San Francisco zurück und nahm wieder ihre Stellung als Maskottchen der Stadt ein. Wie viele Exzentriker blieb sie bis ins hohe Alter rüstig, als sie 1929 mit 87 Jahren starb, vermachte sie ihr Vermögen der Stadt. Und die Einwohner von San Francisco ließen ihr zu Ehren auf dem Telegraph Hill einen Turm errichten. Obwohl der Architekt ganz anderer Ansicht ist, meinen viele, daß der Coit Tower einer riesigen Düse eines Feuerwehrschlauchs gleicht.

Wegen des sehr viel stärkeren Drucks auf Frauen, sich sozial unterzuordnen, ist ihre Exzentrizität vor allem in der Vergangenheit untrennbar mit dem Feminismus verknüpft. Diese Verflechtung ist um so enger, je weiter man zeitlich zurückgeht. Victoria Claflin Woodhull und ihre Schwester Tennessee haben wir bereits erwähnt, man könnte in diesem Zusammenhang noch viele andere Feministinnen des 19. Jahrhunderts nennen. Denn ihre kühnen Versuche zum Umsturz etablierter Systeme setzen einen ähnlichen Mut und eine Vision voraus wie das offene Bekenntnis zum Exzentrischsein. Frauen, die vor dem Zweiten Weltkrieg geboren wurden, verhalten sich erheblich anders als ihre Geschlechtsgenossinnen, die in einer Zeit zunehmender Toleranz gegenüber weiblicher Unabhängigkeit und Individualität aufgewachsen sind. Bei den jüngeren Frauen unserer Studie entwickelte sich die Exzentrizität ähnlich wie bei den Männern, was bei den Frauen mittleren Alters oder noch älteren, die in konservativen, altmodischen Elternhäusern aufwuchsen, nicht der Fall war.

Ironischerweise erreichte der soziale Druck auf Frauen, sich anzupassen, gerade in einer nach einer Frau benannten Epoche seinen unübertroffenen Höhepunkt, in der Viktorianischen Ära. Gemeinhin glaubt man bis heute, daß die Exzentrizität in dieser Epoche ihren historischen Höhepunkt erreichte. Gewiß vollbrachten gerade die viktorianischen Exzentriker mit zielstrebiger Unbekümmertheit und Extravaganz nie zuvor dagewesene Meisterleistungen. In ihrer Verleugnung der Sexualität und des weiblichen Wesens waren alle Formen der Repression gleichermaßen extrem, wenn nicht gar pathologisch. Der beste Teil der Welt wurde von einer Frau regiert, der es möglich war zu sagen: «Die Königin ist äußerst bestrebt, jeden daran zu beteiligen, dieser verrückten und sündigen Torheit, die sich Gleichberechtigung der Frau nennt, und aller damit einhergehenden Schrecken, Einhalt zu gebieten.» Aber Königin Viktoria hatte sich verrechnet: Nichts reizt Exzentriker mehr als eine anscheinend aussichtslose Sache, und Formulierungen wie «verrückte und sündige Torheit» waren für Frauen wie die Claflin-Schwestern ein berauschendes Elixier und kein Abschreckungsmittel.

Auch Mary Kingsley (1862–1900), die zu den unerschrockensten Erforschern Afrikas zählt, war eine solche Frau. Wie alle viktorianischen Mädchen verlebte sie eine behütete Kindheit. Ihr Vater, George Kingsley, war ein unsteter Ethnologe, der viel in der Welt herumreiste, ihr Onkel, Charles Kingsley, war einer der einflußreichsten und meistgelesenen Schriftsteller Großbritanniens. Ihren Schneid und ihre Kühnheit könnte Mary von ihrem Onkel Gerald geerbt haben, einem Kapitän, der nach einer 18monatigen Tortur an Bord seines stinkenden, fieberverseuchten Schiffes inmitten der Leichname seiner Mannschaft auf See starb.

Wie viele exentrische Kinder liebte Mary es, wissenschaftliche Experimente nachzuspielen. Als sie einmal so tat, als ob sie Schießpulver herstellte, ließ sie einen Kübel Dung in die Luft gehen, der sich über eine mit frisch gewaschener Wäsche behängte Leine ergoß. Eine Erziehung hatte sie kaum genossen, nur Deutsch hatte sie gelernt, das ihr Vater ihr beibrachte, damit sie ihm bei seinen Forschungen helfen konnte. Am exzentrischsten für eine wohlerzogene Dame ihres Standes war, daß sie das H nicht aussprach. Als junge Frau war sie ungewöhnlich schüchtern, verbrachte den ganzen Tag mit Hausarbeit, da ihre Mutter als Invalidin ans Bett gefesselt war.

Nachdem ihr Vater gestorben war, blühte Mary förmlich über Nacht zu einer vollentwickelten Exzentrikerin auf. Mit dreißig Jahren beschloß sie, nach Afrika zu gehen, um einige von ihrem Vater unvollendet zurückgelassene Studien zum Abschluß zu bringen. Anfangs verfolgte sie kein bestimmtes Ziel, ihre akademischen Freunde rieten ihr lediglich, sich auf «Fetisch und Fisch» zu konzentrieren. Sie entfaltete die für Exzentriker typische Neugier. Auf ihrer ersten Reise erhielt sie den Spitznamen «Nur ich», weil sie die Gewohnheit hatte, im Maschinenraum, auf der Brücke und an fast allen Orten aufzutauchen, wo den Passagieren der Zutritt verboten war, um herauszufinden, wie alles funktionierte, wobei sie ihr Eintreten mit den Worten «Ich bin's nur» anzukündigen pflegte.

Kingsley verliebte sich in Afrika und unternahm etliche Reisen dorthin, auf denen sie mehr schauerliche Abenteuer erlebte, als sich jeder Science-fiction-Autor trauen würde niederzuschreiben. Daß sie heute nicht so bekannt ist wie Speke, Livingston oder Burton, kann nur an einer noch heute bestehenden Voreingenommenheit gegenüber Frauen liegen. Sie bereiste West- und Äquatorialafrika und entdeckte zahlreiche Fischspezien, die nach ihr benannt sind. Sie wollte eingeborene Afrikaner kennenlernen, die durch den Kontakt mit «zivilisierten» Weißen noch nicht vollkomen verdorben waren, und das hieß, sie mußte Kannibalen besuchen. Als erste Europäerin reiste sie in die Region Gabuns, wo damals die Fang lebten. Der Stamm war in Westafrika wegen seiner Grausamkeit gefürchtet. Aber die höfliche, zähe Mary Kingsley gewann ihr Vertrauen und wurde von einer Eskorte Fang-Krieger sicher durch ihr Territorium geleitet. Für die Fang war Kannibalismus nicht nur ein Ritus, sondern eine wichtige Ernährungsstrategie. In einem Dorf wurde ihr die Ehre zuteil, die Häuptlingshütte betreten zu dürfen, wo sie von Körben voller trocknender menschlicher Ohren, Zehen, Hände «und anderer Dinge» umgeben war. Nichtsdestotrotz hielt sie die Fang am Ende ihrer Expedition durch deren Land für «einen unheimlich feinen Menschenschlag».

Kingsley war eine wahre Feministin, da sie es sich zum Ziel setzte, alles zu tun, was ein Mann tun konnte, nur besser. Andere Forschungsreisende, auch Sir Richard Burton, hatten die über 4000 Meter hohe Spitze des Kamerunberges erklommen. Allerdings über die leichte Westseite. Sie wählte die schwierigere Südostroute. In ihrem Tagebuch schreibt sie: «Ich bin der dritte Engländer *[sic]*, der den Gipfel bestiegen hat, und der erste, der ihn von Südosten bestiegen hat.»

Rudyard Kipling, der sie kannte, sagte: «Persönlich muß sie vor irgend etwas Angst gehabt haben, aber niemand fand je heraus, was es war.» Ihre Heldentaten waren so unglaublich, daß sie, als sie 1897 ihre Memoiren, *Travels in West Africa* (Die grünen Mauern meiner Flüsse. Aufzeichnungen aus Westafrika) veröffentlichte, die haarsträubendsten Details wegließ, damit nicht das ganze Buch als reines Phantasieprodukt abgetan wurde. Bei ihren überaus populären öffentlichen Vorträgen füllte sie diese Lücken wieder aus und erzählte etwa vom Erlebnis mit dem rasenden Gorilla, der sie verfolgte. Ein Fang-Krieger traf das Tier mitten in die Brust, als es nur noch wenige Yards von ihr entfernt war. Dann gab es da die Episode mit dem Krokodil, das in ihr Kanu kriechen wollte und schon die Vorderbeine drin hatte, als sie ihm mit ihrem Paddel einen Schlag auf den Kopf versetzte. Feministin oder nicht, Mary Kingsley war eine treue Untertanin des Britischen Empires und starb an Fieber, als sie im Burenkrieg Soldaten pflegte.

Ein 1682 veröffentlichtes Traktat über *Die zehn Freuden der Ehe* warnte davor, den Frauen zu erlauben, über ihre Ehemänner zu «herrschen, weil dies sowohl vom Himmel als auch der Natur ihm verliehen ist». Einer Frau war es unter keinen Umständen gestattet, Hosen anzuziehen, auch nicht, wenn ihr Herr und Meister gar nicht daheim war. Exzentriker unterlaufen nun einmal jede Konvention, die sich ihnen bietet, und das Hosentragen erfreute sich bei ihnen über Jahre hinweg großer Beliebtheit. George Sand gehörte zu den ersten und bleibt vielleicht die berühmteste Frau, die sich öffentlich als Mann gekleidet zeigte. Ihre besten Romane leben von einem feministischen Subtext, wie französische Gelehrte und andere Kritiker enthüllten.

Inmitten des amerikanischen Bürgerkriegs zog die Krankenschwester Mary Walker gegen das die Frauen in mehr als einer Hinsicht einengende «schändliche Korsett» zu Felde und ging in korrekter Herrenkleidung umher. Mehrere Male wurde sie deswegen verhaftet, aber der Kongreß verlieh ihr fur ihren Heroismus eine Ehrenmedaille und verabschiedete ein besonderes Gesetz, das ihr das Tragen von Hosen erlaubte. Ebenso empörte sich Walker über das «üble Nikotin» und war imstande, verdutzten Rauchern auf der Straße mit ihrem zusammengerollten Schirm die Zigarette aus dem Mund zu schlagen.

Der bizarrste Fall einer Frau in Männerkleidern dürfte wohl der von James Barry (ca. 1795–1865) sein, einer Frau, die fast ihr ganzes Leben als Mann verbrachte. Damals waren Frauen noch nicht zum Medizinstudium zugelassen. Aus diesem Grund nahm sie, von ihren radikalen Eltern und deren Freunden ermutigt und begünstigt, schon als junges Mädchen den Namen James an (ihren wirklichen Namen kennen wir nicht) und schrieb sich sechzig Jahre vor der offiziellen Zulassung von Frauen an der Universität Edinburgh ein. Dort galt sie als eine Art Wunderkind. Ihrer Dissertation (über *Hernia cruralis*) stellte sie keck das Zitat des griechischen Dichters Menander voran: «Erwäge nicht meine Jugend, sondern erwäge, ob ich die Weisheit eines Mannes zeige.»

1812 machte sie ihren Doktor und wurde Chirurg im Dienst der britischen Armee, wo sie für den Rest ihres sehr ausgefüllten und aktiven Lebens verblieb. Als sie in Kapstadt diente, muß sie eine ziemlich komische Figur abgegeben haben. Sie trug eine stark gepolsterte scharlachrote Uniform und war stets in Begleitung des «Schwarzer Sambo» genannten Dieners und ihres kleinen Hundes, der Psyche hieß. Sie war eng mit dem Gouverneur der Kap-Kolonie, Lord Charles Somerset, einem 40jährigen Witwer, befreundet. Nachdem sie ihm das Leben gerettet hatte, weil sie bei ihm ganz richtig Typhus diagnostizierte, scheinen sie eine Liebesaffäre gehabt zu haben. Ein neuerer Biograph geht davon aus, daß sich Barry auf eine lange Reise zur liberaleren Insel Mauritius machte, um dort ihr Baby zur Welt zu bringen. Fünf Jahre später wurden beide, Ironie der Ironie, vor dem Unterhaus der Homosexualität angeklagt, allerdings scheint der Fall nie zur Verhandlung gekommen zu sein.

Mehrmals wäre sie im Laufe ihres Lebens beinahe aufgeflogen. Eine Hebamme, die mit James in Kapstadt zusammen arbeitete, berichtete, daß sie, als sie in «sein» Schlafzimmer eilte, um ihn in einem medizinischen Notfall um Hilfe zu bitten, etwas sah. Sie bezeugte: «Dr. Barry war und ist eine Frau.» Als Barry auf Trinidad schwer an Gelbfieber erkrankt war, wies sie ihre Ärzte an, sie unter keinen Umständen zu untersuchen und sie im Falle ihres Todes sofort in Kleidern zu begraben. Ein junger Chirurg, dem ihr Zustand Sorgen bereitete, mißachtete diese merkwürdigen Anweisungen. Er entlarvte sie und rief: «Sieh an! Dr. Barry ist eine Frau.» Sie wachte auf und hatte genügend Geistesgegenwart, ihn sofort Stillschweigen schwören zu lassen. Schließlich wurde sie zum Generalinspekteur der öffentlichen Gesundheit befördert. In ihrer Position setzte sie sich für die Verbesserung und Humanisierung der Lebensbedingungen ihrer Patienten ein, insbesondere für die Frauen, die Armen und die von ihr betreuten Eingeborenen. Ihre wagemutige Streitbarkeit und die andauernden Verdächtigungen über «Dr. Barrys Eigenheiten» führten schließlich zu ihrer Entlassung, ohne daß ihr die sonst üblichen Ehrungen zuteil wurden.

Die Frage von James Barrys Geschlecht blieb auch nach ihrem Tod noch strittig. Sally Bishop, die Frau, die den Leichnam aufbahrte, erklärte öffentlich, daß die verstorbene Person eine Frau sei, aber der Arzt, der Barry auf dem Sterbebett behandelte, sagte, daß, soweit er wisse, James Barry ein Mann sei. Ein anderer medizinischer Experte, Professor Kirby, schrieb:

Obwohl Dr. Barry im wesentlichen männlicher Natur war, besaß er zweifellos äußerliche Merkmale, die von der Erscheinung her ausreichend weiblich waren, um den Durchschnittsmenschen, der ihn zufällig teilweise oder ganz bekleidet sah, zu täuschen ... Ich meine deshalb, daß Dr. Barry gewiß männlich war, obwohl vom äußeren Erscheinungsbild her einer, der unglucklicherweise weiblich war.

Es fällt schwer zu glauben, daß diese verworrenen und verwirrenden Aussagen für diejenigen, die sie lasen, akzeptabel waren, oder auch nur verständlich. Professor Kirby scheint eine Art Hermaphroditentum zu vermuten, eine sehr seltene Kombination von Sexualmerkmalen. Wahrscheinlich aber hielt er es schlicht für unmöglich, daß eine Person, die ihr Leben erfolgreich als Mann verbracht hatte, gar keiner war. Ganz sicher werden wir das nie wissen, aber es besteht kein Grund, Mrs. Bishop zu mißtrauen, die für Kirbys Haltung nur Verachtung übrig hatte: «Das ist ein schöner Arzt, der den Leichnam einer Frau nicht erkennt, wenn er ihn vor sich hat.»

[illegible] und [illegible] [illegible] Sterblichkeit [illegible] [illegible] [illegible] [illegible] [illegible] [illegible]

[illegible]

[illegible]

KAPITEL 11
SEXUELLE EXZENTRIZITÄT

Denn in jeder Handlung beabsichtigt
der Handelnde hauptsächlich, seine eigene Ähnlichkeit
zu entfalten, und dies gilt sowohl vom naturnotwendig
Handelnden wie auch vom willentlich Handelnden. (...)
Daher kommt es, daß jeder Handelnde als solcher
Freude empfindet: Da alles, was ist, sein Sein
begehrt und im Handeln das Sein des Handelnden
in einer gewissen Weise vermehrt wird, folgt
notwendigerweise die Freude, da mit
der erstrebten Sache stets Freude verknüpft ist. (...)
Daher handelt nur das, was in der Weise (bereits) wirklich
existiert, wie das Erleidende werden soll.

Dante Alighieri, *Monarchia*

Wenn keine Funktionsstörung vorliegt, sprechen die meisten Menschen mit Fremden, zum Beispiel einem Psychologen, nur ungern über Sexualität, einen der intimsten Aspekte des Lebens. Für uns war es deshalb schwierig, auch nur einen Schimmer vom Sexualleben der Exzentriker zu erhaschen, abgesehen von den Dingen, die man auch bei einer Volkszählung hätte erfahren können.

Exzentriker sind in der Regel freundliche Menschen, froh, ihre Steckenpferde mit jemandem zu teilen, der sich dafur interessiert, aber ihrem Wesen nach tendieren sie eher zum Einzelgängertum und empfinden es bisweilen als schwierig, mit anderen Menschen intim zu sein. Trotzdem schätzen die meisten eine Liebesaffäre, sofern sie sich ergibt, und verlieben sich Hals über Kopf, doch sobald die erste Begeisterung nachläßt, fällt es ihnen schwer, die Beziehung aufrechtzuerhalten.

Auch stellten wir fest, daß ein relativ großer Teil der heutigen Exzentriker kein besonderes Interesse an Sex hatte. Alleinstehende wie die Künstlerin Anita haben sich für das Zölibat entschieden und scheinen mit dieser Lebenssituation wirklich zufrieden zu sein.

Abgesehen von der hohen Scheidungs- und Zölibatsrate deutete nichts darauf hin, daß die Sexualpraktiken der Exzentriker stark von denen anderer Menschen abwichen. Diese Erkenntnis kann das Ergebnis der in der Gesellschaft zunehmend vorhandenen sexuellen Toleranz sein, denn jede Definition von Exzentrizität richtet sich nach dem herrschenden Standard von akzeptablem Verhalten. Im klassischen Griechenland war es zum Beispiel nicht nur akzeptabel, sondern sogar allgemein üblich, daß erwachsene Männer Knaben mit Zustimmung ihrer Eltern verführten und als Liebhaber benutzten. Die Griechen vertraten die Ansicht, daß eine solche Beziehung, die sich möglicherweise aus prähistorischen Initiationsriten entwickelt hat, für den Jungen vorteilhaft sei. Gestützt auf die gegenteilige Annahme, halten wir heute Päderastie für vollkommen unannehmbar. Diejenigen, die sie praktizieren, sind für uns keine Exzentriker, sondern Kriminelle. (Obwohl Menschen wie Lewis Carroll, der starke päderastische Neigungen verspürte, diese aber in sozial verträgliche Bahnen lenkte, vermutlich Exzentriker waren.)

Die vorherrschende, wenn auch keineswegs universelle, heutige Auffassung vom Sexualverhalten kann knapp zusammengefaßt werden: *anything goes*, solange niemand verletzt wird und alle Beteiligten fähig sind, ihr Einverständnis zu erklären. Nach diesem Maßstab werden viele Sexualpraktiken, die früher als Symptome von psychischen Krankheiten, Persönlichkeitsstörungen oder Perversion klassifiziert wurden, heute von den meisten Menschen (aber wiederum nicht allen) als harmlose Abweichungen eingestuft. Dieser Wandel vollzog sich, nachdem die von Alfred Kinsey und anderen angeführte Forschung in der Nachkriegszeit entdeckte, daß es eine weitaus größere Variationsbreite des menschlichen Sexualverhaltens gab, als angenommen oder öffentlich zugegeben wurde. Schon vor Kinsey war der Ausdruck der Sexualität bereits seit Beginn dieses Jahrhunderts immer freizügiger geworden.

Nichtsdestotrotz war Homosexualität in der englischsprachigen Welt bis vor kurzem tabu und wurde, obwohl sie schon immer weithin praktiziert wurde, bis in die siebziger Jahre als psychische Krankheit eingestuft. Das war nur ein Beispiel von vielen, bei dem die Psychiater als «Denkpolizei» und Instrumente der sozialen Kontrolle fungierten. Auch bizarre Formen des Sexualverhaltens wie Sadomasochismus und Fetischismus werden heute unter bestimmten Umständen von einigen Psychologen als harmlos und akzeptabel angesehen. Wo alles möglich ist, ist Exzentrizität kein Thema mehr. Deshalb wird heute jede Betätigung, wenn sie nur schrill genug ist, um sich jenseits der Grenzen zu bewegen, wahrscheinlich eher als Symptom einer sexuellen Dysfunktion denn als Exzentrizität betrachtet.

Trotzdem kam Homosexualität in den ersten Jahrzehnten dieses Jahrhunderts, als sie noch weitgehend verboten war, vermutlich genauso häufig vor wie heute. Weit verbreitet waren die Experimente an den britischen Public Schools, die für die meisten, von Natur aus heterosexuell veranlagten Jungen harmlos ausgingen, aber ihre schwulen Klassenkameraden in eine mißliche Lage brachten. Das Erlebnis offenbarte ihre verbotene homosexuelle Neigung, doch blieben sie ohne sozial akzeptiertes Ventil zurück, ihre Neigung auszuleben. Für Homosexuelle gab es in der ersten Hälfte dieses Jahrhunderts zwei Möglichkeiten: Verheimlichung, die sie zu potentiellen Opfern von Erpressungen und anderen Belästigungen machte und sie, falls sie heirateten, ungeheuren Schuldgefühlen aussetzte. Alternativ dazu war das offene Bekenntnis, das erhebliche Risiken mit sich brachte.

Exzentriker wählten selbstverständlich letztere Möglichkeit. Zwischen den beiden Weltkriegen entstand in England eine Subkultur der Ästheten. Viele dieser jungen Leute zeigten ihr Schwulsein offen, als dies noch als entschieden exzentrisch galt. Stephen Tennant war ein hübscher junger Schauspieler von bescheidenem Talent und der Liebhaber des Dichters Siegfried Sassoon. Tennant tummelte sich nicht nur in dieser *jeunesse dorée*, sondern war im wahrsten Sinne des Wortes vergoldet: Er streute sich Goldstaub ins Haar. Ronald Firbank verfaßte geziert wunderliche Romane mit Titeln wie *The Artificial Princess, The Flower Beneath the Foot* und *Concerning the Eccentricities of Cardinal Pirelli* (hier wurde der Kaffee in Nachttöpfen serviert). Er schrieb mit einem Federkiel auf Stapel blauer Postkarten, saß derweil in Hotelzimmern, umgeben von einer Unmenge Blumen aus dem Gewächshaus. Bei einem üppigen Festessen zu seinen Ehren nahm der Schriftsteller, nach Aussage von Osbert Sitwell, lediglich eine einzige grüne Erbse zu sich.

Während es sich bei Tennant und Firbanks zweifellos um Exzentriker handelte, gehörten viele der jungen Schwulen aus diesem Kreis schlicht einer Subkultur an, die sich an einem anderen Kanon sozialer Konventionen orientierte. Ihr, wie man heute sagen würde, «extravaganter Lebensstil» war die Reaktion auf eine erbarmungslos reglementierende Gesellschaft, die sie nicht so akzeptierte, wie sie waren. Diese Voreingenommenheit war natürlich das Produkt der Viktorianischen Ära in Großbritannien und den USA. Hundert Jahre früher herrschte gegenüber abweichendem Verhalten eine sehr viel größere Toleranz, zumindest sofern es höflich und diskret daherkam. Wären Lady Eleanor Butler und ihre Freundin und Gefährtin Sarah Ponsonby hundert Jahre später auf die Welt gekommen, hätte sie vielleicht dasselbe Schicksal ereilt wie Oscar Wilde. Die beiden Damen begegneten sich vermutlich 1774, verliebten sich leidenschaftlich ineinander und trafen ein Abkommen, sich von der Welt zurückzuziehen und nur noch füreinander dazusein. Lady Eleanor war die Tochter eines irischen Peer und Sarah Ponsonby eine gebildete, zehn Jahre jüngere Dame aus Dublin und gerade 21, als die beiden sich trafen. Auf der Stelle liefen sie miteinander davon, aber ihre Verwandten spürten sie auf, brachten sie nach Hause und versuchten, sie umzustimmen. Doch die Liebenden waren fest entschlossen und fuhren 1778 nach Wales, um nach einem Ort Ausschau zu halten, wohin sie sich zurückziehen konnten. Sie ließen sich in einem Landhaus in dem Waliser Dorf Plasnewydd nieder, im Tal von Llangollen, wo sie in völliger Abgeschiedenheit zusammen mit ihrem Dienstmädchen, dem Hund Flirt und der Katze Mrs. Tatters lebten. Keine von beiden verbrachte je eine einzige Nacht außer Haus, bis zu ihrem Tod fünfzig Jahre später.

Die «Damen aus dem Tal», wie sie von ihren bäuerlichen Nachbarn genannt wurden (siehe Abbildung 15), lebten nahezu autark von einem bescheidenen Einkommen und produzierten viele Nahrungsmittel selbst. Stets mit Männerkleidern angetan, verbrachten Eleanor und Sarah ihre Tage, indem sie Hausarbeiten erledigten, den Garten und den Kükenbrutkorb versorgten, buken, Wein herstellten und einer Vielzahl von Beschaftigungen zur eigenen Weiterbildung nachgingen. Sarah Ponsonby beschreibt dieses idyllische Leben in einem Brief an eine Freundin:

Nach dem Frühstück versuche ich mich in den Morgenstunden im Zeichnen zu verbessern … Mein L. [Liebling] sucht sich auch fortzubilden, obwohl dies im Italienischen schwer möglich ist – sie vergnügt sich auch damit, illustrierende Anmerkungen über die von ihr bewunderte Madame de Sevigné zusammenzustellen und zu transkribieren. Nach dem Abendessen liest sie mir bis neun Uhr etwas vor, dann ziehen wir uns regelmäßig in unser Schlafzimmer zurück … wo wir uns meistens noch bis Mitternacht beschäftigen.

Die romantische Freundschaft und die utopische Lebensweise der Damen aus dem Tal machte sie bei den Intellektuellen in ganz Europa beliebt. Alle Reisenden, die nach Wales kamen, begehrten Empfehlungen, um sie kennenzulernen. Zu ihren Besuchern zählten Wordsworth, Southey, De Quincey, Scott, Josiah Wedgwood und die Darwins, der Duke of Wellington war ein enger Freund. Sie wurden so berühmt, daß selbst Königin Charlotte sich nach den Plänen ihres Hauses und Gartens erkundigte.

Worin genau die Beschäftigungen bestanden, denen sich die beiden Damen in ihrem Schlafzimmer hingaben, weiß niemand, auch wäre es damals niemandem eingefallen, danach zu fragen. Immerhin war es ein Jahrhundert vor Königin Viktorias berühmter Weigerung, einen Gesetzesentwurf zu unterzeichnen, der weibliche Homosexualität für ungesetzlich erklärte, da sie nicht glaubte, daß es so etwas überhaupt geben könne. Nie benutzte Elizabeth Mavor, die Biographin der Damen von Llangollen, die Wörter «homosexuell» oder «lesbisch». Sie möchte vielmehr in ihrem *Studie über eine romantische Freundschaft* betitelten Buch «die Beziehung zwischen den beiden Frauen mit anderen Begriffen als den Freudschen porträtieren».

Ihre leidenschaftliche Liebe füreinander übte auf ihre Zeitgenossen eine große Anziehungskraft aus. Ihre Tagebücher strotzen nur so von glühenden Ergüssen, selbst verglichen mit den blumigen Formulierungen der Freundschaft, wie sie damals üblich waren. Eleanors Kosenamen für Sarah scheinen dem *Kamasutra* entnommen: «die Geliebte meiner Seele», «das Entzücken meines Herzens», «die Freude meines Lebens». Ihre gebundenen Tagebücher trugen vorne die Initialen E. B. und hinten S. P., so verhielt es sich auch bei ihrem chinesischen Teeservice und bei fast allem anderen, was sie besaßen. Eleanor, die an Migräne litt, füllte ihr Tagebuch mit Einträgen wie diesem:

Ich blieb wegen meiner grauenhaften Kopfschmerzen den ganzen Tag im Bett. Meine Sally, meine Pflegerin, mein süßer Schatz, lag neben mir und hielt bis ein Uhr meinen Kopf ... Mrs. Tatters, beunruhigt darüber, warum wir nicht zur gewöhnlichen Zeit nach unten kamen, kratzte an unserer Tür, um eingelassen zu werden, sie kam dann zu mir aufs Bett und lag dort bis zehn Uhr abends, wobei sie die ganze Zeit schnurrte – ein Tag der Zärtlichkeit und Empfindsamkeit.

Vornehm vermutet Elizabeth Mavor, daß diese Zärtlichkeit und Empfindsamkeit als Umschreibung für sexuelle Aktivität dienen könnte. Obwohl die Gesellschaft die romantische Freundschaft zwischen den Frauen durchaus billigte, wurde sie doch gewissenhaft umschrieben. Zuneigungsbeweise waren erlaubt und wurden sogar gutgeheißen, wäre aber jemals bekannt geworden, daß die Freundschaft der Damen sexueller Natur war (falls das überhaupt zutraf), wäre über sie mit ziemlicher Sicherheit die soziale Schande hereingebrochen.

Die Damen aus dem Tal pflegten ihre Freundschaft privatim, und die Affäre hätte nicht diskreter und harmloser sein können. Doch wurden im 18. Jahrhundert auch schamlose sexuelle Normwidrigkeiten toleriert oder ihre Praxis zumindest geduldet, sofern die Beteiligten der Oberschicht angehörten und männlichen Geschlechts waren. Mitte des Jahrhunderts gründete der ausschweifende Lord Sir Francis Dashwood (1708–1781) in Medmenham Abbey, einem verfallenen Kloster am Ufer der Themse in Buckinghamshire, den Hell Fire Club. Dort traf er sich mit seinen liederlichen Anhängern zu blasphemischen Ritualen, zu denen mit ziemlicher Sicherheit auch Sexorgien gehörten. Nach einem Augenzeugen «waren die Keller mit den ausgesuchtesten Weinen, die Speisekammern mit Delikatessen aus aller Herren Länder gefüllt und die Zellen für praktisch jede Art Lüsternheit ausgerüstet, für die die geeigneten Objekte bereitstanden».

Dashwood versammelte in Parodie auf Jesus und die Apostel einen engeren Kreis der 12 um sich, die sich die Mönche von Medmenham nannten. Eine untergeordnete Kategorie von Dienern vergrößerte den Haufen und bediente die Blasphemiker bei ihren schwarzen Messen. Obwohl die zeitgenössischen Chronisten alle einmütig versichern, daß die Vorgänge im Hell Fire Club bis ins Mark verworfen waren, sehen sie davon ab, uns zu erzählen, was genau geschah. Dazu gehörte etwa der morbide George Selwyn, ein anderes Mitglied war John Wilkes, der später zu einem populären Verfechter des libertären Prinzips im Parlament wurde. (Das *Dictionary of National Biography* führt Wilkes' ältere Schwester Sarah als «eine exzentrische Einsiedlerin» an, gar als «Prototyp der Miss Havisham in Charles Dickens' *Große Erwartungen*».) Für die Auflösung des Hell Fire Club soll Wilkes selbst verantwortlich gewesen sein, indem er einen Pavian einschmuggelte, der «so gekleidet war, wie sich das kindliche Gemüt den Teufel vorstellt». An einer geeigneten Stelle während der schwarzen Messe ließ Wilkes den Affen auf die Zelebranten los und erschreckte sie zu Tode.

In Zeiten, zu denen der normative Druck, die Vielfalt der Sexualpraktiken einzuschränken, groß war, vollzogen diejenigen, die tabuisierten Aktivitäten nachgehen wollten, diese einfach im geheimen. Exzentriker können allerdings keiner Möglichkeit widerstehen, öffentlich mit einer Konvention zu brechen oder die Regeln zumindest bis an die äußerste Grenze auszuschöpfen. Weiblichen Transvestismus haben wir ja schon kennengelernt, der bei James Barry allerdings nicht unbedingt sexueller Natur gewesen sein muß. Gewiß betrieb sie den Transvestismus eher zum Zwecke der Täuschung als zur Provokation, doch war es immerhin eine offenkundige Täuschung, die erhebliche Risiken in sich barg – Risiken, die sie schließlich einholten. Anfangs war sie von dem überwältigenden Wunsch beseelt, Medizin zu studieren, nachdem sie sich aber an das Leben als Mann gewöhnt hatte, kann es durchaus so gewesen sein, daß sie sowohl persönlich als auch sexuell Gefallen daran gefunden hat. Hätte sie im 20. Jahrhundert gelebt, hätte sie vielleicht eine Geschlechtsumwandlung vornehmen lassen. George Sand und Mary Walker trugen Hosen, weil sie etwas anprangern, ein politisches Zeichen setzen wollten. Ob diese Attitüde auch in ihrem Sexualleben eine Rolle spielte, werden wir wohl kaum je erfahren.

Kleider des anderen Geschlechts zu tragen, ist eine nonkonforme Aktivität, die die Gesellschaft bei einer Frau eher akzeptiert als bei einem Mann. Dank solcher Kleiderrevolutionärinnen wie Sand und Walker zucken die meisten Menschen heute beim Anblick einer Frau im Smoking kaum mehr mit der Wimper, Marlene Dietrich machte dies nicht nur akzeptabel, sondern auch schick. Männer, die Frauenkleider anziehen, sind hingegen massiven Schmähungen ausgesetzt. Komiker amüsieren uns, wenn sie Frauenkleider tragen – Milton Berle und Barry Humphries, um nur zwei berühmte Beispiele zu nennen, oder Aschenputtels garstige Schwestern in der Weihnachtspantomime –, denn wir wissen genau, daß es nicht ernst gemeint ist. Das Publikum amüsiert sich über den offenen Bruch des Tabus im Spiel, doch die Komik in der Aufführung läßt das nicht gefährlich werden. Ähnlich verhält es sich mit dem heterosexuellen Mann, der zu einer Halloween-Party als Frau verkleidet erscheint. Vermutlich handelt es sich um den kräftigsten, behaartesten Mann von allen Gästen. So verstärkt sich die Ironie, und die betreffende Person unterstreicht, daß sie es nur aus Spaß macht. Kämen die anderen Gäste auf den Gedanken, daß der Transvestit auf Zeit durch die Kleidung sexuell erregt wird, würden sie sich nicht mehr darüber freuen.

Einmal abgesehen von diesen scherzhaften Beispielen ist Transvestismus bei Männern meistens ein Ausdruck ihrer Sexualität – obwohl man heute davon ausgeht, daß viele männliche Transvestiten, wenn nicht die meisten, heterosexuell sind. Der Abbé de Choisy (1644–1724) benutzte das Tragen von

Frauenkleidern als geniale Methode zur Verführung junger Mädchen. Choisys Mutter hatte bereits drei Söhne und wünschte sich sehnlichst eine Tochter. Als nun auch das vierte Kind ein Junge war, beschloß sie, ihn wie ein Mädchen aufzuziehen, genauso wie es auch bei einigen heutigen Exzentrikern der Fall war. Der kleine François, der spätere Abbé, wurde oft in Mädchenkleider gesteckt, auch wurden ihm die Ohrläppchen durchstochen, damit er Ohrringe tragen konnte.

Der Bruder des Königs, Philippe, der Herzog von Orléans, der Monsieur genannt wurde, war ein häufiger Gast bei den Choisys. Der bekannte Homosexuelle zeigte sich in der Öffentlichkeit häufig als Frau gekleidet und widmete sich besonders dem kleinen François, der seinetwegen stets untadelig gekleidet und frisiert wurde. Später verfaßte Choisy eine Beschreibung von Monsieur, die auf viele männliche Transvestiten paßt: «Es ist unmöglich, das Ausmaß seiner Koketterie zu beschreiben, wie er sich selbst bewunderte, Schönheitspflästerchen *[mouches]* auflegte und dann ihre Position veränderte... Sobald sie glauben, daß sie hübsch sind, lassen sich Männer viel mehr von ihrer Schönheit berauschen als Frauen.»

Der junge Choisy fand großen Gefallen an Frauenkleidern und setzte diese Gewohnheit auch als Erwachsener fort. Nach dem Tod seiner Mutter, als er zweiundzwanzig Jahre alt war, widmete er sich dieser Passion rückhaltlos. In seinen Memoiren, die er gegen Ende seines Lebens schrieb, widmet er seiner Garderobe und seiner Frisur beinahe ebensoviel Raum wie den Taten, die er vollbrachte, während er selbige trug. Auch fünfzig Jahre später konnte er sich noch ganz genau an die Anzahl und Positionen seiner *mouches* an einem bestimmten Abend erinnern.

Trotz seiner unmännlichen Erziehung hegte Choisy heterosexuelle Begierden. Nichtsdestoweniger war er für seine Familie eine Schande. Nachdem er begonnen hatte, sich öffentlich in Frauenkleidern zu zeigen, befahlen ihm seine männlichen Verwandten, dies zu unterlassen. Dann starb sein älterer Bruder, und er erbte das Familienvermögen, was ihn in die Lage versetzte, Paris zu verlassen und seinem Transvestitentum ungestört nachzugehen. Er kaufte in der Stadt Bourges ein Haus, wo es ihm mit Erfolg gelang, den gesamten Landadel glauben zu machen, daß er die Comtesse des Barres sei, eine erst kürzlich verwitwete Adlige. Die Mütter aus der Nachbarschaft waren nur zu begierig, ihre jungen Töchter bei Madame la Comtesse auf Besuch zu schicken, wo sie etwas über die neuesten Pariser Toiletten und Frisuren erfahren konnten.

Waren die Mädchen erst einmal unter seinem Dach, war es für ihn ein leichtes, sie zu verführen. Manchmal hätte ihn sein glühendes Naturell beinahe verraten. Er beschreibt eine Episode, bei der er gerade Gäste empfing, während er im Bett war – eine unter Aristokraten damals übliche Praxis –, allerdings befand sich seine derzeitige Favoritin mit unter der Decke. Er berichtet uns, daß er sie, während er mit seinen Nachbarn plauderte, gleichzeitig verstohlen liebte, bis das Mädchen vor Lust stöhnte und in einem unpassenden Moment der Unterhaltung ausrief: «Ah! Ist das herrlich!»

In Paris verliebte sich Choisy in ein schönes Mädchen, das er überredete, sich als Mann zu kleiden. Mit Wissen ihrer Familie hielten sie eine Scheinhochzeit ab: «Ich trug ein Kleid aus silbernem Moiré und einen kleinen Strauß Orangenblüten am Hinterkopf, wie eine Braut sagte ich vor allen Verwandten mit klarer Stimme, daß ich Monsieur de Maulny zum Ehemann wolle.» Nach einem festlichen Abendessen zog sich das Paar zurück. «Wir gaben uns der Wonne hin, aber ohne die Grenzen der Schicklichkeit zu überschreiten. Es fällt vielleicht schwer, das zu glauben, aber es ist trotzdem wahr.»

Das Leben des Abbé de Choisy in Frauenkleidern endete abrupt im Jahr 1683, als er schwer erkrankte. Im Fieberdelirium schwor er zu Gott, sich bessern und ein frommes Leben führen zu wollen, sollte er gesund werden. Er hielt sein Wort und weihte die restlichen vierzig Jahre seines Lebens dem unspektakulären Dienst an der Kirche. Sein Bericht über seine Reise als Missionar nach Indochina, das *Journal ou suite du voyage de Siam*, gehört zu den Klassikern der französischen Reiseliteratur. Er veröffentlichte auch eine elfbändige Kirchengeschichte und viele religiöse und historische Werke, seinen größten Eifer aber verwandte er auf seine *Memoiren eines Transvestiten*.

Fast dreihundert Jahre später hat sich der Transvestismus kaum geändert. Ed Wood Junior (1924–1978) ist der Autor und Regisseur von *Plan 9 From Outer Space*, einem Film, der unter Kennern als schlechtester Film aller Zeiten gilt. Wood war ein fanatischer Verfechter des Transvestismus. Genau wie der Abbé de Choisy wurde auch er als Kind von seiner Mutter in Mädchenkleider gesteckt. Im Zweiten Weltkrieg diente er im pazifischen Marine Corps, wo er sich als hochdekorierter Held auszeichnete, er erhielt den Bronze Star, den Silver Star und das Purple Heart – dabei trug er unter seiner Uniform Damenunterwäsche. Als einer von 4000 Marineinfanteristen nahm er an der Invasion von Tarawa teil, von der nur 400 zurückkehrten. Wood gehörte zu den Überlebenden. Danach erzählte er einem seiner Kameraden: «Ich wollte getötet werden, Joe, ich wollte nicht verwundet werden, weil ich niemals mein rosa Höschen und den rosa Büstenhalter hätte erklären können.»

Woods erster Spielfilm *Glen or Glenda* war unverfrorene Propaganda für den Transvestismus. Er wurde auch unter den Titeln *I Changed My Sex, I Led Two Lives* und *He or She?* gezeigt. Bei dem Film handelt es sich um einen Pseudo-Dokumentarfilm über die soziale Unterdrückung von Transvestiten, der sich um die qualvolle, offenbar auf Wood selbst zurückgehende Geschichte eines Mannes dreht. Bela Lugosi spielt dämonische Szenen und intoniert einen ominösen Hokuspokus.

Als Filmemacher hatte Wood nicht den geringsten Erfolg, einfach weil seine Filme schlecht waren. Zu Ruhm und Ehren gelangte er erst nach seinem Tod, als seine schlechtesten Filme,

Glen or Glenda und *Plan 9 From Outer Space*, zu Schwulenklassikern avancierten. Trotzdem zeigte Wood sein ganzes Leben lang die für Exzentriker typische Eigenschaft des unerschütterlichen Optimismus und der Hartnäckigkeit selbst angesichts immer wiederkehrender Enttäuschungen. Bis zu seinem Tod, er starb mit 54 Jahren an einem Herzanfall, war er glücklich mit derselben Frau verheiratet. Sein Einkommen besserte er durch das Schreiben pornographischer Schundromane auf, die auf die Themen in seinen Filmen zurückgingen, nicht weniger als fünfundsiebzig Stück. Er war auch kein guter Autor, verfügte aber über eine ungehemmte Einbildungskraft, die seinen Romanen einen gewissen zweideutigen Reiz verlieh.

Ein typisches Beispiel für Transvestismus ist der Roman *Drag Trade* (1967). Darin wird die Geschichte von Raymond Gomez erzählt, der als Kind in rosa Kleidchen gesteckt und als Erwachsener zu «Sheila Gomez» wurde, einem Schmierenkomödianten in Frauenkleidern. Andere Romanfiguren sind Martin Harmony, von Berufs wegen auch als «Mary Harmony, das Gelee-Mädchen» bekannt, ein Betrüger, dessen Schieberkarriere mit gestohlenen Autos vom FBI unterbunden wird, oder Big Nellie, der eine Transvestitenbar nur für Weiße betreibt, bis eine Gruppe schwarzer Transvestiten die Bar besetzt und ihn zwingt, die Rassentrennung aufzuheben, und Yahio Mura, ein japanischer Strichjunge in Frauenkleidern, der einen Politiker mit einem Samurai-Schwert ermordet. Eine Leseprobe aus *Drag Trade*:

Das Leben war eine lange Prozession von Kleidern … selten trug er dasselbe Höschen mehr als ein- oder zweimal … sobald die feinen Kleidungsstücke mit Wasser in Berührung kamen, verloren sie ihre Neuheit und ihr Gefühl … das ist für den Transvestiten von größter Wichtigkeit … Kleider sind sein wahres Wesen.

Das Phänomen des Sadomasochismus bewegt sich schon eher auf die Trennungslinie zwischen Exzentrizität und Neurose zu. In der mildesten Form, etwa kleinen Schlägen im Rahmen einer sonst liebevollen Beziehung, mag er nichts weiter sein als ein harmloses Stimulans. In den schwereren Formen, wie regelrechter Geißelung, geht eine sadomasochistische Veranlagung oft auf tiefverwurzelte neurotische Minderwertigkeitsgefühle zurück oder manifestiert solche. T. E. Lawrence, Lawrence von Arabien, der legendäre Held des arabischen Wüstenkriegs im Ersten Weltkrieg, hatte eine lebenslange Vorliebe für das Ausgepeitschtwerden. In *Die Sieben Säulen der Weisheit*, seinem klassischen Bericht über den von ihm mitorganisierten Guerillafeldzug in Arabien, beschreibt Lawrence eine brutale Züchtigung, die ihm als Gefangener des türkischen Bey in Der'a, Syrien, widerfuhr. Nachdem er den Versuch des Mannes, ihn zu verführen, abgewehrt hatte, wurde er massiv ausgepeitscht und über längere Zeit sexuell mißbraucht. Lawrence beschrieb, wie ihm der Korporal, der die Folter überwachte, einen gemeinen Fußtritt versetzte: «Ich erinnere mich, daß ich ihn still anlächelte, weil mich eine köstliche, vielleicht sexuelle Wonne durchlief.»

Sein restliches Erwachsenenleben hindurch suchte Lawrence weiterhin nach der Befriedigung seiner masochistischen Triebbedürfnisse. Das volle Ausmaß seines abnormen Verhaltens wurde sichtbar, als sich ein Kamerad aus seiner Einheit, der Schotte John Bruce, nach seinem Tod an T. E.s Bruder Arnold Lawrence wandte. Bruce schrieb, daß er mit Lawrences Onkel Kontakt aufnehmen wolle. Arnold stutzte, da er und sein Bruder keinen Onkel mehr hatten, der noch lebte. Bruce erklärte, daß T. E. ihn in einer Familienangelegenheit um Hilfe gebeten habe. Lawrence habe ihm erzählt, daß er an seinem Onkel und dessen Frau ein Verbrechen begangen habe, dessen genaue Beschaffenheit nie aufgedeckt wurde. Der Onkel sei damit einverstanden gewesen, Lawrence nicht weiter dafür zu belangen, wenn dieser sich einer persönlichen Verpflichtung zur körperlichen Züchtigung unterziehe.

John Bruce, ein kräftiger, naiver Bursche vom Lande, verpaßte Lawrence daraufhin öfter Prügelstrafen und wurde dafür bezahlt. Lawrence hatte ihm erzählt, daß er nach jeder verabreichten Prügel zu einem Arzt ginge, der die Striemen begutachte und dem Onkel schriftlich bestätigte, daß die Bestrafung hart genug ausfalle. Diese Züchtigungen setzten sich über einen Zeitraum von zwölf Jahren fort. Lawrences heutige Biographen haben die logische Vermutung aufgestellt, daß die Schläge, die er in Der'a erhalten hatte, ihn nicht nur gedemütigt und ein unauslöschliches Gefühl der Verunreinigung in ihm hinterlassen, sondern ihm auch die Vorstellung eingeprägt hätten, daß Schmerz und Lust untrennbar miteinander verbunden wären. Die Vorstellung des einseitigen traumatischen Lernens ist eine ziemlich verbreitete Erklärung für die Symptome des pathologischen Masochismus.

Egal, ob die sexuellen Marotten von T. E. Lawrence nun richtiger als Produkt einer Neurose angesehen werden sollten oder nicht, fest steht jedenfalls, daß seine Persönlichkeit gewiß exzentrisch war. 1918 ließ König Georg V. den heimkehrenden Kriegshelden zu einer Privataudienz rufen, um ihn mit dem Bath- und dem Kriegsverdienstorden auszuzeichnen. Beide lehnte Lawrence höflich ab und ließ den schockierten König nach dessen eigenen Worten «mit der Schatulle in der Hand» stehen.

Ein anderer hingebungsvoller Masochist war der in Australien geborene Virtuose und Komponist Percy Grainger (1882–1961), zu dessen Werken der über Generationen bei Schulkonzerten und Umzügen beliebte Dauerbrenner «Country Gardens» gehört. Grainger brachte es auf ein ganzes Bündel sexueller Besonderheiten. Er wurde von einer allmächtigen Mutter dominiert, deren Hingabe an ihn sich beständig am Rande des Inzestuösen bewegte und diese Linie möglicherweise auch überschritten hat. Er hatte tiefe homosexuelle Neigungen, sporadisch überfiel ihn auch die Lust auf blutjunge Mädchen. Die Geißelung war, wie bei T. E. Lawrence, auch Graingers größte Passion, doch er zog es vor, sich selbst auszupeitschen. Auf Konzerttourneen führte er Dutzende von Peitschen mit sich und wusch seine Hemden stets selbst, weil sie häufig Blutflecken aufwiesen.

Am ungewöhnlichsten an Graingers Peitschenobsession war seine extreme Offenheit. Er war der festen Überzeugung, daß seiner Betätigung nichts Krankhaftes anhaftete, wie ungewöhnlich sie auch war. Sein Arzt schrieb:

Nicht selten ließen sich bei Untersuchungen oder Behandlungen in der Praxis Striemen von Peitschenschnüren feststellen. Die Erklärungen kamen bereitwilligst. Im Laufe der Jahre lernte ich allmählich sein Selbstbild kennen. Nie hätte er mich gebeten zu versuchen, ihn zu heilen. Für ihn war es keine Krankheit. Wohl hielt er es für etwas, was einige mißbilligten, ja, aber es war auch etwas, woran er Vergnügen empfand. Er konnte nichts dagegen machen. Für ihn war es eine ihm mitgegebene biologische Eigenschaft, die ohne soziale Verstöße und mit enormer persönlicher Freude ausgeübt werden konnte. Dazu hatte er noch die musische Begabung. Seine beiden Talente, so meinte er, sollten voll ausgeschöpft werden.

Graingers Vorliebe für die Geißelung entstammte seinen übertriebenen Ansichten über das, was Männlichkeit ausmachte. 1936 schrieb er einem Freund: «Ein Mann kann kein ganzer Künstler sein, wenn er nicht männlich ist, und ein Mann kann nicht männlich sein, wenn sein Sexualleben nicht egoistisch, brutal, eigenwillig und zügellos ist.» Diese ungewöhnliche Ansicht äußerte sich in vielfältiger Weise: Als er in Deutschland lebte, pflegte Grainger im tiefsten Winter regelmäßig sämtliche Fenster seines Arbeitszimmers zu öffnen und sich, alle viere von sich gestreckt, nackt auf das Klavier zu legen. Auch vertrat er rassistische Ansichten von der Überlegenheit der weißen Rasse, die in mancher Hinsicht den Nazismus vorwegnahmen. Er färbte sein Haar sein Leben lang mit Wasserstoffsuperoxyd, um seine perfekte blonde nordische Erscheinung aufrechtzuerhalten.

Zweifellos dehnte Grainger die Definition von Exzentrizität bis weit in das sonst für sexuelle Neurosen reservierte Gebiet hinein aus. Aber es ist möglich, daß er den Bogen nie wirklich überspannte: Niemals bezog er andere in seine seltsamen Passionen mit ein, und es ist gewiß, daß er sie mächtig genoß. Trotzdem waren seine Obsessionen bizarr. Einmal schrieb er an seine deutsche Freundin und erläuterte ihr, welche Art der Beziehung er sich zu seinen Kindern erträumte, wenn er denn welche haben sollte:

Ich schlage folgendes vor: Sie niemals zu schlagen, bis sie groß genug sind, um die Bedeutung von bestimmten Dingen zu erfassen. Dann will ich ihnen sagen: Schaut her! Ich möchte euch Kinder um einen Gefallen bitten. Ich möchte euch schlagen, weil es mir außerordentliche Freude macht. Ich weiß nicht warum, aber es ist so. Es erfreut mich mehr als das Essen. Ich weiß, euch gegenüber ist es gemein, aber andererseits: Ich bin zu euch Kindern besonders freundlich. Ich habe hart dafür gearbeitet, daß ihr in eurem Leben unabhängig seid, so daß eure Kindheit nicht nur jetzt froher ist als die anderer Kinder, sondern auch so bleibt … Ich sage euch: Ich bin freundlich und eine ehrliche Haut und höflich und zuvorkommend. Also, warum tut ihr mir nicht einen großen Gefallen und laßt mich euch schlagen, weil, nur, es macht mir so unaussprechliches Vergnügen. Meinst Du nicht, daß die Kinder es mir erlauben würden? Ich hoffe doch … Du weißt, daß ich mich danach sehne, Kinder zu schlagen. Es muß wundervoll sein, die zarte, makellose Haut zu verletzen … und wenn in meinen Mädchen die Sexualität erwacht, würde ich gerne allmählich mit ihnen Geschlechtsverkehr haben ... Ich habe immer davon geträumt, Kinder zu haben, sie zu schlagen und mit meinen Töchtern geschlechtlich zu verkehren.

So erschreckend dieses Dokument auch auf die meisten Menschen wirken wird, muß doch betont werden, daß es reine Phantasie blieb: Grainger hatte niemals Kinder, noch war er kurz davor. Exzentrisch ist an diesem Dokument nicht die Ungeheuerlichkeit seiner Vorschläge. Exzentrisch ist vielmehr die Unverfrorenheit oder die Naivität, mit der er seine Vorstellungen gegenüber der Frau artikulierte, die wahrscheinlich die Mutter der Kinder hätte werden können.

KAPITEL 12
EXZENTRIZITÄT UND GESUNDHEIT

Das letzte, was man findet,
wenn man ein Werk schreibt, ist zu wissen,
was man an den Anfang stellen soll.
Blaise Pascal, *Pensées*

Das Exzentriker-Projekt war wohl die angenehmste Untersuchung, die ein Psychologe je durchführte. Mit nur wenigen Ausnahmen waren alle Probanden der Studie glückliche, sogar fröhliche Menschen, und ihre Fröhlichkeit war ansteckend. Dennoch war es auch der Psychologie, der schwammigsten Wissenschaft, nicht möglich, eine derart subjektive, aber stark empfundene Behauptung wie die zu beweisen, die wir in diesem Buch schon mehrfach benannt haben: daß Exzentriker glücklicher sind als andere Menschen.

Nichtsdestotrotz gibt es einige objektive Maßstäbe, die wir zu ihrer Erhärtung heranziehen können. Die schlichte Freude, tun und lassen zu können, was man möchte, ohne sich allzu viele Gedanken über die sozialen Konsequenzen zu machen, ist selbst für den strengsten Logiker evident. Exzentriker gewinnen aus ihrem Sinn für Humor Stärke und Freude. Immer wieder betonten sie, wie wesentlich Humor für ihr Wohlbefinden und ihre Selbstachtung in einer zunehmend trostlosen und konformistischen Welt ist. Humor ist für sie ein Mittel, ihre persönlichen Schwächen nicht so ernst zu nehmen. Diese spielerische Lebenshaltung wurde für sie mit fortschreitendem Alter immer wertvoller.

Überdies haben Exzentriker mehr Anlaß zur Freude: Landläufig wird mit Glück am ehesten gute Gesundheit assoziiert, und vieles spricht dafür, daß Exzentriker gesünder sind und auch länger leben als andere Menschen. Die Exzentriker aus der historischen Stichprobe, die die Zeit von 1551 bis 1950 abdeckte, wurden in Zeiten, als die durchschnittliche Lebenserwartung im besten Fall bei fünfunddreißig Jahren lag, sechzig Jahre und älter. Heutige Exzentriker suchen nur selten einen Arzt auf, und wenn, dann handelt es sich fast immer um die Diagnose und Behandlung schwerer Gesundheitsprobleme. Im Durchschnitt konsultierten die Exzentriker unserer Studie alle acht Jahre einmal einen Arzt, das ist weit weniger als bei der Allgemeinbevölkerung. In Großbritannien zum Beispiel, wo es einen kostenlosen Gesundheitsdienst gibt, geht der einzelne im Schnitt zweimal im Jahr zum Arzt – also sechzehnmal häufiger als der Exzentriker.

Eine offensichtliche Erklärung, die sich dafür anbietet, ist nicht so abwegig, wie sie zunächst erscheint: Exzentriker sind gesünder, weil sie glücklicher sind. Diese Idee wird plausibler, zieht man die Neurochemie heran. Einfach ausgedrückt, sind Exzentriker weniger Streß ausgesetzt, da sie keinen Zwang zur Anpassung empfinden, und weniger Streß heißt, daß ihr Immunreaktionssystem effizienter arbeiten kann. Natürlich gibt es verschiedene Arten von Streß, auch solche, die nützlich sind. Positiver Streß, der etwa mit Sexualität, sportlicher Betätigung und intellektueller Aufregung über neue Ideen verknüpft ist, löst eine leicht erhöhte Ausschüttung von Wachstumshormonen aus und trägt so dazu bei, uns jung zu erhalten.

Exzentriker haben wahrscheinlich einen leicht erhöhten Wachstumshormonspiegel und sind von daher für die im Alter auftretenden Krankheiten wie Osteoporose (Verminderung der Knochenmasse) und Muskelatrophie weniger anfällig. Auch hat sich gezeigt, daß das Wachstumshormon einen positiven Einfluß auf das Gedächtnis hat. Exzentriker sehen sogar oft jünger aus, als es ihrem biologischen Alter entspricht.

Andere Steßarten wirken sich nachteilig auf das Nervensystem aus. Erkennt der Verstand, daß der Organismus nicht in der Lage ist, sich einer gegebenen Situation anzupassen, aktiviert der Körper sein neuroendokrines Streßsystem. Mit anderen Worten, es ist nicht der Stimulus selbst, der den Streß produziert, sondern vielmehr die Art und Weise, wie das Individuum ihn interpretiert. Zum Tragen kommt hier insbesondere die mangelnde Überzeugung, daß Streß nicht erfolgreich zu bewältigen ist. Ein auf dem Spielfeld unerschrockener Football-Spieler kann unter dem Druck einer zehn Sekunden währenden Werbeaufnahme fürs Fernsehen den Mut verlieren, wohingegen unsereiner von Streßhormonen überschwemmt wird, wenn wir einen Ball der San Francisco Forty-Niners parieren sollen.

Registriert der Körper, daß ein massives Versagen der Anpassungsleistung bevorsteht, schüttet die Hirnanhangdrüse vermehrt das adrenokortikotrope Hormon aus, das die Nebennierenrinde zur Produktion von Kortisol anregt, dem wichtigsten Streßhormon. Das Kortisol hilft dem Körper, sich in Alarmbereitschaft zu versetzen, was gut ist, wenn eine Gefährdung tatsächlich eintritt. Wo jedoch die ständige Angst, in unwesentlichen Dingen zu versagen, hormonell einen Notfall auslöst, entsteht chronischer Streß: Angst, Depression und ein überlastetes Immunsystem.

Es häufen sich die Belege, daß das Immunsystem eng mit dem Nerven- und dem endokrinen System verbunden ist: dies sind die drei wichtigsten integrativen biochemischen Netzwerke in unserem Körper. Die Nervenzellen haben zum Beispiel bestimmte endokrine Eigenschaften, wozu auch die Fähigkeit gehört, Hormone auszuschütten. Die drei Systeme bilden einen partiell geschlossenen Regelkreis, der in ständigem gegenseitigen Austausch begriffen ist und für einen Balancezustand sorgt. Unter Streß wird dieser Balancezustand gestört, was den Körper anfälliger für Krankheiten macht und bewirkt, daß er langsamer auf Verletzungen reagiert. Menschen, die unter chronischem Streß leiden, brauchen länger, um sich zu erholen und zum alten Zustand zurückzukehren.

Exzentriker dagegen sind gegenüber dem physiologischen Tribut, den der Streß fordert, ziemlich unempfindlich, weil sie kein Bedürfnis nach Anpassung empfinden und sich typischerweise nicht darum kümmern, was andere von ihnen denken. Um im Bild des oben erwähnten Football-Spielers zu bleiben: Ein Exzentriker wird mit dem Ball einfach in die Richtung davonstürmen, die ihm gerade einfällt, ohne sich darum zu kümmern, ob andere Leute ihn auslachen. Weil Exzentriker ganz einfach Situationen meiden, die erfolgreich zu meistern ihnen vielleicht mißlingt, oder indem sie einen Fehlschlag einfach nicht zur Kenntnis nehmen, arbeiten ihre endokrinen Systeme ohne die destruktive Überproduktion von Kortisol und anderer Streßhormone. So verbleiben ihre neuroendokrinen und Immunsysteme in einem Zustand wunderbar ungestörter Balance.

Die Kreativität der Exzentriker versorgt ihre unstillbare Neugier mit neuen und faszinierenderen Fragen. Das ist sehr vereinnahmend und hilft ihnen, ihre intellektuellen Bedürfnisse zu befriedigen. Diese Eigenschaft trägt dazu bei, ihre Einsamkeit konstruktiv zu nutzen, sooft sie eintritt – in dieser Beziehung stehen sie als Gruppe nahezu einzigartig da. Beide Faktoren tragen wesentlich zu ihrer persönlichen mentalen Gesundheit bei, und es könnte sich für uns weniger kühne Nicht-Exzentriker lohnen, ihnen in dieser Hinsicht nachzueifern.

Einsamkeit ist eine der größten psychologischen Plagen unserer Zeit. Wenn ein Mensch kein Ventil für seinen Schaffensdrang findet, kann sich das genauso erdrückend und deprimierend auswirken wie Armut. Diese Lage ist eine tiefgehende Entbehrung für den Verstand und für die Seele. Die heutige Massenkultur hat soviel Langeweile und ein so starkes Gefühl der Machtlosigkeit erzeugt, daß wir gut daran täten, unser hektisches Streben nach äußeren Werten gegen die inwendige Wißbegier der Exzentriker einzutauschen.

Ehrliche Begeisterung und breitgefächerte Interessen geben den Exzentrikern die Energie, sich jung zu fühlen, ohne narzißtisch zu sein. Ihre fieberhafte Aktivität arbeitet für sie. Im Grunde spielen sie ein *Brainstorming*-Spiel, mit sich selbst als einzigem Mitspieler. Indem sie ihre Kreativität langfristig und vielfältig ausdrücken, überwinden sie die Gefühle der Zurückweisung, der Ungerechtigkeit und des Zorns, die sie früher empfunden haben mögen. Ihre spontanen Problemlösungen zerstören den Nährboden für Neurosen. Sie finden so Erfüllung und können diejenigen erfreuen, die das Glück haben, Zeugen ihrer *joie de vivre* zu sein. Könnte man den Kern dessen, was des Menschen Glück ausmacht, herausdestillieren – das wäre er.

Auch Gesellschaften befinden sich in einem Balancezustand, obwohl es sich bei ihnen um offene Systeme und keine geschlossenen Kreise handelt. Ohne Innovation und neue Ideen verkümmern sie und verlieren ihren auf Wettbewerb ausgerichteten Reiz. Für die Gesundheit des sozialen Organismus sind Exzentriker unentbehrlich, da sie eine Vielfalt von Ideen und Verhaltensweisen liefern, die es der Gruppe erlaubt, sich den sich verändernden Verhältnissen mit Erfolg anzupassen. In der Evolutionstheorie könnten wir eine in diesem Zusammenhang nützliche Analogie finden. Darwin wurde nie müde zu betonen, daß natürliche Selektion ohne erbliche Variation nichts erreichen könnte. In der *Entstehung der Arten* formulierte er das so: «Ein hohes Maß an Variabilität ist offensichtlich von Vorteil, da es zwanglos die Materialien für die natürliche Selektion bereithält.»

Exzentriker sind, so gesehen, die Mutationen der sozialen Evolution, sie liefern das intellektuelle Material für die natürliche Selektion. Und was läßt sich leichter vererben als eine neue Idee? Wenn es eine Eigenschaft des Exzentrikers gibt, die für die soziale Gesundheit eine wesentliche Rolle spielt, so ist es Originalität. Jegliche intellektuelle Evolution hängt selbstverständlich von neuen Ideen ab; sie sind der Kern der Wissenschaft, aufregender, neuartiger Kunst, eigentlich von jedem geistigen Fortschritt. Dieses Buch hat viele Beispiele von Exzentrikern vorgeführt, die auf verblüffend neue Denkweisen gekommen sind. Natürlich erscheinen uns manche ihrer Ideen absurd oder irregeleitet, aber sie stellen vielleicht nichts weniger als Seitenwege der «ordentlichen» Wissenschaft und Philosophie dar.

Es ist paradox: Einerseits kann eine Gesellschaft ohne ein gewisses Maß an Verständigung und eine ganze Menge nicht weiter bemerkenswerter Konformität nicht funktionieren – bzw. wäre ohne diese Bedingungen eigentlich gar keine Gesellschaft. Andererseits muß ein erfolgreiches Gemeinwesen für Nonkonformität genügend offen sein, um nicht intellektuell auszutrocknen und unter einer Decke bedrückender Gleichförmigkeit allmählich zu ersticken. Im mittelalterlichen Kirchenjahr wurde kein Fest begeisterter gefeiert als der Karneval, bei dem blasphemische Parodien von Kirchenriten, Trunkenheit und Ausschweifungen erlaubt waren. Überall auf der Welt gab es an den Königshöfen seit frühester Zeit Hofnarren, oft mißgestaltete und verwachsene Spaßmacher, die jeden schändlichen Unsinn, der ihnen einfiel, aussprechen durften – sogar oder insbesondere gegenüber dem Herrscher selbst. Diese offiziell gebilligten Exzentriker dienten als eine Art Sicherheitsventil, um das empfundene Bedürfnis nach einer nonkonformistischen Präsenz in der Gesellschaft zu befriedigen. Also war man sich auch in autokratischen, rigiden und überaus konventionellen Zivilisationen bewußt, daß absolute Uniformität für den sozialen Organismus schädlich war.

Im englischen Sprachraum legte man gegenüber nonkonformistischem Denken immer eine größere Toleranz an den Tag. In der ganzen Welt ist England als Zufluchtsort für Exzentriker bekannt, und soweit wir herausfinden konnten, machen die USA uns harte Konkurrenz. Die Ausnahmen von dieser Regel sind hinreichend bekannt: In England unter Cromwell und bei den Puritanern in Massachusetts waren die Verhältnisse überaus repressiv. Aber es handelt sich um erwähnenswerte Ausnahmen. Hier wie dort war die Saat zur Rebellion gelegt.

Die Ansicht, daß das Heim eines Menschen seine Burg ist und daß das, was dort geschieht, nur ihn etwas angeht und niemanden sonst, ist grundlegend für das englische (und auch das amerikanische) Recht. Meinungsfreiheit und die Möglichkeit, sich ungestraft sonderbar benehmen zu können, sind der Exzentrizität förderlich und können sogar als Mindestvoraussetzung für ihre Entwicklung gelten. In Ländern, wo Verhaltensextreme nicht geschätzt oder gar verfolgt werden, erfordert es mehr Kraft und Charakterstärke, Grenzen zu überschreiten und von der Norm abzuweichen.

Alle, Männer und Frauen, auch diejenigen, deren Leben oberflächlich betrachtet absolut konventionell erscheint, erfinden sich weitgehend selbst. Der Mensch ist der einzige, der die Bedingungen seiner Umgebung nicht akzeptiert. Jede andere Spezies paßt sich an, indem sie passiv auf ihre Umwelt, den Ort, an dem sie zufällig geboren worden ist, reagiert. Der Mensch hingegen ist das, was er zu sein beliebt, und er allein entscheidet darüber. Exzentriker nehmen dieses grundlegende menschliche Vorrecht der freien Entscheidung wahr und treiben es auf die Spitze. Unaufhörlich machen sie immer wieder von neuem ihr Recht geltend, so zu sein, wie sie sein wollen.

Exzentriker sind Menschen, die eine unbändige Lebensfreude empfinden, es sind maßlose Männer und Frauen, die sich weigern, mit ihren Idealen zu brechen. Beständig schwirrt ihr Geist voller Ideen. Sie mögen mit dem einen oder anderen Unterfangen Schiffbruch erleiden, doch profitiert die Gesellschaft von ihrem Beispiel und von all dem, was aus den exotischen Vorstellungen und scheinbar nicht zu beantwortenden Fragen, die sie mit soviel Energie propagieren, verwertet werden kann. An der Wurzel der Exzentrizität sitzt ein gesunder und entschiedener Widerspruchsgeist. Er ist vollkommen harmlos und eine Quelle des Anstands, der Toleranz und des Respekts für andersartige Ansichten und andersartige Menschen.

Diese Untersuchung hat gezeigt, daß bestimmte Formen abweichenden Verhaltens heilsam und lebensverlängernd sein können. Freiheit ist für Exzentriker Bedingung, die bedrükkende Angewohnheit zu gehorchen ist nicht ihre Sache. In einer Zeit, in der die Menschen zunehmend zu Gefangenen ihrer Gesellschaft und ihrer Gene zu werden scheinen, vermitteln uns Exzentriker erfrischenderweise die alte Einsicht aufs neue, daß jeder einzelne etwas Besonderes ist. Indem sie Verhaltensnormen mißachten, die die meisten von uns nie in Frage stellen, erinnern uns die Exzentriker daran, wieviel persönliche Freiheit wir unnötigerweise verschenken und wie groß unsere Fähigkeit ist, unsere Identität auszudrücken und unser Leben selbst zu gestalten, wenn wir sie nur entsprechend gebrauchten.

DANKSAGUNG

Die Autoren möchten sich für die großzügige Hilfe bedanken, die ihnen von den nachstehenden Personen zuteil geworden ist: Dr. Patch Adams, Dr. Kirsty Anderson, Professor Nancy Andreasen, Isaac Asimov, Josef Astor, Ian Baillie, Geraldine Bedell, Dr. Halla Beloff, Dr. John Beloff, Dr. Brian Bett, Jill Birrell, Dr. William Boyd, Chris Brand, Dr. Donald Broadbent, John Brockman, Mary Bryden, Eric Burke, Lindsley Cameron, Anthony Cheetham, Dr. Jonathan Chick, Professor Anthony Clare, John Clark, Professor Mikaly Csikszentmihalyi, Vincent Egan, Ronald Faux, Sir Nicholas Fairbairn, QC, MP, Gerald Flavin, Dr. David Fontana, David Fratkin, Hugh Freeman, Bridget Freier, Peter Gabriel, Gillian Glover, Zenya Hamada, Anna Hodson, Brenda Houghton, Derek Hudson, Jo Ann Jacobsen, Dr. R. D. Laing, Dr. Donald Low, Ralph McGuire, Victoria McKee, Katinka Matson, Spike Milligan, Marilyn Minden, Professor Robert Morris, Dr. Paul Morrison, Melanne Mueller, Sandy Orr, Dr. Linus Pauling, Dr. André Phanjoo, Dr. Ian Pullen, Harmon L. Remmel, David Rosenthal, Dr. Hilary Roxborough, Dr. David St. Clair, Susan Schiffer, Joan Scobey, Rhea Shedden, Helen Simpson, Dr. B. F. Skinner, Joan Staples-Baum, Kirk Stirling, Corinne Streich, Carol Sturm, Professor Digby Tantam, Teri Noel Towe, Dr. Peter Tyrer, Dr. David Warden, John Graham White, Agnes Wright, Dr. Sula Wolff und der gefürchtete Flieger Tom Ward.

Unser besonderer Dank gilt der ausgezeichneten Wissenschaftlerin Kate Ward, die den Hauptteil der umfangreichen Interviews und der Feldarbeit erledigte.

Zum Schluß möchten wir unsere Anerkennung und tief empfundene Dankbarkeit noch all jenen Exzentrikern aussprechen, die mit Geduld, Enthusiasmus und Genialität an der Studie teilgenommen haben, auf der dieses Buch beruht.

LITERATUR

Aaronson, B., und H. Osmond, *Psychedelics*. London 1971

Acton, Harold, *Memoirs of an Aesthete*. London 1984

Adams, Patch, «What would play be like if there was sustained peace on earth?» *Holistic Medicine*, Juli/August 1986, S. 12–15

Adams, Patch, «Building a chuckle: how to be a nutty doctor». *Mothering* 38/Winter 1986, S. 29–32

Adams, Patch, «How about a paradigm for happiness?» *Holistic Medicine*, November/Dezember 1986, S. 15–16

Adams, Patch, «The happy paradigm, or oh gosh, here it comes». *Holistic Medicine*, März/April 1987, S. 16–18

Adams, Patch, «The practice of medicine is fun». *Holistic Medicine*, November/Dezember 1987, S. 10–11

Adams, Patch, *Gesundheit!* Rochester, Vt. 1980

American Psychiatric Association, *Diagnostic and Statistical Manual of Mental Disorders*. 3. Aufl. Washington, D. C. 1980

Andreasen, N. C., «Thought, language and communication disorders: II, diagnostic significance», *Archives of General Psychiatry* 36, 1979, S. 1325–1330

Andreasen, N. C., «Scale for the assessment of thought, language and communication». *Schizophrenia Bulletin* 12/3, 1986, S. 473–481

Andreasen, N. C., und W. M. Grove, «Thought, language and communication in schizophrenia diagnosis». *Schizophrenia Bulletin* 12/3, 1986, S. 348–359

Archer, J., «The influence of testosterone on human aggression». *British Journal of Psychology* 82/1, 1991, S. 1–28

Arnheim, R., *Visual Thinking*. Berkeley, Calif. 1969

Asimov, Isaac, «Editorial-Eccentricity». *Science Fiction* 12/4, April 1988, S. 4–8

Bakan, P., «The right brain of the dreamer». *Psychology Today*, November 1976, S. 66–68

Barnes, B., und D. MacKenzie, «On the role of interests in scientific change», in: R. Wallis (Hrsg.), *On the Margins of Science: The Social Construction of Rejected Knowledge, Sociological Review*, Monograph 27, 1979, S. 49–66

Barron, F., *Creativity and Personal Freedom*. Princeton, NJ 1968

Beer, Thomas, *The Mauve Decade*. New York 1961

Berlitz, Charles, *Das Atlantis-Rätsel*. München 1995

Bhaskar, R., *A Realist Theory of Science*. Brighton, Sussex 1978

Bird, John, *Percy Grainger*. London 1976

Blake, William, *Complete Writings*, hrsg. von Geoffrey Keynes, London, Oxford und New York 1969

Boston, R., *The Admirable Urquhart*. London 1975

Boswell, James, *The Life of Samuel Johnson, LL. D.*, hrsg. von Alexander Napier, London 1884

Bridgeman, Harriet, und Elizabeth Drury, *The British Eccentric*. London 1975
Carson, Robert C., James N. Butcher und James C. Coleman, *Abnormal Psychology and Modern Life*. Glenview, Ill. 1986
Cattell, R. B., *Die empirische Erforschung der Persönlichkeit*. Weinheim 1987
Cattell, R. B., H. W. Eber und M. M. Tatsuoka, *Handbook for the Sixteen Personality Factor Questionnaire*. Champaign, Ill. 1970
Caulfield, Catherine, *The Emperor of the United States and Other Magnificent British Eccentrics*. London 1983
Chesler, P., *Frauen – das verrückte Geschlecht*. Reinbek 1974
Choisy, Abbé de, *The Transvestite Memoirs*, übers. und mit einer Einleitung versehen von R. H. F. Scott, London 1973
Churchward, James, *The Children of Mu*. New York 1968
Churchward, James, *The Sacred Symbols of Mu*. New York 1968
Clark, J. H., *A Map of Mental States*. London 1983
Clark, Kenneth, *The Nude*. London 1956
Crawford, H. J., «Hypnotizability, daydreaming styles, imagery vividness, and absorption: a multidimensional study». *Journal of Personality and Social Psychology* 42/5, 1972, S. 915–926
Current, R. N. *The Lincoln Nobody Knows*. New York 1958
De Camp, L. Sprague, *Lost Continents*. New York 1954
Demos, J., «Underlying themes in the witchcraft of seventeenth-century New England». *American Historical Review* 75, 1970, S. 1311–1326
Desmond, Lawrence Gustave, und Phyllis Mauch Messenger, *A Dream of Maya*. Albuquerque, NM 1988
Dillon, K. M., B. Minchoff und K. H. Baker, «Positive emotional states and the enhancement of the immune system». *International Journal of Psychiatry in Medicine*, 15/1, 1985–86, S. 13–18
Donnelly, Ignatius T. T., *Atlantis: the Antediluvian World*. New York 1882
Dorson, R. M., *America in Legend*. New York 1973
Durndell, A. J., und N. E. Wetherick, «The relation of reported imagery tests to cognitive performance». *British Journal of Psychology* 67, 1976, S. 501–506
Eiduson, B. T., *Scientists: Their Psychological World*. New York 1962
Erikson, K. T., *Wayward Puritans*. New York 1966
Feyerabend, Paul, *Grenzprobleme der Wissenschaft*. Bonn 1985
Firbank, Ronald, *Five Novels*, mit einer Einleitung von Osbert Sitwell. New York 1981
Fothergill, Brian, *Beckford of Fonthill*. London 1979
Friedrich, Otto, *Glenn Gould. Eine Biographie*. Reinbek 1994
Galton, F., *The Art of Travel*. London 1855
Ghiselin, B., *The Creative Process*. Berkeley, Calif. 1952
Ghiselin, B., «Ultimate criteria for two levels of creativity», in: C. W. Taylor und F. Barron (Hrsg.), *Scientific Creativity: Its Recognition and Development*. New York 1963, S. 141–155
Goldstein, L., «A reconsideration of right hemisphere activity during visual imagery, REM sleep, and depression». *Research Committee in Psychology, Psychiatry, and Behavior* 9/1, 1984, S. 139–148

Grey, Rudolph, *Nightmare of Ecstacy: The Life and Art of Edward D. Wood, Jr.* Los Angeles 1992
Guinn, J. M., «Some eccentric characters of early Los Angeles». *Historical Society of Southern California Publications*, Bd. 5, 1902, S. 273–281
Hall, J. A., *Nonverbal Sex Differences*. Baltimore 1984
Hartmann, T., und O. Havik, «Exploring curiosity: a curiosity-exhibitionism inventory, and some empirical results». *Scandinavian Journal of Psychology* 21/2, 1980, S. 143–149
Hastings, Selina, *Nancy Mitford. Eine Biographie*. Reinbek 1994
Henderson, B. B., S. R. Gold und M. T. McCord, «Daydreaming and curiosity in gifted and average children and adolescents». *Developmental Psychology* 18/4, 1982, S. 576–582
Henderson, D., und R. D. Gillespie, *Textbook of Psychiatry*. Oxford 1962
Henry, T. R., *Wilderness Messiah*. New York 1955
Holmberg, A. R., *Nomads of the Long Bow*. New York 1969
Hooper, J., «Beeper Psychology». *OMNI* 8/8, Mai 1986, S. 26
Hosmer, J. K. (Hrsg.), *John Winthrop's Journal, History of New England*. New York 1908
Houston, J. P., und S. A. Mednick, «Creativity and the need for novelty». *Journal of Abnormal and Social Psychology* 66, 1963, S. 137–141
Hovanetz, «Auntie Barbara», *Auntie Barbara's Tips for an Ordinary Life*. New York 1992
Howard, E. M., und J. L. Howard, «Women in institutions: treatment in prisons and mental hospitals». *Women in Therapy*. New York 1974
ISC Newsletter, diverse Nummern, Tucson, Ariz. 1988–94
James, Jamie, «Bigfoot or bust». *Discover*, März 1988
James, Jamie, *The Music of Spheres*. New York 1993
Jamison, Kay Redfield, *Touched with Fire*. New York 1993
Johnson, K., «The court jester of modern medicine». *East-West*. Brookline, Mass. Juni 1987, S. 36–43
Johnson O'Connor Research Foundation, *Personality Work Sample 35 A Manual*. Chicago 1977
Jones, B., *Follies and Grottoes*. London 1974
Karson, S., und J. W. O'Dell, *Clinical Use of the 16 PF*. Champaign, Ill. 1976
Kegan, R., *The Evolving Self: Problems and Processes in Human Development*. Cambridge, Mass. 1982
Kendler, K. S., «Diagnostic approaches to schizotypal personality disorder: a historical perspective». *Schizophrenia Bulletin* 11/4, 1985, S. 538–553
Kendler, K. S., A. M. Gruenberg und M. T. Tsuang, «Psychiatric illness in first-degree relatives of schizophrenic and surgical-control patients: a family study using DSM-111 criteria», *Archives of General Psychiatry* 42/8, 1985, S. 770–779
Khatena, J., «Autonomy of imagery and production of original verbal images», *Perceptual and Motor Skills* 43, 1976, S. 245–246
Klonsky, Milton, *William Blake: The Seer and his Visions*. New York 1964
Koestler, Arthur, *The Act of Creation*, New York 1964

Kramer, William, *Emperor Norton of San Francisco*. Santa Monica, Calif. 1974
Kubie, L. S., *Neurotic Distortion of the Creative Process*. Lawrence, Kans. 1958
Lane, Allan Stanley, *Emperor Norton*. San Francisco 1939
Leder, L. H., *America 1603–1789, Prelude to a Nation*. Minneapolis 1972
Lees-Milne, James, *William Beckford*. Tisbury, Wiltshire 1976
Lewin, B. D., «Remarks on creativity, imagery, and the dream». *Journal of Nervous and Mental Diseases* 149, 1969, S. 115–121
Longford, Elizabeth, *Eminent Victorian Women*. New York 1981
Loosen, P. T., S. E. Purdon und S. N. Pavlov, «Effects on behavior of modulation of gonadal function in men with gonadotropin-releasing hormone antagonists». *American Journal of Psychiatry* 151/2, 1994, S. 271–273
MacDiarmid, Hugh, *Scottish Eccentrics*. Manchester 1993
MacFarlane, A., *Witchcraft in Tudor and Stuart England*. London 1970
McGonagall, William, *Poetic Gems*. London 1934
McGuire, C., «Dimensions of creativity». *Proceedings of the Southwest Psychological Association*, American Psychological Association, 1958, S. 1–25
Mack, John E., *A Prince of Our Disorder*. Boston, Mass. 1976
Mackal, Roy, *A Living Dinosaur?* Leiden 1987
Mackinnon, D. W., «The nature and nurture of creative talent». *American Psychologist* 17, 1962, S. 484–495
Marais, E., «John the Painter». *New Society* 31, 1975, S. 643–644
Marti-Carbonell, M. A., S. Darbra, A. Garau und F. Balada, «Hormones and aggression». *Archives de Neurobiologie* 55/4, 1992, S. 162–174
Mattimore, B., «In ‹Games›». *OMNI* 10, 1988, S. 16–17
Maw, W. H., und E. W. Maw, «Nature of creativity in high- and low-curiosity boys». *Developmental Psychology* 2/3, 1970, S. 325–329
Mednick, S., «The associative basis of the creative process». *Psychological Review* 69/3, 1962, S. 222–232
Merton, R. K., *Social Theory and Social Structure*. New York 1968
Mitford, Jessica, *Daughters and Rebels*. New York 1960
Mitford, Nancy, *Noblesse Oblige. Böse Gedanken einer englischen Lady*. Frankfurt 1995
Mitgang, H., *Lincoln as They Saw Him*. New York 1956
Moers, Ellen, *The Dandy*. New York 1960
Morris, P. E., und P. J. Hampson, *Imagery and Consciousness*. London 1983
Morris, S., «Games». *OMNI* 10, 1988, S. 16–17
Myerson, A., und R. D. Boyle, «The incidence of manic depressive psychosis in certain socially important families». *American Journal of Science* 98, 1941, S. 11–21
Nash, G. B., *Red, White and Black*. Englewood Cliffs, NJ 1982
Newell, A., J. C. Shaw und H. A. Simon, «The elements of a theory of human problem solving». *Psychological Review* 65, 1958, S. 151–166
Nunn, C. Z., H. J. Crockett und J. A. Williams, *Tolerance for Nonconformity*. San Francisco 1978

Olson, J., «Backward is forward», *Northern Student*, Bd. 11, 24. September 1986, S. 11–12
Perkins, D., *The Mind's Best Work*. Cambridge, Mass. 1981
Platon, *Gesamtwerk in 8 Bänden*. Darmstadt 1990
Poincaré, Henri, «Lecture at the Société de Psychologie, Paris», in: B. Ghiselin (Hrsg.), *The Creative Process*. Berkeley, Calif. 1952, S. 39–40
Popper, Karl, *Logik der Forschung*, 10. Aufl., Tübingen 1994
Popper, Karl, *Vermutungen und Widerlegungen*. Tübingen 1994
Purser, P., *The Extraordinary Worlds of Edward James*. London 1987
Raine, Kathleen, *William Blake*. London 1970
Rambro, R., *Lady of Mystery*. San Jose, Calif. 1967
Rice, W. B., *William Money: A Southern California Savant*. Los Angeles 1943
Roazen, Paul, *Brother Animal*. Harmondsworth, Middlesex 1973
Rolfe, Frederick (Baron Corvo), *Stories Toto Told Me*, mit einem Vorwort von Christopher Sykes, London 1969
Satie, Erik, «Memoirs of an Amnesiac», in: *The Writings of Erik Satie*, hrsg. und übers. von Nigel Wilkins, London 1980, S. 57–66
Scarr, S., und K. McCartney, «How people make their own environments: a theory of genotype-environment effects». *Child Development* 54, 1983, S. 424–435
Scheff, T. J., *Being Mentally Ill: A Sociological Theory*. Chicago 1974
Schmaus, W., «Fraud and the norms of science». *Science, Technology and Human Values* 8/45, 1983, S. 12–21
Seelig, Carol, *Albert Einstein*. London 1956
Shackford, J. A., *David Crockett*. Chapel Hill, NC 1956
Sifakis, Carl, *American Eccentrics*. New York 1984
Simonton, D. K., *Genius, Creativity, and Leadership*. Cambridge, Mass. 1984
Sitwell, Edith, *Englische Exzentriker. Eine Galerie höchst bemerkenswerter Damen und Herren*. Berlin 1995
Sperry, R. W., «Hemisphere disconnection and unity in conscious awareness». *American Psychologist* 23, 1968, S. 723–733
Sternberg, R., *The nature of creativity*. New York 1988
Stone, L. J., und J. Church, *Childhood and Adolescence: A Psychology of the Growing Person*. New York 1968
Stone, M. H., *The Borderline Syndromes*. New York 1980
Swanson, G. E., und S. S. Phillips, «Schizotypic and other profiles in college students: some social correlations», Department of Sociology and Institute of Human Development, University of California, Berkeley 1984
Taylor, Calvin W., und Frank Barron, *Scientific Creativity*. New York 1963
Thomas, K., *Religion and the Decline of Magic*. London 1971
Tyler, L., *Individuality*. San Francisco 1978
Tyrer, P., P. Casey und J. Gall, «Relationships between neurosis and personality disorder». *British Journal of Psychiatry* 142, 1983, S. 404–408
Uglow, J. (Hrsg.), *MacMillan Dictionary of Women's Biography*. Bristol 1982
Uzick, L., «Anabolic-androgenic steroids and psychiatric-related effects: a review». *Canadian Journal of Psychiatry* 37/1, 1992, S. 23–28

Vaughn, C. E., und J. P. Left, «The influence of family and social factors on the course of psychiatric patients». *British Journal of Psychiatry* 129, 1976, S. 125–137
Vernon, P. E., G. Adamson und D. F. Vernon, *The Psychology and Education of Gifted Children*. London 1977
Virkunnen, M., et al., «Personality profiles and state aggressiveness in Finnish alcoholic, violent offenders, fire setters, and healthy volunteers». *Archives of General Psychiatry* 51/1, 1994, S. 28–33
Wallas, Graham, *The Art of Thought*. New York 1926
Ward, J. W., *Andrew Jackson*. New York 1955
Waterton, C., *Wanderings in South America*. London 1825
Waxman, David, *Hypnosis, A Guide for Patients and Practitioners*. Winchester, Mass. 1981
Weeks, D. J., «Conceptual structure in hypochondriasis, arthritis and neurosis». *British Journal of Clinical Psychology* 24, 1985, S. 125–126
Weeks, D. J., «Eccentrics, the scientific investigation». *The Proceedings of the Royal College of Physicians of Edinburgh*, Januar 1989, S. 125–128
Weeks. D. J., «Thinking in schizophrenia, eccentricity, and ‹normality› – whither linguistics?», Vortrag anläßlich der Jahrestagung der British Psychological Society, Leeds 1988
Wing, J. K., J. E. Cooper und N. Sartorius, *The Measurement and Classification of Psychiatric Symptoms*. London 1974
Ziman, J., *Public Knowledge: The Social Dimensions of Science*. London 1968

BILDQUELLEN

Für die Genehmigung zum Abdruck der Abbildungen danken
die Autoren und der Verlag den folgenden Personen und Institutionen:
Josef Astor, Abbildungen 4, 5 und 9
British Museum, Abbildung 15
Dundee Art Galleries and Museums, Abbildung 12
Derek Hudson, Sygma, Abbildungen 2, 16 und 17
New York Public Library, Abbildungen 1, 6, 7, 10, 11, 14 und 18
Scottish National Portrait Gallery, Abbildung 13
Sony Classical, Abbildung 8
John Ward, Abbildung 3

REGISTER

Adams, Patch 42; Abb. 4
Addison, Joseph 51
Adler, Alfred 176
Akenside, M. 193
Alelove, Henry 109
Alington, John 208
Andreasen, Nancy 216
Arendt, Hannah 249
Aristoteles 135
Ashton, Frederick 204
Asimov, Isaac 174
Atkin, Ann Abb. 2

Bacon, Sir Francis 135, 138
Bailey, Alice 144
Barrett, John 65 f
Barrett-Lennard, Sir Thomas 57
Barry, James 243 ff, 256
Beckford, William 58 ff
Beecher, Henry Ward 64
Beethoven, Ludwig van 93, 162
Bell, Alexander Graham 15, 118, 146
Benedict, Ruth 111
Berle, Milton 257
Bernstein, Leonard 93
Besant, Annie 143
Bigg, John 53
Billings, Cornelius K. G. 69
Birch, Thomas 205
Bishop, Sally 245
Blake, William 15, 73, 86–89, 128, 227 f
Blavatsky, Helena 142–45
Boas, Franz 111
Böhme, Jakob 88
Boswell, James 114
Braque, Georges 77
Brahe, Tycho 112
Brougham, Lord 119
Bruce, John 262
Bruce-Wallace, Andy 210
Bryant, Norma Jean 35 ff
Buchan, Elspeth 131 ff
Buddha 129, 133
Burroughs, Edgar Rice 139
Burton, Sir Richard 145 f, 241 f
Butler, Lady Eleanor 252–255; Abb. 15
Butts, Thomas 227

Carnot, Nicolas 40
Carpenter, Scott 179 f
Carroll, Lewis 250
Caruso, Enrico 98
Castrillon, Angel 91
Cattell, Raymond B. 196
Cavendish, Henry 118 f
Cayce, Edgar 144
Chambers, Robert 106
Chaplin, Charlie 15, 73
Chapman, John 62
Charles, Prinz von Wales 37
Charlotte, Königin 254
Choisy, Abbé François de 257–260
Churchward, James 141 f
Claflin, Buck und Roxy 64
Claflin, Tennessee 64, 239 f
Claflin Woodhull, Victoria 63 f, 239 f, Abb. 6
Clark, Kenneth 87
Clausius, Rudolf 40
Coates, Robert 94–96; Abb. 10
Coit, Benjamin Howard 239
Constable, John 60
Coombs, Freddie 12 f
Coulomb, Charles 118
Cortenay, Honourable William (9. Earl of Devon) 59
Craxton, Hubert 74
Crockett, David 62
Cromwell, Oliver 53, 275
Curie, Marie 146

Däniken, Erich von 111, 143
Dalí, Salvador 85, 90, 94
Dante Alighieri 249
Darwin, Charles 82, 103, 106, 115, 254, 273
Dashwood, Sir Francis 255 f
De Camp, L. Sprague 142 f
De Quincey, Thomas 254
Diaghilew, Sergej 204
Dickens, Charles 256
Dickinson, Emily 15, 94
Dietrich, Marlene 257
Donnelly, Ignatius T. T. 136 ff, 141
Dostojewskij, Fjodor 74
Durndell, Neil 84

Eddy, Mary Baker 73
Edison, Thomas A. 80
Eduard VII. 90
Einstein, Albert 16, 73, 86, 103, 146
Elisabeth I. 52 f
Elisabeth II. 90

Fairweather, Alan 200 f
Farinelli 59
Faulkner, William 44, 76
Feyerabend, Paul 107
Firbank, Ronald 252
Flaxman, John 88
Ford, Henry 73
Franklin, Benjamin 61, 73, 118
Franz von Assisi 43
Freud, Anna 185
Freud, Sigmund 75, 111, 138, 152, 156

Galilei, Galileo 103, 112
Galton, Sir Francis 82
Gasperini, Jeffrey Dean 79
Georg V. 263
Georg VI. 65
Ghiselin, Brewster 76
Goodheart, John 199
Gordon, Lord George 56
Gould, Glenn 93 f; Abb. 8
Grainger, Percy 263–266
Green, Stanley 211
Greenwell, Richard 108
Griffiths, Dot und Reg 234; Abb. 17
Großer Unbekannter (William Frohm) 12 f, 228

Hall, Judith 223
Hartley, Leslie P. 49
Harvey, William 103
Hastings, Honourable Henry 51 f
Hastings, Selina 189
Hayley, William 89
Hitchcock Coit, Lillie 238 f; Abb. 18
Hitler, Adolf 190
Holland, Lord 61
Holloway, Gary 42; Abb. 5
Hovanetz, Auntie Barbara 202
Hoyle, Sir Fred 107, 117
Hughes, Howard 16, 21, 68
Humphries, Barry 257
Huxley, Aldous 216

Innes, Andrew 133
Ives, Charles 94
Izumi, Kiyo 78

Jacolliot, Louis 144
James, Edward 90
James, Henry 76
James, William 193
Jenkins, Florence Foster 98 f; Abb. 11
Jesus 74, 129, 133, 139
Johnson, Samuel 65, 104, 193
Joyce, James 44, 55, 73, 94
Joyner, Al 38 f

Kafka, Franz 173 f
Karl I. 53
Karl II. 53
Kennedy, Susanna 65
Kepler, Johannes 103
Kingsley, Charles 240
Kingsley, George 240
Kingsley, Gerald 240
Kingsley, Mary 240 ff

Kinsey, Alfred 250
Kipling, Rudyard 242
Kirby, Professor 245
Kircher, Anthanasius 135
König der Schmerzen 11 ff
Kraepelin, Emil 151

Lambert, Constant 204
Lambourne, Lady Margaret 52 f
Lawrence, T. E. 73, 262 ff
Lawrence, Arnold 262
Le Plongeon, Alice und Auguste 138 ff
Leedskalnin, Edward 90
Livingston, David 241
Locksley, Robin Fitzodo de 200
Lugosi, Bela 260

Macartney, Lowden 97
MacDiarmid, Hugh 97, 116
Mackal, Roy 107 f
MacKinnon, John 108
Magritte, René 90
Mansfield, Katherine 76
Maria Stuart, Königin von Schottland 52 f
Mark Twain 225
Martin, Charles 92
Mavor, Elizabeth 254, 255
Maximilian, Erzherzog von Österreich, Kaiser von Mexiko 11
McDermott, David 78–81, 209 f; Abb. 9
McGonagall, William 96 ff; Abb. 12
McGough, Peter 78–81; Abb. 9
McMoon, Cosme 98
Mead, James 108
Mead, Margaret 185
Menander 243
Mendel, Gregor 103
Meredith, Scott 83 f
Mesmer, Franz Anton 121 ff, 127; Abb. 14
Mill, John Stuart 9
Milton, John 41, 88
Mitford, Deborah 189
Mitford, Diana 189
Mitford, Jessica 187–190
Mitford, Nancy 187–190, 204
Mitford, Pamela 189
Mohammed 129, 133
Monboddo, Lord (James Burnett) 114 ff, 118, 120; Abb. 13
Money, William 119 ff
Morton, A. S. 132
Mosley, Sir Oswald 189
Mozart, Wolfgang Amadeus 58
Mytton, Jack 67 f; Abb. 7

Napoleon I. 200
Nero 50
Newton, Humphrey 105
Newton, Sir Isaac 104, 105 f, 128
Niedzwieki, Patricia 223
Norton, Joshua Abraham 9–15, 16, 19 ff, 49, 238; Abb. 1

Ohm, Georg 118
Oofty Goofty 12 f, 15, 98, 238
Osbourne, Fanny 239
Ouida (M. L. de la Ramée) 73
Oughton, Sir Adolphus 114

Paracelsus 88
Parker, Dorothy 73
Parmenter, Ryan 81
Pascal, Blaise 269
Péladan, Joséphin 91
Philipp V. 59
Philippe, Herzog von Orléans 258
Picasso, Pablo 75
Platon 134 f, 148
Poincaré, Henri 76
Ponsonby, Sarah 252–55; Abb. 15
Popper, Karl 105
Potter, Beatrix 73
Prentice, Henry 61

Rabelais, François 53, 54
Redesdale, Lord und Lady 187–190
Richter, Charles 118

Rothe, Richard 76
Rousseau, Jean-Jacques 56
Russell, Bertrand 27

Salter, Swejen 145–48
Sand, George 73, 243
Sassoon, Siegfried 252
Satie, Erik 73, 91 ff
Schiller, Helga 207
Schliemann, Heinrich 140 f
Schliemann, Paul 140 f
Schneider, Kurt 155 f
Scott, Sir Walter 254
Scott-Elliot, W. 143
Selwyn, George 60 f, 256
Shakespeare, William 88, 95, 98, 138
Shelley, Leo 224 f
Shelley, Mary Wollstonecraft 106
Sherry, Louis 69
Sitwell, Dame Edith 18, 51
Sitwell, Osbert 252
Slater, John 22, 206 f; Abb. 16
Smith, Joseph 129 ff, 133
Solon 134
Somerset, Lord Charles 244
Southey, Robert 254
Spalding, Solomon 130, 133
Speke, John H. 241
Spencer, Herbert 118
Spooner, Thomas 66
St. Claire, Robin 199
Staples, Marvin 35 f
Steele, Richard 51
Stella, Alex 83 f
Stevenson, Robert Louis 238 f
Strawinsky, Igor 75, 92
Sullivan, John L. 12
Sutch, David 22

Tacitus 50
Tausk, Victor 156
Tennant, Stephen 252
Tennyson, Alfred Lord 97
Thoreau, Henry David 24, 127
Trusler, Reverend 88
Tyrrell, Lady Margaret-Ann 64 f
Tyrwhitt-Wilson, Gerald (Lord Berners) 204 f

Unwin, Stanley 23
Urquhart, Sir Thomas 53 ff, 83

Valéry, Paul 76
Van Buren, Martin 42 f
Vanderbilt, Col. Cornelius 64
Varley, John 87
Velikowsky, Immanuel 111
Viktoria, Königin 97, 240, 254
Vogel, Lucien 92
Voltaire 58

Walker, Mary 243, 257
Wallace, Alfred Russel 106
Wallas, Graham 76
Walpole, Horace 60, 123
Walton, Izaak 205
Ward, John 37 f; Abb. 3
Ward, Kate 166
Waring, Francis 209
Warner, Henry Lee 66 f
Washington, George 12
Waterton, Charles 39
Wedgwood, Josiah 254
West, James 69
Wetherick, A. E. 84
Whitehead, Alfred North 76
Whyte, Reverend Hugh 131 f
Wilde, Oscar 252
Wilkes, John und Sarah 256
Winchester, Sarah 89
Wingo, Plennie 35
Wittgenstein, Ludwig 16, 73
Wood, Ed 260 f
Wordsworth, William 225, 254
Wyatt, James 59

X, Yvonne 40 f, 103, 105, 234